本×動画
で学ぶから
超わかり
やすい！

今日からできる！

Python

業務効率化

スキルが身につく本

プログラミング系Yo...
いまに
（今西航平

JN039062

KADOKAWA

いまにゅ

プログラミング系人気**YouTuber**（視聴者数**12万人超**）。仕事の効率化やコストダウンに直結する「すぐに役立つプログラミング」をとことんわかりやすく伝える日々を送っている。

ビギねこ

注釈欄などに登場し、初心者が疑問に感じやすい用語を説明したり、解説したりしてくれる働きもののねこさん。

ケンタ（24歳）

小規模出版社に勤める社長秘書。文系出身で入社**2年目**。意外に多いデータ整理や情報収集・分析業務に、思わずため息が出る日も。**LESSON 1、2**に登場。

ユキオ（36歳）

派遣会社を起業して**3年目**。新規顧客開拓や宣伝活動などに注力したいが、マンパワー不足で目先の業務に追われてしまう日々をなんとかしたい。**LESSON 3**に登場。

サクラ（28歳）

コンサルタント会社勤務。日々リサーチしたり、プレゼン資料を作成・提案したりと忙しい。もっと効率化し成果を上げたいと思っている。**LESSON 4、5**に登場。

はじめに

3

そもそもPythonとは?

世界的に今、最も人気のプログラミング言語。AI開発やビッグデータ解析など、最先端の分野で活用されているほか、仕事にも取り入れられる手軽さも魅力です。

特長 1 文法がシンプルで覚えやすい!
コードも短くてすむので、プロはもちろん初学者にも学びやすい言語になっています。

特長 2 ライブラリが豊富で活用範囲が広い!
機能を追加できるライブラリが豊富なので、応用が効きやすく、多様なプログラムが作れます。

特長 3 ふだんの仕事に活かせる!
本書で紹介する活用法はもちろん、たとえばJupyterLabなどのツールも使えば図表やグラフを含むレポート類も簡単に作れます。

Pythonのスキルを身につけると時間やコストを削減できるうえ仕事力が一気に上がるよ!

本書で学べることは?

PART 1 スキルアップ編

ファイルの一括整理・Excel業務効率化・スクレイピング・便利なアプリ開発・API活用 etc.

ふだんの仕事が速く・正確・ラクになるPython活用術を紹介。実際に手を動かしながらどんどん身につけていこう。

PART 2 入門編

インストール・基本的な操作方法・プログラミングの基礎知識 etc.

自分のパソコンでPythonが使えるようになる環境を作るところからスタート。基本的な操作方法もバッチリわかる!

どんどんやってみたい!そんなあなたは**PART1**から読み進めていこう

ok!

ハーイ

初めてPythonを学ぶ人は**PART2**から先に読もう

ぼくはPART2からにしよう

こんにちは！　いまにゅこと今西航平です。「プログラミングを仕事に活かして、市場価値の高い人材になろう！」をコンセプトに、YouTubeチャンネル「いまにゅのプログラミング塾」やオンライン講座Udemyでプログラミングの楽しさ、素晴らしさを伝えています。チャンネル登録者数は12万人、Udemy受講者数は4万人を超え、多くの方から「仕事の仕方が変わった」「キャリアアップができた」「難しいと思っていたプログラミングが楽しく理解できた」など、うれしい声をいただいています。

本書は、講座同様、「エンジニアになりたい」といった方よりも、むしろ「エンジニアではない方」が楽しみながらプログラミングスキルを身につけて、会社や組織の中で唯一無二の存在、市場価値の高い人材に成長していくお手伝いができるようにと願って作りました。紹介するのはPythonという、今、世界で最も人気があるプログラミング言語です。

Pythonの人気の秘密はなんといっても、その学びやすさと応用範囲の広さでしょう。文法がシンプルでわかりやすいので、初学者でも身につけやすい言語No.1といっても過言ではありません。また、さまざまな機能に対応したライブラリが豊富なので、多様な場面で活用できます。本書で紹介していくように、業務の効率化、コスト削減、業務スピードの向上、意思決定の迅速化など、さまざまな場面で威力を発揮してくれるのです。みなさんもきっと営業、マーケティング、商品開発などはもちろん、経理・総務・労務等のバックオフィス職、さまざまな職種で効果を実感できるはずです。

さらに！　Pythonといえば、データ分析や機械学習、AIといった最先端の分野で使われている言語です。今後はそうした分野のリテラシーや技術サイドへの理解は、ますます重要なものになっていきますから、プログラミングやその思考法について学んでおくのに越したことはありません。

ここで、そもそも、ぼくがなぜビジネスへのプログラミング活用に力を入れるようになったのか、自己紹介も兼ねて少しお話しさせてください。初めてプログラミングを学んだのは大学1年生のとき。授業がきっかけでした。Javaというプログラミング言語を教わり……、あまりにわかりにくい説明にあっさり挫折したのです（笑）。

でも、その後、コツコツ学習を重ね、プログラミングが楽しくなっていったのを今でも覚えています。本書で紹介する5つのケーススタディからもおわかりいただけ

るように、プログラミングができると、世界が一気に広がっていきます。アプリを開発できたり、一瞬で世界中のサイトから必要な情報を集められたり……。

　大学時代の経験から、初学者がどんなところでつまずきやすいか、難しいと感じるか、身をもって味わいましたから、本書でも徹底して「わかりやすさ」や「楽しく学べること」にこだわっています。もちろん、「いかに実際に役立つか」にも、です。

　ぼくが初めてプログラミングの世界に足を踏み入れてから8年あまり。今ではプログラミングの普及に力を入れる一方、自分自身の会社でもコンサルタントとして関わっている企業でもPythonを活用し、効果を上げています。本書はそうした実務経験ももとに執筆しました。

　たとえばLESSON 3で扱うExcelを使った勤怠データの集約・集計を自動化するケース。これは、従業員20名ほどの企業での経験をもとにしています。最近は便利なクラウド勤怠サービスも増えているので、そうしたサービスを導入するのも一手でしたが、月額5万円としても年間60万円のコストがかかります。それがPythonでプログラムを組むことで一気に解決できました。ほかにも事務作業の多い企業なので、プログラムによる効率化・自動化を進めていっています。

　自動化のインパクトは、個人事業者や中小企業でも大きいですが、規模が大きいほどメリットがあるといえます。一人あたり月に3時間かけているルーティン作業を自動化できれば、従業員数1,000人の会社なら3,000時間も削減できます。

　会社に1人、もしくはチームに1人でも、プログラミングができる人材がいれば、組織全体に大きな影響を及ぼせるのです。そしてもちろん本人も成長し、重宝され、市場価値の高い人材になることができるでしょう。

　本書を初めの一歩として、みなさんがプログラミングを武器にますます活躍され、羽ばたいていかれることを心より願っています。

いまにゅ（今西 航平）

ご案内　特典動画＆サンプルファイルのダウンロードについて

本書では、より学習しやすいように、解説動画をご用意しました。また、サンプルコードや、本文で使っているExcelファイルなどの素材データもダウンロードしてご利用いただけます。ダウンロード方法や視聴方法、注意事項などについては、P.390〜391をお読みください。

本書の構成と使い方

【PART 1　スキルアップ編】
実務での具体的な Python 活用方法を紹介するパート。最初にマンガで、多くの人が仕事で一度は出あいそうな困った状況を紹介し、その後、Python による解決法を見ていきます。

LESSON 1、2 では、わかりやすい注釈をつけています。
LESSON 3～5 は注釈欄をなくし、どんどん進めていきます。よくわからないところがあったら、前の LESSON に戻ったり、PART 2 を参考にしたりしてください。

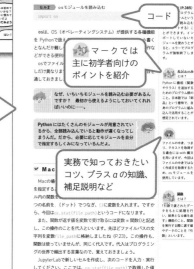

マークでは主に初学者向けのポイントを紹介

実務で知っておきたいコツ、プラス α の知識、補足説明など

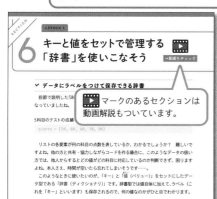

マークのあるセクションは動画解説もついています。

【PART 2　入門編】
インストール方法やプログラミングの基礎知識を学ぶパート。JupyterLab の操作方法も、ゼロから学べます。

動画やサンプルコードもぜひ活用してくださいね！

【動画の内容について】PART 1 は初心者がつまずきやすそうなところを中心に、PART 2 はより理解しやすいように説明を手厚くするとともにプラスαの知識も適宜入れています。そのため、書籍とは説明の順番や内容が変わっている箇所があります。

PART 1 スキルアップ 編

LESSON　　ファイル整理

1 大量のファイルを 一瞬で整理する!

……… 13

LESSON　　Webからデータ収集

2 「Webスクレイピング」で 一気に情報を集める!

……… 57

LESSON ///// **Excel業務の効率化** /////

3 Excelの集約・集計をサクッと終わらせる！ ⋯⋯⋯⋯ 111

ルーティンワークを
自動化すれば
コア業務に集中できる！

LESSON ////// **Webアプリ作成** //////

4 最強の「動くプレゼン資料」を作る！

LESSON ////// **API**による情報収集・活用 //////

5 API活用で重要情報を収集・分析、ビジネスに活かす！

PART 1

スキルアップ 編

LESSON

1

大量のファイルを
一瞬で
整理する！

業務の自動化、最初の一歩目はファイルの一括処理に挑戦します。
一度に大量のファイル名を変更する、フォルダを作成する、
ファイルを移動するといった作業を自動化し、
その効果を体感してみましょう。
こうした「単純だけど時間がかかる面倒な作業」でこそ、
プログラミングの恩恵が得られます。

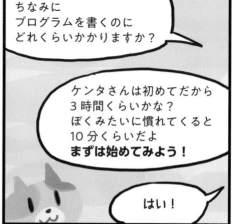

15

SECTION 1

プログラミングの前に
まず課題を整理しよう

> それでは、プログラミングで業務の自動化に挑戦していきましょう。

　最初に取り組む課題はファイル整理です。具体的には、①面談記録のファイルを年・月ごとにフォルダ分けする、②「面談日」と「面談者名」が入った規則性があるファイル名に変えるという2つの作業を行います。

　ファイル数が少なければ手作業でもいいかもしれませんが、それなりの個数がある場合は、プログラミングを活用したほうが効率よく作業が終えられます。手作業にありがちなケアレスミスも避けられます。

今回はファイル名に、名前に加えて面談日も入れたいんですよね。手作業だとたしかに誤入力が起こりそうです……。

✓ 処理対象のファイルの体裁を確認する

　実際に作業に取りかかる前に、処理するファイルがどのような体裁なのか確認しておきましょう。ファイルが入っている「memo」フォルダを開くと、以下のように「面談記録_○○様.txt」というファイル名で統一されていますね。これなら扱いやすそうです。

「memo」フォルダはP.390にあるURLからダウンロードできます。

プログラミングで仕事の効率化・自動化に取り組むときは、処理対象（今回はファイル名）の体裁が統一されているかどうかを最初にチェックしましょう。たとえば、「面談記録_阿部恵利様.txt」と「面談記録_2021年4月16日.txt」というファイルが混じっている場合、ファイル名によって処理を変える必要が出てきます。そのぶん、プログラミングに余計な手間が発生してしまうのです。今回はファイル名の体裁が統一されているため、同じ処理で全ファイルの名前を変更できそうですね。

次に、ファイルの中身も確認しておきましょう。

ここではファイルの中身は使いませんでしたが、処理対象のファイルは念のため中身を確認しておきましょう。たとえば、フォルダの中に「面談記録_2022年4月21日.txt」という、他のファイルと違う命名パターンのファイルが入っていた場合、最初に、他のファイル名と同じパターンにしておくと、後の処理がしやすくなります。こうした場合でも、ファイル内に氏名があることがわかれば、ファイル名に氏名を追加する方針が考えられますよね。ファイルの内容をしっかり把握することで、処理の流れをよりクリアにイメージしてから作業に取りかかれるようになるのです。

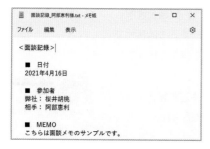

ファイルには「日付」「参加者」「MEMO」の3つの情報が記載されていました。今回はプログラムに必要な情報は特に入っていませんでしたが、作業に取りかかる前には対象をよく確認しておくことが大切です。

今回は、このようなファイルが150個ほどあり、すべて「memo」フォルダに格納されています。これらのファイルを、次のようなフォルダ構成、ファイル名に変更するのが今回のゴールです。ファイル名は「作成日_面談記録_〇〇様.txt」の形式に変更します。

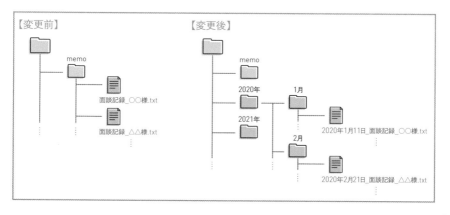

2 SECTION

処理工程を分解して全体像をイメージしよう

✓ プログラミングのコツは処理工程の分解

さて、ここまでで今回取り組む課題の内容が理解できましたね。次は、プログラムの処理の流れを整理しましょう。課題を理解したからといって、すぐにコードを書き始めようとするのは禁物です。先に実装する処理の流れをつかむ、つまり工程を分解することから始めましょう。

とはいえ、エンジニアがふだん書いている要件定義書のようなものまで準備する必要はありません。効率よく進められるように、ぼんやりとしたイメージが明確になればいいのです。必ず作業工程を分解してからコードを書いていく習慣をつけましょう。

✓ 処理の順番を考えよう

今回のケースでは、ファイル名の変更とフォルダの整理を行う必要がありましたね。この2つの処理、どちらから取り組むのがよいでしょうか?

まず、「ファイル名の変更→フォルダの整理」のパターンから見てみましょう。次の3つのステップで処理する流れとなります。

[パターン1]

ステップ1 「memo」フォルダ内にある各ファイルの作成日のデータを取得する

ステップ2 取得した作成日のデータをもとに、全ファイルの名前を変更する

ステップ3 取得した作成日のデータをもとに、各ファイルを適切なフォルダに移動する

要件定義書とは?

アプリケーションや情報システムを開発する際、「どんな機能が必要で、どれくらいの性能が求められるのか」を定めた文書のこと。開発会社にシステム開発を依頼する場合に必要となります。

作業工程の分解と言われても、最初はなかなかイメージしづらいかもしれませんね。そんなときは、「自分が手作業で取り組む場合なら、どういう流れで作業するか」を明確にしていく感じでOKです。

次に、「フォルダの整理→ファイル名の変更」のパターンを見てみましょう。こちらは4つのステップが必要となります。

［パターン2］

ステップ1 「memo」フォルダ内にある各ファイルの作成日のデータを取得する

ステップ2 取得した作成日のデータをもとに、各ファイルを適切なフォルダに移動する

ステップ3 フォルダ分けされた各ファイルの作成日のデータを取得する

ステップ4 取得した作成日のデータをもとに、フォルダ分けされた各ファイルの名前をすべて変更する

パターン1では「**memo**」フォルダを見るだけでいいのに対し、パターン2ではフォルダ分けされたファイルをわざわざ見に行く必要があります。

☑ 適切な順番にすればプログラムが書きやすくなる

パターン1のように「memo」フォルダにすべてのファイルが格納されているタイミングで、ファイル名を変更してしまえば、「memo」フォルダ内だけに注目すればすみます。

しかし、パターン2のように、フォルダ分けされた後に変更するとなると、各フォルダからファイルを探し出し、変更する必要があります。しかも、そのタイミングでもう一度、ファイルの作成日を取得しなければいけません。その分、処理ステップが1つ増えます。すなわち、先にファイル名を変更するほうが、より少ない工数で効率よく目標を達成できるのです。

これで、処理する順番はパターン1の「ファイル名の変更→フォルダの整理」で決まりました。準備はここまで。いよいよ実装に移っていきましょう。

うまくコードを書けば、パターン2でもある程度、手間が増えないようにできますが、わざわざ難しいやり方を選ぶ必要もありませんよね。

LESSON
1

ファイル整理

3 プログラミングのための作業環境を準備しよう

☑ 作業環境を準備しよう

　プログラミングに取りかかるために、必要なファイルと作業環境を準備しましょう。P.390で案内しているURLより、「memo.zip」をダウンロードし、展開してください。次に、ご自身で「作業用」フォルダを作成し、「作業用」フォルダ内に「memo」フォルダを移動します。

　次に、**JupyterLab**（ジュビターラボ）を起動し、「作業用」フォルダ内に「ファイル整理.ipynb」ファイルを作成しましょう。

　本書では、基本的にJupyterLabでプログラムを作り、実行と結果の確認も行います。

> 「JupyterLab を使うのは初めて」という方は、先に PART 2 を読んでくださいね。インストール方法と基本的な使い方を解説してあります（P.316）。

☑ JupyterLabでファイルを作成する

　では、JupyterLabを起動するために、ターミナルを起動しましょう。まず、Windowsでは次の図のようにスタートメニューを表示し、「アプリ一覧」から「ターミナル」をクリックします（ターミナルがない場合は、「Windows PowerShell」をクリッ

▶**JupyterLab（P.316）**
ブラウザ上で利用できる、Python の開発環境。Notebook（ノートブック）と呼ばれるファイルを作り、その中でコードを入力・実行します。入力したコードの実行結果がすぐに確認できるので、Python の勉強にも最適なツールです。

クします）。Macの場合は、Launchpadから「ターミナル」を
クリックすることで、起動できます。

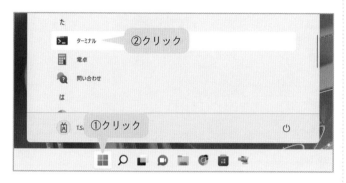

　ターミナルの画面が表示されたら、JupyterLabを起動するコ
マンド「**jupyter-lab**」を入力し、「**Enter**」キーを押します。

　ブラウザにJupyterLabが表示されるので、サイドバーで「作
業用」フォルダをダブルクリックして移動し、「Python 3」をク
リックします。

　次の図のように新しいノートブックが作成されるので、サイド
バーで右クリックして「Rename」を選択しましょう。名前を
「ファイル整理.ipynb」に変更します。

Windows や Mac の
ターミナルには、「Tab」
キーでコマンド入力を
サポートする補完機能
が用意されています。
「jup」まで入力して
「Tab」キーを押すと、
「jupyter-」から始ま
るコマンドが表示され
ます。この機能を活用
すれば、「jupyter-lab」
のような長いコマンド
名も素早く入力できま
す。

jupyter-lab コマンドを
実行すると、既定のブ
ラウザで JupyterLab
が表示されます。本書
では Google Chrome
で JupyterLab を使用
していますが、Safari
や Edge などでも利用
できます。

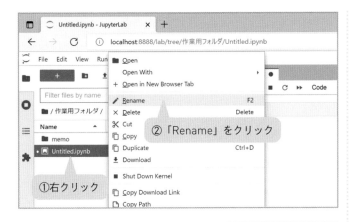

② 「Rename」をクリック

①右クリック

③名前を変更する

ノートブック
とは？

左図の右側の部分が
ノートブックです。こ
こにコードを入力し、
その場でプログラムを
実行することができま
す。

以上で準備は完了です。次のようなフォルダ構成になっている
か、確認しておきましょう。

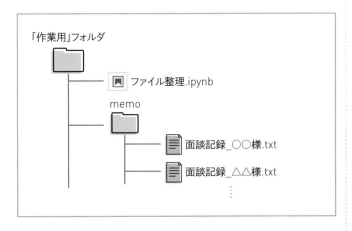

「作業用」フォルダ

ファイル整理.ipynb

memo

面談記録_○○様.txt

面談記録_△△様.txt

4 ファイルの作成日を取得しよう

☑ ファイルパスを変数に代入しよう

ここからはJupyterLabにコードを書き進めていきます。その場ですぐにコードを実行できるので、本書の通り実行できるか試しながら進めてください。

まずは、「memo」フォルダ内のファイルを1つ取り出し、情報を取得しましょう。ファイルを取り出すには、「パソコン内のどこにファイルがあるか」を指し示すパスを指定する必要があります。

試しに、阿部恵利さんの面談記録ファイルの情報を取得します。JupyterLabで新しいセルを作成し、次のコードを入力・実行してみましょう。なお、# で始まる文は、コードではなく「コメント」といいます（次ページの注釈を参照）。

セル1 ファイルパスを変数に格納する

```
# 面談記録_阿部恵利様.txtのファイルパス
file_path = 'memo/面談記録_阿部恵利様.txt'
```

このコードでは、ファイルパスの文字列（'memo/面談記録_阿部恵利様.txt'）をfile_pathという変数に格納しています。この文字列は、「『memo』フォルダの中（/）の面談記録_阿部恵利様.txtファイル」という意味を表しています。

まず、ツールバーの「+」をクリックして新しいセルを作成し、コードを入力します。

①クリック
②コードを入力

パスとは？

フォルダ構造内のフォルダやファイルの場所を識別する文字列のことを指します。つまり、どこにフォルダ・ファイルがあるかを示します。ファイルの場合は、「ファイルパス」とも言います。

セルの作成方法など、JupyterLab の基本操作は PART 2（P.316）を読んでくださいね。

▶文字列（P.348）
複数の文字のまとまりからなる値のこと。Python では " "（ダブルクォーテーション）もしくは ' '（シングルクォーテーション）で囲んだ文字が、文字列として扱われます。

▶変数（P.336）
プログラムを書く際、一時的にデータを保存する場所のことを「変数」といいます。

入力が完了したら、ツールバーの「▶」をクリックしてセルを実行します。セルの左隣に表示される［1］は、「何番目にそのセルが実行されたか」を意味します。

①クリック

コメントを入れておいてもよい

②コードが実行された

［ ］の数字が更新・表示されたら、セルが実行されたんだな……くらいに考えておけば OK ですよ。

パスの指定方法には、現在のフォルダからの場所を示す「相対パス」と、最上位のルートディレクトリ（Windowsの場合はCやD、Macの場合は/）からファイルの場所を示す「絶対パス」の2つの種類があります。ここでは、「ファイル整理.ipynb」を作成した「作業用」フォルダを基準とする相対パスでファイルの場所を指定しています。

✔ osモジュールでファイルの作成日を取得する

次に、ファイルの作成日を取得しましょう。作成日をはじめとするファイルの各種情報は、変数file_pathから取得できません。file_pathの実体（中身）は、ファイルそのものではなく、文字列でファイルの位置を示しているだけですからね……。

ファイルパスからファイルの情報を取得するには、osモジュールというPythonに標準でついてくる追加機能を使います。まずは、**import文**でモジュールを読み込みましょう。

新しいセルを作成し、次のコードを入力・実行してください。

「#」から始まる文章のことを「コメント」（P.339）といいます。コメントは、プログラムの注釈・覚え書きであり、プログラム実行時には存在しないものとして扱われます。つまり、あってもなくてもいいものなんですね。
とはいえ、後で読み返すと「この行で何を実行しているのか」は案外忘れてしまうもの。特に繰り返し使うプログラムでは、メンテナンスを想定してこまめにコメントを書いておくことをおすすめします。

▶**import文（P.385）**
Pythonのプログラム内にモジュールという追加機能を読み込む（インポートする）ことができます。インポートしていないモジュールを使おうとすると、エラーでプログラムが強制終了します。

```
import os
```

osは、OS（オペレーティングシステム）が提供する各種機能を Pythonで扱えるようにするためのモジュールです。こう書くとなんだか難しそうですが、要は、**ファイルやフォルダの操作**などができる便利な機能をまとめたものということです。

osでファイル情報を取得するコードは、MacとWindowsで少しだけ異なります。理解を深めるためにも、両方のやり方に目を通しておきましょう。

> なぜ、いちいちモジュールを読み込む必要があるんですか？ 最初から使えるようにしておいてくれればいいのに……。

> **Python** にはたくさんのモジュールが用意されているから、全部読み込んでいると動作が遅くなってしまうんだ。だから、必要に応じてモジュールを自分で指定するしくみになっているんだよ。

☑ **Macでファイル情報を取得しよう**

Macの場合はosの**stat()**関数に、ファイルパス（`file_path`）を指定することで、ファイルの詳細情報を取得できます。モジュール内の関数を使うときは、**モジュール名.関数名()**のように、2つの名前を.（ドット）でつなぎ、()に変数を入れます。ですから、今回は`os.stat(file_path)`というコードになります。

また、関数が返す値を変数で受け取るには変数 = 関数()と記述し、この操作のことを代入といいます。先ほどファイルパスの文字列を変数`file_path`に格納しましたね（P.23）。この操作も、関数は使っていませんが、同じく代入です。代入はプログラミングの世界で頻出する言葉なので、覚えておきましょう。

JupyterLabで新しいセルを作成し、次のコードを入力・実行してください。ここでは、`os.stat(file_path)`で取得した値

モジュールとは？

Python に機能（関数やクラス）を追加するためのプログラム群のこと。日本語では「部品」という意味で、自身のプログラムに組み込んで活用することが想定されています。

ファイルの中身、つまり、テキストを取得する場合には with 構文を用いますが、今回はファイルの中身ではなく作成日を取得するため、os モジュールを使用しています。

関数とは？

「引数で渡されたデータをもとに処理を行い、結果となる値を返す」機能のこと。関数を実行する際に渡す値やデータのことを「引数」といいます。

を変数statに代入し、**print()**関数で出力（画面に表示）し、中身を確認しています。

▶print関数（P.338）
引数の値やデータを文字列に変換して画面に出力する関数。プログラムがきちんと意図通りに動作しているか確認したいときによく使います。

セル3 Macでファイルの情報を出力する

```
stat = os.stat(file_path)
print(stat)
```

出力結果

```
os.stat_result(st_mode=33188, st_ino=54082558,
st_dev=16777221, st_nlink=1, st_uid=501, st_
gid=501, st_size=207, st_atime=1650735154, st_
mtime=1650735154, st_ctime=1652843159)
```

実際の画面では、次のように表示されます。

```
In [3]:

 1 stat = os.stat(file_path)
 2 print(stat)

os.stat_result(st_mode=33188, st_ino=54082558, st_dev=167
77221, st_nlink=1, st_uid=501, st_gid=501, st_size=207, s
t_atime=1650735154, st_mtime=1650735154, st_ctime=1652843
159)
```

よくわからない値が出力されましたが、エラーではないので安心してください。

この出力結果には、このファイルの詳細情報が出力されています。ファイルの詳細情報（変数stat）の中にst_birthtime属性が存在し、実はこれが作成日時にあたります。birthtimeを直訳すると、出生時刻という意味ですよね。言い換えるとファイルができた時刻、つまり、ファイルの作成時刻がここに入っているわけです。ファイルの作成時刻をcreated_timeという変数に代入し、中身を見てみましょう。

JupyterLabで新しいセルを作成し、次のコードを入力・実行してください。

正しくコードが入力できているにもかかわらず、os.stat()関数がエラーになってしまう場合は、モジュールのインポートや変数への代入が適切に実行されていない可能性があります。
このようなときは、メニューバーの「Run」→「Run All Cells」をクリックして、ここまで作成したすべてのセルを実行してみてください。変数の代入やモジュールのインポートが行われた上で、3つ目のセルが実行されるので、正しい結果が得られるはずです。

```
created_time = stat.st_birthtime
print(created_time)
```

出力結果

```
1618532400.0
```

なお、紙面のセル番号とサンプルファイルのセル番号は必ずしも一致していません。その代わり、サンプルファイル内には見出しを適宜入れて、どこのコードを操作しているかがわかりやすいように整理しています。

この数値は**タイムスタンプ**という、ファイルの作成や更新といったイベント日時を記録する情報です。ただし、コンピュータ向けの形式であり、このままでは人間目線で見ると、いつ作成されたのか理解できないですよね。コンピュータにとっては扱いやすい形式だったとしても、私たちから見ればただの数値でしかありません。

そこで、プログラミングで私たちになじみのある形式に変換しちゃいましょう。Pythonで日付・時間を扱うための**datetime**をインポートします。JupyterLabで新しいセルを作成し、次のコードを入力・実行してください。

Mac の場合、タイムスタンプは 1970 年 1 月 1 日午前 0 時 0 分 0 秒を起点に何秒経過したかを表します。つまりこのファイルは、1970 年 1 月 1 日から約 16 億 1853 万秒後に作られている……ということになります。うん、人間目線だとぜんぜん意味がわかりませんよね（笑）。

セル5　datetimeをインポートする

```
import datetime
```

datetimeの**datetime.fromtimestamp()**関数を用いると、見づらいタイムスタンプを、人間にも扱いやすいdatetime型のデータに変換することができます。引数には、先ほど取得したタイムスタンプが代入されている変数created_timeを指定します。

それでは、変換された値を確認してみましょう。JupyterLabで新しいセルを作成し、次のコードを入力・実行してください。

セル6　datetime型に日時を変換して出力

```
print(datetime.fromtimestamp(created_time))
```

出力結果

```
2021-04-16 09:20:00
```

LESSON 1
ファイル整理

今度は私たちにも理解できる形式で出力されました！ 2021年4月16日に作成されたファイルであることが確認できましたね。

　これで、タイムスタンプからdatetime型のデータに変換できたことになります。変換後の値を再度、変数created_timeに代入しておきましょう。

セル7 ▶ `datetime`型に日時を変換して変数に代入

```
created_time = datetime.datetime.fromtimestamp(
    created_time)
print(created_time)
```

出力結果

```
2021-04-16 09:20:00
```

☑ Windowsでファイル情報を取得しよう

　なお、MacではなくWindowsでセル4を実行すると、`created_time = stat.st_birthtime`でエラーメッセージが表示されるはずです。これは、Windowsでは`stat.st_birthtime`という属性・データが存在しないために発生します。

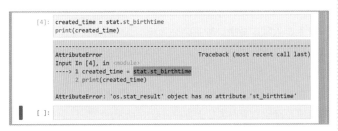

　Windowsでファイルの作成日時を取得するには、osの**path.getctime()**関数を使い、引数にファイルパスを入れます。JupyterLabでエラーが発生したセルを編集し、次のコードに書き換えてください。編集を終えたらセルを実行し、作成日時が出力されるか確認してみましょう。

```
created_time = os.path.getctime(file_path)
print(created_time)
```

出力結果

```
1618532400.0
```

うん、今度はうまくいきましたね。Macのときと同様、タイムスタンプが取得できました。これをdatetimeを使い、datetime型に変換します。JupyterLabで新しいセルを作成し、次のコードを入力・実行してください。

セル9 日時をdatetime型に変換して変数に代入

```
import datetime
created_time = datetime.datetime.fromtimestamp(
    created_time)
print(created_time)
```

出力結果

```
2021-04-16 09:20:00
```

これで、Windowsでも作成日時を取得することができました。

✓ datetimeから「年・月・日」を取り出そう

ここからはMac、Windows共通の部分に戻ります。

ファイル名の変更、フォルダの移動に必要な情報は年・月・日のみです。つまり、取り出した作成日時の年月日以外、すなわち時・分・秒はいらない情報ですよね。そこで、created_timeから年月日の情報を個別に取り出してみましょう。datetime型のデータは、年の情報year、月の情報month、日の情報dayといった属性を持っていますので、それぞれを取得します。

データから属性を取得するときは、**変数名 . 属性**という形式で記述します。モジュールの関数の記述方法と似ていますが、属性の場合は最後のカッコ()が必要ありません。

osモジュールは、OSに依存する機能を扱うため、OSが異なるとコードが変わってくる場合があります。うまくいかないときは、環境によってコードを書き換える必要がないか、インターネットなどで調べてみましょう。

Pythonでは、()や[]、{}といったカッコの中は、スペースが入れられる場所であれば自由に改行できます。セル9では、1行が長くなりすぎないように「(」の後ろで改行していますが、実際には1行にまとめて書いても問題ありません。

「属性」は、「データが持つさまざまな情報」を指す言葉です。あまりなじみがないかもしれませんが、プログラミングの世界ではよく使います。「私」という人間で例えると、「name（名前）」属性は今西、「gender（性別）」属性は男性となります。

セル10 datetime型のデータから年を取り出す

```
year = created_time.year
print(year)
```

出力結果

```
2021
```

セル11 datetime型のデータから月を取り出す

```
month = created_time.month
print(month)
```

出力結果

```
4
```

セル12 datetime型のデータから日を取り出す

```
day = created_time.day
print(day)
```

出力結果

```
16
```

　これで、ファイルの作成日に関わる情報をすべて取得できました。

関数のときと同じように（P.25）、属性の戻り値を変数に代入することもできます。

5 これまで書いたコードを 1つのセルにまとめよう

☑ コードを1つのセルにまとめる

ここで一度、ここまでのコードを1つのセルにまとめましょう。といっても、コードを最初から書き直す必要はありません。JupyterLabには複数のセルを**1つにまとめるマージ機能**が用意されているので、これを活用します。次の手順を参考に、これまで入力してきたセルを1つにマージしましょう。

まず、「Esc」キーを押して、コマンドモードに切り替えます。コマンドモードでは、セルを選択するカーソル（青いバー）が表示されます。「↑」キーを押して、カーソルを一番目のセルに移動させます（[] の左側をクリックすることでもセルを選択できます）。

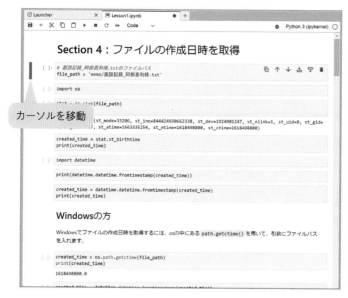

カーソルを移動

マージとは？

複数のデータを1つにまとめることを「マージ」といいます。

JupyterLab では、セルでコードを入力・編集する「編集（エディット）モード」と、入力したコマンドを実行したりセルを管理したりする「コマンドモード」という2つのモードが用意されています（P.323）。セルのマージは、後者のコマンドモードでないと実行できません。コマンドモードに切り替えるには、編集モード時に「Esc」キーを押します。

「Shift」キーを押しながら「↓」キーを押し、マージしたいセルをすべて選択します。

「Shift」＋「↓」で選択

今回はすべてのセルを選択すればよいので、「Ctrl」＋「A」キーを押して全選択してもかまいません。

次に、「Shift」キーを押しながら「M」キーを押すと、選択していたセルが1つにマージされます。

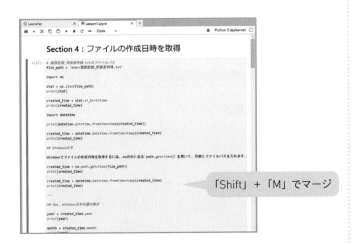

「Shift」＋「M」でマージ

ショートカットキーでの操作が苦手な場合は、メニューバーの「Edit」→「Merge Selected Cells」をクリックしましょう。この方法でも選択したセルを1つにマージできます。

JupyterLab で効率よくプログラムを開発するには、セルのマージが不可欠。ここで操作方法を覚えておきましょう。

マージできたら、セルを編集し、次のコードのように書き換え

ましょう。書き換えのポイントとしては、出力確認用のprint()関数を削除し、最終行に集約すること、os、datetimeのimport文をセルの先頭に移動することが挙げられます。

編集が完了したら、セルを実行してファイルの年・月・日がきちんと出力されるか確認してみてください。

import 文は基本的にプログラムの先頭に書くのが Python のお約束。どんなモジュールやライブラリをインポートしているか、ひと目で把握できるようにするためです。

セル13 ファイル作成日の年・月・日を取り出す

```python
import os
import datetime

file_path = 'memo/面談記録_阿部恵利様.txt'

# Windowsの方は以下のコードで作成日時を取得
# created_time = os.path.getctime(file_path)

# Macの方はst_birthtimeで作成日時を取得
stat = os.stat(file_path)
created_time = stat.st_birthtime

#タイムスタンプをdatetime型に変換
created_time = datetime.datetime.fromtimestamp(
    created_time)

year = created_time.year
month = created_time.month
day = created_time.day
print(year, month, day)
```

出力結果

```
2021 4 16
```

きちんと出力されましたね。

よく考えずにコードを書き連ねていると、「どのコードが必要で、どれが不要なのか」がわからなくなってしまいます。成果を

LESSON 1

ファイル整理

しっかりとした形に残す意味でも、コードは定期的にまとめる習慣をつけておきましょう。

☑ 最初は「1ファイル分の処理」だけを作り込もう

ここまでで作ってきたコードは1ファイル分の処理です。「150ファイルをまとめて処理しないの？」と思うかもしれませんが、これはあえて。実は、最初から複数のデータを扱わないことが、よいコードを書くコツなのです。

実装手順の基本ルール

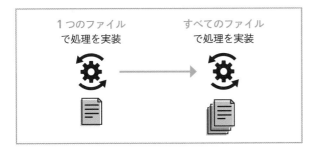

複数ファイルをまとめて処理するには、繰り返しのしくみを使うことが不可欠なのですが、コードが複雑になるため、意図しないところでエラーが起こりがちになります。また、エラーが起こらなかったとしても、意図しない処理内容になってしまった場合は、すべてのファイルを最初の状態に戻さなければなりません。でも1ファイルだけなら、うまくいかなくても被害を最小限にとどめて、すぐ修正することができますね。

プログラムを作るときは、①まずは1つのデータで処理を実装する、②うまくいったら複数のデータに範囲を広げる、という流れで進めるようにしましょう。

繰り返しの処理には、for文やwhile文という書き方（制御構文）を使います。とても便利な機能なので、後ほど説明していきます。慣れるまでは処理の流れがイメージしづらく、エラーを起こしがちなんですよね。

これは初心者だけでなく、中上級者も常に心がけたいテクニックです。

6 作成日をもとに ファイル名を変更しよう

⇒動画もチェック

☑ 新しいファイル名を定義しよう

　作成日を取得できたところで、次にファイル名を変更してみましょう。ここでも、まずは1つのファイルを処理できるようにプログラムを作っていきます。

　新しいファイル名は「○年○月○日_面談記録_○○様.txt」の形式になるのでしたね。すでに定義しているファイルパス（file_path）から現在のファイル名「面談記録_○○様.txt」を取得し、先ほど取得した作成日の情報と組み合わせると、変更後のファイル名が作成されます。変更後のファイル名は、変数new_file_nameに格納しましょう。

file_path	**memo/ 面談記録 _ 阿部恵利様 .txt**

ファイル名を取り出す
＋
作成日と組み合わせる

変更後のファイル名

new_file_name	○年○月○日 _ 面談記録 _ 阿部恵利様 .txt

year month day

　ファイルパス（memo/面談記録_阿部恵利様.txt）からファイル名（面談記録_阿部恵利様.txt）のみを取り出す方法はいくつかありますが、ここでは文字列を分解する**split()**関数を使います。

　文字列**.split(引数)**と入力すると、引数で指定した値で文字列を分割し、リストに格納できます。次のページにあるようにコードを書くと、**/**で分割し、インデックス番号1の「面談記録_阿部恵利様.txt」というファイル名を取り出すことができます。

　インデックス番号は、リストの中身を数える番号のこと。多くのプログラミング言語ではリストのインデックス番号はゼロから

▶**文字列.split()**
splitは「分割する」という意味の英単語です。その名の通り、引数に指定した値で文字列を分割し、リストに格納して戻す関数です。ここではファイルパスを「/」で分割して、ファイル名を取り出しています。

始まります。Pythonも同様なので、今回の場合であれば、最初の「memo」が0番目となります（とはいえ、1から始まる言語も実はあるんですよ）。

▶リスト（P.350）
複数のデータをまとめて管理できるデータ型のことをリストといいます。リストのデータを作成するときは、[A, B, C]のように [ ] の中にカンマ区切りで要素を指定します。

コード

Pythonでは、リストを数える番号が **0** から始まりますから、ファイル名を取り出すには番号「**1**」を指定すればいいわけですね。

　取り出したファイル名は、変数file_nameに代入しておきましょう。後ほど、新しいファイル名を作るときに使います。
　以上の流れを、JupyterLabにコードを入力して、期待通り取り出せるか確かめてみましょう。新しいセルを作成し、次のコードを入力・実行します。

セル14　パスからファイル名を取り出す

```
file_name = file_path.split('/')[1]
print(file_name)
```

出力結果

面談記録 _ 阿部恵利様 .txt

　パスからファイル名（file_name）のみを取り出すことができましたね。では、変数year・month・dayと組み合わせて、新しいファイル名を作成し、new_file_nameに入れましょう。
　次のコードのように、**f文字列**の中に4つの変数を埋め込みます。

JupyterLabで新しいセルを作成し、コードを入力しましょう。セルを実行すると、新しいファイル名を定義（作成）できたことが確認できます。

セル15 新しいファイル名を定義する

```
new_file_name = f'{year}年{month}月{day}日_{file_name}'
print(new_file_name)
```

出力結果

```
2021年4月16日_面談記録_阿部恵利様.txt
```

新しいファイル名ができましたね。

✓ ファイル名を変更しよう

次は、ファイル名の変更に挑戦しましょう。

ファイル名の変更には、osの**rename()**関数を使用します。**os.rename(変更前, 変更後)**のように引数を指定します。ここで注意しないといけないのが、引数には変更前と変更後のファイルパスを指定すること。ファイル名を指定するとエラーが発生したり、思わぬ場所にコピーされたりしてしまいます。

変更前のファイルパスはfile_pathでOKですね。新しいファイルパスは、変更前と同じく「memo」フォルダ内とし、ファイル名だけを変更したいので、「memo/新しいファイル名」とします。f文字列で定義すると、f'memo/{new_file_name}'となります。

では、JupyterLabで新しいセルを作成し、ファイル名を変更するコードを次の通り入力しましょう。

セル16 ファイル名を変更する

```
os.rename(file_path, f'memo/{new_file_name}')
```

セルを実行したら、実際にファイル名が変更されているか、「memo」フォルダ内を確認してみてください。しっかり名前が変わっているはずです。

f文字列
とは？

左のようなコードをf文字列、またはf-strings（エフ・ストリングス）といいます。変数を埋め込める特殊な文字列データで、f' 'の中に{変数}と記述することで、変数に代入することができます。

' 'の前に「f」をつけないと通常の文字列データとなってしまい、「{year}年{month}月{day}日_{file_name}」と出力されてしまいます。文字列内に変数を埋め込むには「f」が必要なのです。

うまく実行できない場合は、ファイル作成日を取得するセル13のコードを実行し直してみましょう。途中で作業を終了した場合、これまで宣言した変数やインポートしたモジュールがリセットされている可能性があります。

名前	更新日時	種類
☑ 2021年4月16日_面談記録_阿部恵利様.txt	2021/04/16 0:00	テキスト ドキュメ
面談記録_井口更紗様.txt	2021/07/26 0:00	テキスト ドキュメ
面談記録_井田菜央様.txt		テキスト ドキュメ
面談記録_宇佐美萌香様.txt	2021/06/24 0:00	テキスト ドキュメ
面談記録_宇都宮明音様.txt	2021/08/10 0:00	テキスト ドキュメ
面談記録_雨宮安雄様.txt	2020/12/27 0:00	テキスト ドキュメ
面談記録_鵜飼弘様.txt	2021/01/09 0:00	テキスト ドキュメ
面談記録_鵜飼信也様.txt	2020/11/27 0:00	テキスト ドキュメ
面談記録_永瀬信太郎様.txt	2021/04/06 0:00	テキスト ドキュメ
面談記録_永田修司様.txt	2019/01/28 0:00	テキスト ドキュメ

ファイル名が変更された

先ほどと同様に、一連の流れを1つのセルにまとめておきましょう。セルをマージし、次のコードのように整理します。

 セル17 ファイル名を変更する

```
file_name = file_path.split('/')[1]
new_file_name = f'{year}年{month}月{day}日_{file_name}'
os.rename(file_path, f'memo/{new_file_name}')
```

これで、ファイル名を変更するコードが完成しました！

 rename() 関数の引数は「変更前」と「変更後」ですよね。それなのに、**os.rename(file_name, new_file_name)** と入力するとエラーになるのは、どうしてなんですか？

file_name は「memo」フォルダ内にあるけど、プログラムの実行時、**Python** は「作業用」フォルダにいるから、**file_name** で単にファイル名を指定すると、「ファイルがない！」って混乱しちゃうんだ。

 えー！　気がきかないんですね！
ぼくだったら、フォルダ内を検索してファイルを探しますよ。

プログラムって人間みたいな柔軟性はないんだけど、それが良さでもあるんだよ。ぼくたちが指示していないことを勝手に実行されたら、何が起こったのか検証もできないからね。

✓ 作成日をもとに、ファイルをフォルダ分け

最後の工程、フォルダ分けに挑戦しましょう。この工程では、同じ名前のフォルダが存在するかどうかで、処理の流れを変えていきます。

✓ 処理の全体像をイメージしよう

イメージしやすいように、もう少し具体的に見ていきましょう。今回のプログラムでは、作成日が、2021年4月16日のファイルであれば、「2021年」フォルダの中の「4月」フォルダに格納されるように処理を作ります。すでに「2021年」フォルダや「4月」フォルダが作成されているなら、フォルダを作る必要はありません。一方、もし、まだなければ、自動で作成してからファイルを移動する必要があります。

この処理の分岐には、if文という命令を使います。ある条件を満たしていれば①の処理、そうでなければ②の処理を行わせます。

▶ **if文（P.365）**
if文は、状況にあわせて処理を分岐するための命令。「4月」フォルダが存在しない場合は作成、存在する場合は何もしないといった処理を実現します。こういったしくみのことを「条件分岐」といいます。

if文による条件分岐処理

「気にせず、全部フォルダを上書きして作ってしまえばいいのでは？」と思うかもしれませんね。でも残念ながら、すでに存在するフォルダを作成しようとすると、エラーが発生してプログラムが強制終了してしまうのです。

「例外処理」といってエラーをコントロールする方法や、既存フォルダをうまく無視するような書き方もありますが、今回はシンプルで理解しやすい流れでプログラムを作っていきましょう。

例外処理
とは？

想定外のエラー（例外）があった場合に実行される処理のことを「例外処理」といい、try-except 文という書き方を使います。気になる方は調べてみてくださいね。

☑ 指定のフォルダが存在するか確認しよう

まずは、フォルダが存在するかどうかを確認するコードを書きます。テスト用に、「2020年」フォルダだけ手動で作成しておきましょう。ファイルの振り分け先となる「interview」フォルダの中に「2020年」というフォルダを作成してください。

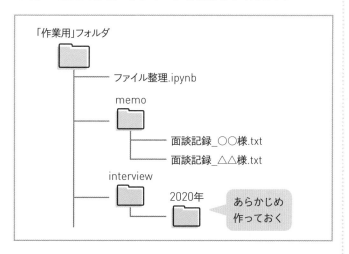

フォルダが存在するかどうかは、osのpathモジュール内にある**exists()**関数を使って確認します。引数にフォルダのパスを指定し、**os.path.exists(フォルダのパス)**と記述すると、フォルダが存在する場合はTrue、存在しない場合はFalseを返します。

JupyterLabで新しいセルを作り、次のコードを入力して実行してみましょう。

```
# interviewフォルダが存在するか
print(os.path.exists('interview'))
# 2020年フォルダが存在するか
print(os.path.exists('2020年'))
# interviewフォルダの中に2020年フォルダが存在するか
print(os.path.exists('interview/2020年'))
# interviewフォルダの中に2021年フォルダが存在するか
print(os.path.exists('interview/2021年'))
```

ここではフォルダの存在を確認していますが、ファイルの存在確認にも os.path.exists() は使えます。

出力結果

```
True
False
True
False
```

「作業用」フォルダから見て、引数に指定したフォルダが存在する場合は「True」、存在しない場合は「False」が出力されていますね。このTrueもしくはFalseの結果を活用することで、このあと、if文による条件分岐を作っていきます。

✓ if文で「存在しない場合」にだけフォルダを作ろう

if文は、条件を満たすときだけ指定のコードを実行する命令で、プログラミングでは必ずといっていいほど使います。Excelの操作に慣れた方なら、IF関数をイメージするとわかりやすいかもしれませんね。基本的な書き方は次のとおりです。

エクセルの IF 関数ならわかります! 「=IF（条件式, 真の場合, 偽の場合）」って書くんですよね。金額によって送料や割引率を変えるのによく使っていました。

 文法 if文の書き方

```
if 条件式:
    条件式がTrueのときの処理
else:
    条件式がFalseのときの処理
```

▶**条件式（P.343）**
True もしくは False を返す式（なんらかの値を返す命令のこと）のことを条件式といいます。os.path. exists() のような関数のほか、= や > などの比較演算子を使った式がよく使われます。

ifのすぐ後ろの条件式には、TrueもしくはFalseを返す関数や、2つの値を比較する式を記述します。ifの次の行には条件式がTrueのときの処理が入ります。この処理の行頭には、半角スペース4つ分の空白を入れて字下げするのが鉄則です。

条件が満たされない（False）場合の処理を書きたいときは、**else:**と記述し、次の行に処理内容を記述します。こちらも、行頭に4つ分の半角スペースを入れ忘れないようにしましょう。

> **False** 時の処理が不要なときは、**else:** 以下は省略できます。今回のプログラムでも省略しています。

☑ not演算子でTrue/Falseを反転させよう

if文の書き方を理解したところで、試しに「2021年」フォルダを作るコードを作ってみましょう。「同名のフォルダが存在するか」をチェックして、存在しない場合にだけフォルダを作成します。JupyterLabで新しいセルを作成し、次のコードを入力します。

セル19 同名のフォルダが存在しない場合は作成する

```python
# フォルダが存在しない場合、if文内の処理を実行
if not os.path.exists('interview/2021年/4月'):
    # フォルダを作成
    os.makedirs('interview/2021年/4月')
```

このコードでは、注目すべき点が2つあります。

1つ目は、if文の条件式にnot演算子を用いている点です。引数に指定したフォルダが存在しない場合、os.path.exists()はFalseを返します。このままでは「フォルダが存在しないときは、次行の処理が実行されない」命令になってしまうわけですね。

そこで、条件式の前にnotを付けることで、Falseを反転しTrueにしています。これで「フォルダが存在しないときは、次行の処理が実行される」条件を指定できます。

▶ **not演算子**
式の結果を逆転し、True の場合は False、False の場合は True を返す演算子です。

まだ少しイメージしづらい場合は、新しいセルに次のコードを入力し、実行してみましょう。os.path.exists()関数で存在しない「test」フォルダを確認し、1行目は結果をそのまま出力し、2行目はnot演算子で値を反転してから出力しています。

セル20 not演算子の効果を確認する

```
print(os.path.exists('test'))
print(not os.path.exists('test'))

if not os.path.exists('test'):
    print('testフォルダは存在しません')
```

出力結果

```
False
True
test フォルダは存在しません
```

検証が終わったら、不要なセルは「D」キーを2回押して削除しましょう。

　1行目のコードはFalseを出力しているのに対し、2行目のnotを付けたコードはTrueを出力しています。4〜5行目のif文でも、os.path.exists()が返す値（False）を反転することで、次行の命令を実行することができています。

　このように、条件式がFalseを返すときに「条件を満たす」if文を作るには、not演算子が不可欠なのです。

☑ os.makedirs()でフォルダをまとめて作成しよう

　注目すべき2つ目の点は、フォルダを作成する**os.makedirs()**（オーエス メイクディレクトリズ）関数を使っていることです。この関数は引数にフォルダパスを指定すると、複数階層でも一気に作成してくれます。今回は、引数に'interview/2021年/4月'と指定しています。

　セル19のコードを実行してみると、「interview」フォルダ内に「2021年」フォルダ、その中に「4月」フォルダが作成されているはずです。エクスプローラーやFinderアプリで「作業用」フォルダを確認してみましょう。

LESSON 1

ファイル整理

43

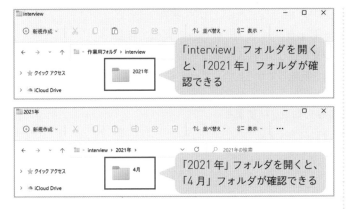

「interview」フォルダを開くと、「2021年」フォルダが確認できる

「2021年」フォルダを開くと、「4月」フォルダが確認できる

もともと存在していなかった「2021年」フォルダ、「4月」フォルダをまとめて作成することができました。両方まとめて作成してくれるなんて便利ですね。

☑ 汎用性の高いコードに変更する

セル19のままでは、「2021年」フォルダの中の「4月」フォルダの存在しか確認してくれない、汎用性の低いコードとなってしまいます。ファイルごとに適切なフォルダを作成できるよう、先ほどファイルから取得した変数year、monthを用いたコードに修正しましょう。

> **セル21** 作成するフォルダのパスを変数にする

```
new_dir = f'interview/{year}年/{month}月'
if not os.path.exists(new_dir):
    os.makedirs(new_dir)
```

上記のコードでは、まず変数とf文字列を組み合わせて、コピー先のフォルダ名をf'interview/{year}年/{month}月'とし、変数new_dirに代入します。次のif文では、このnew_dirの存在を確認し、存在しなければ作成します。これにより、yearやmonthの値に応じてフォルダ名が変動するコードへと書き換えることができます。

os モジュールには、os.mkdir() というフォルダを作成する別の名前の関数も用意されていますが、それよりも os.makedirs() を使うことをおすすめします。os.mkdir() は、存在していないフォルダ内に新たなフォルダを作る場合もエラーが発生します。つまり、「interview」フォルダがない状態で、「interview/2021年」フォルダを作ろうとするとエラーになってしまうので、チェックがより複雑になってしまうのです。

7 目的のフォルダに ファイルを移動しよう

☑ shutil.moveでファイルを移動する

shutil とは？

shutil はファイルや フォルダの操作に関 するさまざまな機能を 提供するモジュールで す。

今度は、作成したフォルダにファイルを移動しましょう。ファイルの移動には、**shutil**（シャティル）モジュールの**move()**関数を使います。この関数は2つの引数を取り、**shutil.move(変更前、変更後)**のように記述します。

プログラミングでファイルを操作すると、エクスプローラーやFinderのように気軽に元の状態に戻すことができません。ぶっつけ本番でshutil.move()を実行する前に、移動前後のファイルパスをきちんと指定できているか確認しましょう。

新しいセルに次のコードを入力し、移動前・移動後のファイルパスをprint()関数で出力して確認してください。移動後のファイルパスは長くなるため、変数destに代入しておきましょう。

変数 dest は「行き先」を意味する英単語 destination の頭文字を取って命名しています。このように、プログラミングでは英単語の頭文字や短縮した言葉を変数や関数名に使うことがよくありあります。たとえば、os.makedirs() の dir も directory（ディレクトリ）から来ているんですよ。

セル22 ▶ 移動前後のファイルパスを出力して確認する

```
# 移動前のファイルパス
print(f'memo/{new_file_name}')
# 移動先のファイルパス
dest = f'interview/{year}年/{month}月/{new_file_name}'
print(dest)
```

出力結果

```
memo/2021 年 4 月 16 日 _ 面談記録 _ 阿部恵利様 .txt
interview/2021 年 /4 月 /2021 年 4 月 16 日 _ 面談記録 _
阿部恵利様 .txt
```

45

移動前と移動後のファイルパスが想定どおり出力されました。JupyterLabで新しいセルを作り、shutilモジュールのインポート後、shutil.move()を実行し、ファイルを新しいパスに移動しましょう。このセルを実行すると、次のように移動先のパスが結果として表示されます。

セル23 リネームしたファイルを新しいパスに移動する

```
# ファイルの移動
import shutil
shutil.move(f'memo/{new_file_name}', dest)
```

出力結果

```
'interview/2021年/4月/2021年4月16日_面談記録_
阿部恵利様.txt'
```

しっかりとファイルが移動されているか、エクスプローラーやFinderで確認してください。次の画像のように、「2021年/4月」フォルダに、「2021年4月16日_面談記録_阿部恵利様.txt」が移動していれば成功です！

shutil.move() はファイルの移動後、移動先のパスを文字列で戻します。JupyterLab では、セルの最後の命令がなんらかの値を返すと、自動でその値を出力します。それでセル23 では print() 関数を使っていないのに、値が出力されているわけですね。

移動先のフォルダ

エラーが起きてしまった場合は、①移動前のファイルパスは合っているか、②ファイルはしっかりと格納されているか、③移動先のファイルパスに記載したフォルダは作成されているかを確認しましょう。

これで、1ファイルの名前を変更し、新規フォルダに移動する処理が完成しました。セルをマージして必要なコードをまとめます（検証用の不要なセルは削除します）。後で読み返したときに意図がわかるように、コメントも追加しておきましょう。

念のため、マージしたコードの`file_path`に別のファイルを代入して、一連の流れがうまくいくか実行してみましょう。2021年7月26日に作成された「面談記録_井口更紗様.txt」ファイルを指定して、コードを実行してみてください。

セル24 ファイルの名前変更・移動のまとめ

```python
import os
import datetime
import shutil


# ↓ファイルの作成日を取得↓
# 先ほどと別のファイルを指定
file_path = 'memo/面談記録_井口更紗様.txt'


# Windowsの方は以下のコードで作成日時を取得
# created_time = os.path.getctime(file_path)


# Macの方はst_birthtimeで作成日時を取得
stat = os.stat(file_path)
created_time = stat.st_birthtime


#タイムスタンプをdatetime型に変換
created_time = datetime.datetime.fromtimestamp(
    created_time)


year = created_time.year
month = created_time.month
day = created_time.day


# ↓ファイル名の変更↓
file_name = file_path.split('/')[1]
new_file_name = f'{year}年{month}月{day}日_{file_name}'
os.rename(file_path, f'memo/{new_file_name}')
```

「import shutil」は3行目に移動しました。import文はできるかぎりプログラムファイルの最上部に集約するのが好ましいとされています。これは、「プログラム内で、どのモジュールがインポートされているのか」をはっきりさせるためです。

```
# ↓フォルダの存在確認とフォルダの作成↓
new_dir = f'interview/{year}年/{month}月'
if not os.path.exists(new_dir):
    os.makedirs(new_dir)
# ファイルの移動
dest = f'interview/{year}年/{month}月/{new_file_name}'
shutil.move(f'memo/{new_file_name}', dest)
```

出力結果

```
'interview/2021年/7月/2021年7月26日_面談記録_
井口更紗様.txt'
```

しっかりと「2021年/7月」フォルダに格納されていることを確認できましたね。もちろん、ファイル名も変更されていました。

これで1つのファイルに対しての実装は完了しました。あとは、すべてのファイルにおいても処理が通るようなコードに仕上げるのみです。あと少しです。頑張っていきましょう!

8 すべてのファイルを 対象に処理を行おう

✔ glob()関数でファイルパスを一気に取得する

最後の工程に入りましょう。すべてのファイルに処理を適用するため、すべてのファイルパスを取得する必要があります。

 でも、これまでのようにファイルパスを文字列で1つひとつ指定するのは大変じゃないですか？

そうだね。それが、関数を使うとたった1行でできてしまうんだよ。

ここで登場するのがglobモジュールです。globを用いると簡単にファイルパスをまとめて取得できてしまいます。まず、globモジュールの中にある**glob()**関数をインポートします。

セル25 glob()関数をインポートする

```
from glob import glob
```

glob()は、詳しくいうと、指定したパターンにマッチするファイルを一括で取得し、リストとして返す関数です。引数には、取得したいフォルダ・ファイルのパスを文字列で指定します。このとき、パス内にワイルドカードを埋め込むのがポイントです。

ワイルドカードとは、不特定の文字や文字列であることを示す記号のこと。今回のようにコンピュータでの検索によく用いられます。＊と？の2種類がありますが、使用機会が多いのは圧倒的に＊のほう。ひとまず、こちらだけ使い方を覚えておきましょう。＊は、「0文字以上の任意の文字列」を表すワイルドカードです。0文字以上なら、どのような文字に対しても使えます。

▶ from .. import ...
「from A import B」と書くことで、親モジュール（A）から特定のモジュールやクラス、関数（B）だけをインポートすることができます。ここではglobモジュールからglob関数だけをインポートしています。
この形式でインポートした場合は、親モジュール名を記述することなくクラスや関数を実行できます。

試しに、新しいセルを作って次のコードを入力し、実行してみましょう。プログラムを実行している「作業用」フォルダ内のファイル・フォルダの一覧がリストとして出力されます。

セル26 glob()関数を実行する

```
glob('*')
```

出力結果

```
['interview', 'memo', 'ファイル整理.ipynb']
```

ワイルドカードには、任意の文字列を組み合わせることもできます。次のように、`'*.ipynb'`と拡張子を指定すると、ipynbファイルだけを取得できます。

セル27 glob()関数で特定の種類のファイルだけ取得する

```
glob('*.ipynb')
```

出力結果

```
['ファイル整理.ipynb']
```

今回は、「memo」フォルダ内にある「〇〇.txt」というテキストファイルのみを取得したいので、ワイルドカードを組み合わせて`'memo/*.txt'`と引数を指定します。

新しいセルに次のコードを入力し、実行してみましょう。150ファイル分の一覧がリスト表示されます（リスト内の値をすべて表示すると多すぎるので、ここでは先頭の5つだけ表示します）。

セル28 「memo」フォルダ内のテキストファイルを取得

```
file_paths = glob('memo/*.txt')
print(file_paths[:5])
```

出力結果

```
['memo/面談記録_梅津尚志様.txt', 'memo/面談記録_
西沢戸敷様.txt', 'memo/面談記録_高野彩音様.txt',
'memo/面談記録_細井奈保子様.txt', 'memo/面談記録_
矢島廉清様.txt']
```

実行してもエラーが表示されてしまう場合は、glob()関数がインポートできていない可能性が考えられます。1つ前のセルを実行して、glob()関数をインポートしておきましょう。

ワイルドカードはもともと、「トランプでどのカードにも代用できるカード」という意味のようです。つまりジョーカーのことですね。トランプのジョーカーみたいなもの……と考えると少しイメージしやすいかもしれません。

ここでは、Mac での実行結果を載せています。Windows では「memo/」ではなく「memo\」と表示されますが、同じ意味を表しています。また、表示されるファイルが環境によって変わることがありますが、気にする必要はありません。

いかがでしょうか？「memo」フォルダ内にある「〇〇.txt」ファイルをリストで取得できたと思います。glob()関数とワイルドカードの組み合わせはよく使うので、頭に入れておきましょう。

☑ ファイルの指定をglob()関数に置き換えよう

このコードと先ほどまとめたコード（P.47）を組み合わせれば、完成です。一気にコードを書き換えようとすると、頭が混乱してしまうので、順を追って完成させていきましょう。

先ほどのコード冒頭部分にある変数file_pathは、「memo」フォルダ内にある1ファイルのパスを代入しています。つまり、ファイルパスを1つだけ代入すればいいのですから、次のようにインデックス番号[0]で指定するコードに書き換えることも可能です。

セル29 変数file_pathsから最初のファイルを取り出す

```
# file_path = 'memo/面談記録_井口更紗様.txt'
file_path = file_paths[0]
print(file_path)
```

出力結果

```
memo/ 面談記録 _ 梅津尚志様 .txt
```

したがって、P.47のコードが次のように書き換えられます。

セル30 ファイルの取得をglob()関数に置き換える

```
import os
import datetime
import shutil


# file_path = 'memo/面談記録_阿部恵利様.txt'
file_paths = glob('memo/*.txt')
file_path = file_paths[0]
print(file_path)
```

リスト変数に [] を付けて、[0] のようにカッコ内に番号を指定すると、リストから特定の要素を取り出すことができます。また、[0:5] のように : (コロン) を組み合わせることで、範囲を指定して要素を取り出すことも可能です。

セル 30 で、変数 file_path を宣言していた元のコードは、行頭に「#」を挿入してコメント化しています。このように、古いコードをコメント化して残しておくことを「コメントアウト」といいます。後で復活させる可能性があるコードを残しておきたいときに使うテクニックです。

```python
# Windowsの方は以下のコードで作成日時を取得
# created_time = os.path.getctime(file_path)

# Macの方はst_birthtimeで作成日時を取得
stat = os.stat(file_path)
created_time = stat.st_birthtime

#タイムスタンプをdatetime型に変換
created_time = datetime.datetime.fromtimestamp(
    created_time)

year = created_time.year
month = created_time.month
day = created_time.day

# Windowsの場合は区切り文字に'\\'を指定する
file_name = file_path.split('/')[1]
new_file_name = f'{year}年{month}月{day}日_{file_name}'
os.rename(file_path, f'memo/{new_file_name}')

# ↓フォルダの存在確認とフォルダの作成↓
new_dir = f'interview/{year}年/{month}月'
if not os.path.exists(new_dir):
    os.makedirs(new_dir)

# ファイルの移動
import shutil
dest = f'interview/{year}年/{month}月/{new_file_name}'
shutil.move(f'memo/{new_file_name}', dest)
```

Windows では、フォルダの区切りを表す記号が「/」の代わりに「\」（バックスラッシュ）が使用されています。バックスラッシュはPython では特殊な意味を表す記号でもあるため、「\\」と2つ続けて指定する必要があります。

　ここまできたら完成間近です。1つのファイルに対して行っていた処理を、次ページから説明するように、**for文**を用いてすべてのファイルに適用します。

9 すべてのファイルを for文で処理しよう

✓ for文の書き方を身につけよう

for文は、同じ処理を繰り返したいときに使う構文です。今回のようなリスト内の各要素に同じ処理をしたいときに、絶大な効果を発揮します。書き方の基本形は次のとおりです。

 **文法** for文の書き方

```
for 変数i in リストの変数:
    繰り返しの処理
```

▶for文（P.371）
リストをはじめとした連続データを対象に、同じ処理を繰り返し適用するための構文です。if文と並び、プログラミングにおける超重要テクニックといえます。

inの後ろにリストの変数を置くと、そのリスト内の要素を1つずつ変数iに代入し、次行の繰り返しの処理を実行します。繰り返しの処理はif文のときと同様、行頭に半角スペース4つを挿入する必要があります。

試しに、for文で簡単な命令を実行してみましょう。新しいセルに次のコードを入力し、実行してみてください。

セル31 for文の例文

```
arr = ['A', 'B', 'C']
for i in arr:
    print(i)
```

出力結果

```
A
B
C
```

繰り返し処理で、リスト内の3つの要素が順番に出力されていることがわかります。

☑ for文ですべてのファイルを処理する

ファイルを整理するコードにも、for文を追加してみましょう。変更箇所は2つ。`file_path = file_paths[0]`を`for file_path in file_paths:`に変え、for文以下の全コードのインデントを変更すれば完成です。

セル32 for文で全ファイルを一気に処理する

```
import os
import datetime
import shutil
from glob import glob

file_paths = glob('memo/*.txt')
# file_path = file_paths[0]

for file_path in file_paths:
    # Windowsの方は以下のコードで作成日時を取得
    # created_time = os.path.getctime(file_path)

    # Macの方はst_birthtimeで作成日時を取得
    stat = os.stat(file_path)
    created_time = stat.st_birthtime

    #タイムスタンプをdatetime型に変換
    created_time = datetime.datetime.fromtimestamp(
        created_time)

    year = created_time.year
    month = created_time.month
    day = created_time.day

    # ↓ファイル名の変更↓
```

インデントを変更する際、1行ずつ半角スペースを入力する……なんて面倒なことをする必要はありません。対象の行を選択し、「Tab」キーを押すだけでインデントが追加されます。インデントを減らしたいときは、行を選択後、「Shift」＋「Tab」キーを押します。

for file_path in file_paths: は、複数のファイルパスが格納されているリスト変数 file_paths からファイルパスを1つずつ取り出し、file_path に代入。その file_path に関して、ファイル名変更からファイル移動までの処理を実行する……という意味になります。

※コードは一部、紙面の都合で次行に折り返していますが、実際には改行していません。

```
# Windowsの場合は区切り文字に'\\'を指定する
file_name = file_path.split('/')[1]
new_file_name = f'{year}年{month}月{day}日_
{file_name}'
os.rename(file_path, f'memo/{new_file_name}')

# ↓フォルダの存在確認とフォルダの作成↓
new_dir = f'interview/{year}年/{month}月'
if not os.path.exists(new_dir):
    os.makedirs(new_dir)

# ファイルの移動
dest = f'interview/{year}年/{month}月/{new_
file_name}'
shutil.move(f'memo/{new_file_name}', dest)
```

　コードが完成しました。それでは、コードを実行してください。「memo」フォルダ内に入っている全ファイルのファイル名が変更され、作成年・月ごとに分けられたフォルダに移動していれば成功です！

 すごい、本当に一瞬で終わった……。
これなら面談に**1,000**人以上の方がいらっしゃっても大丈夫かも！

✔ プログラミングによる業務効率化で重要なこと

LESSON 1はいかがでしたか？

いきなり完成形のコードを見ると難しく感じてしまうかもしれません。でも次の2点を意識して実装することで、しっかり理解できたのではないでしょうか？

① **作業工程を分解し、1つずつ進めていく**

② **複数ファイルではなく、1ファイルから処理を実装していく**

みなさんがご自身で自動化の処理を実装していく場合にも、この2つを意識するだけで、エラーの発生やムダな書き直しをかなり防ぐことができます。

以降のLESSONでも、この部分を意識しながら取り組んでいきましょう。

頼まれていた仕事、無事終わりました！　ありがとうございました。ファイル整理の業務はこれからもちょくちょくあるので、今回作ったプログラムを応用して、いろんなシチュエーションで使えるようにしていきたいと思います！

POINT こんなふうに応用しよう

ファイルは、作成日時、編集日時、編集者名といったファイル本体に関する情報を持っています。これらの情報をもとに、ファイルの操作や整理を行う場面がみなさんの日常業務でもたくさんあるはずです。

性別や月次ごとにアンケートデータをフォルダ分けしたい、ファイル名に最終更新日や編集者名を入れたい、ファイル名に連番を入れたいなど、さまざまな用途に応用できるのが本LESSONで習得できるスキルなのです。

LESSON

2

「Webスクレイピング」で一気に情報を集める!

いくつもあるオンラインストアで自社商品のランキングを定期的に調べたり、
業界ニュースサイトで必要な最新トピックだけを集めてチェックしたり……。
こうしたインターネットからの情報収集を自動化できたら、
いろいろな仕事が効率よく進みそうですよね。
LESSON 2では、Webページからほしい情報だけを集中的に取り出す
「スクレイピング」にチャレンジします。
この技術、ぜひ身につけておきましょう。

Pythonってなんて
働き者なんだろう

この作業も効率よく
できるようにならないかな…

おやおや
今度はどうしたの？
大変な仕事なのかい？

いやぁ
毎週月曜日に対応している業務なん
ですけど2時間くらいかかるんですよ

具体的にはどんな
業務なのかな？

毎週、競合他社のサイトをチェックして
新商品の情報をまとめて共有するんです

競合サイトも複数あるので
多いと100個以上、新商品情報を
コピペしなくちゃいけなくて

なーんだ
そんなことか！

まじで
大変なんスよ！

週の最初から一気に
ストレスがかかるん
スよ！

これは Web スクレイピングの出番だね！

なんですかそれ？

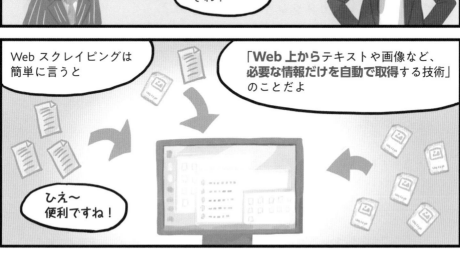

Web スクレイピングは簡単に言うと

「**Web 上からテキストや画像など、必要な情報だけを自動で取得する技術**」のことだよ

ひえ〜便利ですね！

それも**簡単にできちゃう**から驚きなんだよね

ちょっと信じられないですけど…

早く教えてください！

じゃあ一緒にやっていこう

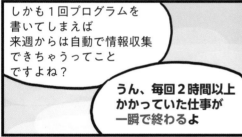

しかも 1 回プログラムを書いてしまえば来週からは自動で情報収集できちゃうってことですよね？

うん、**毎回 2 時間以上かかっていた仕事が一瞬で終わるよ**

SECTION 1

Webスクレイピングで何ができるのか知っておこう

☑ そもそもWebスクレイピングって何？

　Webスクレイピングとは、**Web**ページの元となる**HTML**という文書を解析し、テキストや画像などのデータを自動的に取得する技術です。

　スクレイピングと似たような意味で使われる「クローリング」という名前を聞いたことがある方も多いのではないでしょうか？　クローリングとは、**Web**サイトを巡回して、**HTML**情報等を取得する技術のことで、「這うように進む」という意味の英語crawlが由来の言葉です。いろいろなWebサイトを這い回って情報を集めてくるわけですね。

> うーん、わかるようなわからないような……。結局、クローリングと Web スクレイピングは何が違うんですか？

> クローリングはあくまで **Web** サイトの巡回（チェック）と **HTML** 情報の収集が主な役割だよ。その収集した **HTML** 情報などから、必要な部分を抜き出す技術がスクレイピングなんだ。

1 Webスクレイピングの活用法

　Webスクレイピングの活用事例は、大きく分けて2つあります。

　1つはマーケティングです。日々チェックしたい株価の変動であったり、検索順位やIR情報、競合他社の商品情報などのように定期的にチェックしなければならない情報を自動で収集してくることができます。

　今回、ケンタさんが取り組むケースのように、毎回コピペで集

▶**HTML**
「Web ページのどこにテキストや画像が入るのか」といった構造を定義するための言語。マークアップ言語の 1 つで、Python や JavaScript のようなプログラミング言語とは別物。

ちなみに crawl は水泳のクロールという意味もあります。Web という海を泳ぎ回って情報を集めている……とイメージしてもいいかもしれませんね。

めていたWeb上の情報を一瞬で取得することもできてしまいます。常に最新情報のリサーチが必要になるマーケティング業務では、とても助かりますよね。

もう1つは、**サービス開発**です。各メディアのWebサイトに散らばっているニュース情報であったり、Webサイトによって異なるホテルの料金体系や求人情報といったものをまとめて取得し、自社サービス内のコンテンツ、機能などに活用します。

これら2つ以外にも「Web上から必要なデータを自動で取得してくる」という処理が仕事で役立つシチュエーションは、無数にあるはずです。身近な業務でWebスクレイピングを活用できそうな領域がないか、少し考えてみてから読み進めてください。

私が過去に開発していた Google Chrome の拡張機能でも、さまざまな EC サイトの商品情報を Web スクレイピングで取得し、拡張機能に組み込んで活用していました。

2 HTML・CSSへの理解も欠かせない

Webスクレイピングを実装する上で、あわせて重要となるのが**HTMLとCSS**への理解です。Webスクレイピングは、HTML（Webページを作るためのマークアップ言語）からデータを取得してくるため、HTMLやCSSに関する知識が必要になるのです。

HTML、CSS も理解しなきゃいけないんですね。両方ともちゃんと書けるレベルじゃないと Web スクレイピングを理解するのは難しいんですか？

安心して。ふだん HTML・CSS を書いてないような人でもまったく問題ないから。適宜、説明していくから大丈夫だよ。

簡単に説明しておくと、HTMLはWebページを作成するための言語で、文書の論理的な構造を決めたり、テキストや画像、動画などのコンテンツを埋め込んだりすることができます。CSSは、Webページのレイアウトやデザインに関する情報を記述する文書のこと。スタイルシートと呼ばれることもあり、文字の色や大きさ、行間など文書の見栄えに関する情報のみを記述します。ほぼすべてのWebページで、この2つが使用されています。

☑ PythonでWebスクレイピングを行う方法

PythonでWebスクレイピングを実装する方法はいくつかあります。具体的には下記のライブラリがよく用いられます。

① Requests（リクエスト）とBeautiful Soup（ビューティフル スープ）の組み合わせ
② Selenium（セレニウム）
③ Scrapy（スクレイピー）

①から③の順に実装の難易度が上がっていくと思ってください。今回は一番扱いやすい「①RequestsとBeautiful Soupの組み合わせ」で解説していきます。

②、③の方法は、初めてWebスクレイピングを実装する方にとっては少しハードルが高め。そのぶん、①で取得できないようなデータを取ってきたり、多くのWebサイトを対象にできたりと、メリットももちろんあるんですけどね。

☑ Webスクレイピングの処理の流れを理解しよう

これから実装するプログラムがどのような処理を行うか、全体の流れを理解しておきましょう。Webページから欲しいデータを取得するまでの流れは、大きく3つのステップに分かれています。

ステップ1 HTML情報の取得

まず、Requestsを用いて、特定の**Web**ページから**HTML情報**を取得します。Webから取ってきたばかりのHTML情報は単なる文字列のかたまりであり、欲しい情報がどこにあるのか探すのが困難です。そこで、次のステップで、データを取得するための形式に整えます。

ステップ2 HTML情報の整形・解析

ステップ1 で取得したHTML情報をBeautiful Soupで整形・解析します。必要な情報を取り出しやすいように、Beautiful

Pythonでややこしいのがライブラリとモジュールという用語の違い。モジュールは他のプログラムに組み込むための部品（パーツ）で、ライブラリは複数のモジュールを束ねた大きな部品というとわかりやすいかもしれません。インポートして利用する分には、使い方はどちらも同じです。

Requestsとは？

Requests は、Webとの情報のやり取りを簡潔に記述するためのライブラリです。Pythonで利用するには追加でインストールする必要があります。

Seleniumとは？

Selenium はブラウザをプログラミングで操作するためのライブラリ です。Scrapy は、Pythonでクローラーを作るためのライブラリです。

62

SoupにHTMLの構造がどうなっているかを読み解いてもらうわけです。

ステップ3 データの取得

Beautiful Soupが持つメソッドを使用し、欲しいデータの要素を引数に指定します。これだけで簡単にデータを取得できてしまいます。

ステップ1	ステップ2	ステップ3
HTML情報の取得	HTMLの整形・解析	データの取得

以上、大まかな一連の流れを理解したところで、Webスクレイピングの実装に入っていくことにしましょう。

▶メソッド
変数や値から呼び出す命令（関数）のこと。データ型によって使用できるメソッドの種類は変わります。

LESSON
2
Webからデータ収集

ECサイトから書籍の情報を取得してみよう

☑ 書籍一覧ページを確認しよう

ここからは、JupyterLabにコードを書きながら解説を進めていきます。JupyterLabで新しいノートブックを作成し、名前を「ウェブから情報収集」と変更してください。

コードを書く前に、まずは、今回使用するサイトの書籍一覧ページの構造を確認してみましょう。最初のページに、ケンタさんが集めたい新刊情報が掲載されています。下記URLにアクセスしてください。

ノートブック（Jupyter Notebook）の作成方法は P.320 で、名前の変更手順は P.329 で解説しています。わからなくなったら参考にしてくださいね。

書籍一覧ページ

> https://imanyu.wixsite.com/demo-books

左の Web ページは、「Wix」というホームページ作成ツールを用いて、本書用に作成しました。無料かつ簡単、プログラミング不要で高機能な Web ページを作成できる素晴らしいツールです。こういったサービスを知っているだけでも、工数や費用削減につながるので、ぜひ覚えておいてください。

いまにゅ書店という、ケンタさんが勤める出版社と競合する出版社のサイトです（もちろん架空の出版社です）。

下のほうまでスクロールしてみてください。4×4のグリッド（格子状）形式で書籍が並んでいますね。各商品のサムネイル画像をクリックすると、商品詳細ページに遷移します。試しに1つ

目の商品『ART STATION』をクリックしてみましょう。

　商品詳細ページには、次のように商品名や価格、商品説明文等の情報に加え、「カートに追加する」「今すぐ購入」ボタンも用意されています。こちらもECサイトでよくある構造ですね。

今回のように複数の商品（要素）がグリッド形式で並んでいるレイアウトは、ECサイトなどでよく使われています。つまり、本書で実装する内容を応用すれば、さまざまなWebサイトからデータを取得することが可能になるのです。

　Webスクレイピングを実装する場合、最初からコードを書き始めず、まずは対象となる**Web**サイトの構造を把握することを心がけましょう。大まかにでも「どこにどんな要素があるか」を確認しておくと、迷わずコードを書き進めることができます。

☑ robots.txtを確認しよう

　サイト構造とあわせて、もう1つ確認しておきたいのが、Webページに設置されているrobots.txtファイルです。これはロボットによるクローリングを制御するためのファイルで、たいていは、○○**.com/robots.txt**といったURLでトップページの直下に配置されています。実際にWebブラウザでURLを入力してアクセスして、内容を確認してみましょう。

Yahoo! JAPANのrobots.txtのURL

```
https://www.yahoo.co.jp/robots.txt
```

Googleのrobots.txtのURL

```
https://www.google.co.jp/robots.txt
```

robots.txtには、「1ページあたりのクロール間隔を5秒以上空けてね」とか、「〇〇.com/contactのクロールは禁止だよ」といったようなルールが書かれています。

今回は、解析対象のURLとなるhttps://imanyu.wixsite.comの後ろに/robots.txtを付けてあげればrobots.txtファイルを確認できます。ChromeやSafariなどのブラウザを起動し、次のURLにアクセスしましょう。

「いまにゅ書店」のrobots.txtにアクセスするためのURLとQRコード

https://imanyu.wixsite.com/robots.txt

次のようなテキストが表示されましたか？　これは、robots.txtが定めるクローリングのルールです。

robots.txtの内容

```
User-agent: *
Allow: /

# Optimization for Google Ads Bot
User-Agent: AdsBot-Google-Mobile
User-Agent: AdsBot-Google
Disallow: /_api/*
Disallow: /_partials*
Disallow: /pro-gallery-webapp/v1/galleries/*

# Block PetalBot
User-agent: PetalBot
Disallow: /

# Auto generated, go to SEO Tools > Robots.txt
Editor to change this
```

初見では意味がわからないと思いますが、実は書いてある内容はそれほど難しくありません。ここでは、robots.txtに何が書かれているのか、イメージをざっくりとお伝えします。

まず、重要なのが、文書がUser-Agent、Allow、Disallowの3つのパートに分かれていることです。User-Agentは制御するクローラー（ロボット）を指定する項目、Allowは指定ページのクロールを許可する項目、Disallowは指定ページのクロールを禁止する項目を意味します。

これを踏まえて最初の2行を読み解いてみましょう。

robots.txtの最初の2行

```
User-agent: *
Allow: /
```

これは、「ユーザーエージェント*に対して、**Web**ページ/への**アクセスを許可する**」という意味です。もう少し具体的にお伝えすると、*は「すべてのクローラー（ロボット）」を意味し、/は、https://imanyu.wixsite.com/○○に当てはまるすべてのページに対して、クロール（HTMLの読み取り）をAllow（許可する）ことを意味しています。つまり、「どんなロボットでも、このWebサイトにアクセスしてよい」という意味になるわけです。

今度は、最後の5行を読み解いてみましょう。

robots.txtの最後の5行

```
User-Agent: AdsBot-Google-Mobile
User-Agent: AdsBot-Google
Disallow: /_api/*
Disallow: /_partials*
Disallow: /pro-gallery-webapp/v1/galleries/*
```

こちらは、「AdsBot-Google-Mobile、AdsBot-Googleというクローラーに対して、/_api/*、/_partials*、/pro-gallery-webapp/v1/galleries/*へのアクセスをDisallow（禁止する）」

ユーザーエージェントとは？

ユーザーエージェント（User-Agent）は、「OSやブラウザの種類を判別するための情報」です。みなさんがふだん使っている ChromeやSafariなどのブラウザも User-Agentを持っているんですよ。

「*」は LESSON 1 で、os.glob() の引数に指定するワイルドカードとしても登場しましたね（P.49）。

「AdsBot-Google」は、パソコンの Web ページの広告品質をチェックするクローラー、「AdsBot-Google-Mobile」は、スマートフォン（Android, iPhone）の Web ページの広告品質をチェックするクローラーを意味してます。

という意味になります。*はワイルドカードと同じで、任意の文字列が入ることを意味し、/_api/*なら/_api/○○となるWebページすべてが対象となります。今回はAdsBot-Google-Mobile、AdsBot-Googleというクローラーを使うわけでもないですし、Disallowで指定されたページへアクセスするわけでもないので、robots.txtに記載していることだけで判断すると、Webスクレイピングして問題ないと判断できます。

✔ Webページから取得するデータを確認しよう

次に、Webページから取得するデータと、プログラムの処理の流れを確認しておきましょう。今回のプログラムでは、書籍一覧ページに掲載されている16冊の書籍情報を取得します。具体的には、①各書籍の書籍名、②価格、③詳細ページへのリンク（**URL**)、この3つになります。

このような複数の対象を処理するプログラムの場合、最初からfor文を使って16冊すべての書籍情報が取得できるコードを書こうとする人がいます。でも、こうした書き方はあまりおすすめできません。LESSON 1でもお伝えしたように、まずは1つのファイル、今回なら1冊の書籍情報をしっかりと取得してきてから、ほかの書籍情報も取ってくる流れで進めていきましょう。

前述の1冊の書籍情報を取得するフローと合わせると、全体の処理は下記のような流れとなります。

商品詳細ページまでたどると、商品説明文などその他の情報も取得できます。ただし、少しコードが複雑になります。初めてのWebスクレイピングですので、今回は一覧ページに掲載されている情報の取得に注力しましょう。

ステップ1 **まず1冊の書籍情報（書籍名、価格、リンク）を取得**
　　　　① HTMLの取得
　　　　② HTMLの整形・解析
　　　　③ データの取得
ステップ2 **16冊すべての書籍情報（書籍名、価格、リンク）を取得**

取得したい情報やざっくりとした流れをイメージしてから実装に入ると、開発がスムーズに進むので意識してみてください。

✓ 必要なライブラリをインストールしよう

実装にあたって必要なライブラリをインストールしていきましょう。

今回用いるRequestsとBeautiful Soupは、両方ともPythonには標準で同梱されていないライブラリです。ただし、RequestsはJupyterLabと一緒にインストールされるため、すでに利用できる状態です。ここではBeautiful Soupのみインストールします。

モジュールやライブラリをインストールするには、通常、ターミナルからpipコマンドを実行します。PART 2の「入門編」を先に読んだ方は、JupyterLabのインストールで使ったことを覚えているかもしれませんね。今回は、より便利なJupyterLabから直接pipコマンドを実行する方法を紹介します。

JupyterLabで新しいセルを作成し、次のコードを入力します。行頭の!は、本来はターミナルから使用するシステムコマンドを実行するための特別な記号です。ここでは、pipコマンド（Macではpip3コマンド）を実行するために利用しています。

JupyterLab のインストール方法は PART 2 (P.316) で解説しています。準備がまだの方は、こちらを参考にインストールをすませておきましょう。

セル1 ▶ Beautiful Soupをインストールする

```
!pip install bs4      ◀ Windows の場合
!pip3 install bs4     ◀ Mac の場合
```

ちなみにBeautiful Soupは、pip install BeautifulSoupとコマンドを実行してもインストールできません。実際のモジュール名である**beautifulsoup4**か、省略形の**bs4**を使用する必要があります。ここではbs4で記述しています。セルを実行すると、「Collecting bs4 ～ Successfully installed bs4-0.0.1」とコードが表示され、beautifulsoup4がインストールされます。

インストールが完了したら新しいセルを作成し、2つのライブラリをインポートするコードを書きましょう。1行目ではrequestsを、2行目ではbeautifulsoup4内のBeautifulSoup

Mac で pip コマンドを実行すると、プリインストールされているシステム用の Python でモジュールを追加してしまいます。ここでは自身でインストールした Python にモジュールを追加するため、pip3 コマンドを実行しています。

クラスのみをインポートします。こちらも、beautifulsoup4の別名・省略形であるbs4で記述しています。

> **セル2** 2つのライブラリをインポートする

```
import requests
from bs4 import BeautifulSoup
```

セルを実行してみましょう。エラーが発生しなければ、問題なくライブラリがインポートされており、準備完了となります。

✔ RequestsでHTMLを取得しよう

1つ目の工程である「1冊目のHTMLの取得」を実装していきます。まずは変数urlに、HTMLを取得するWebページのURLを文字列で代入します。新しいセルを作成し、次のコードを入力・実行してください。

> **セル3** urlを変数に代入する

```
# Web スクレイピングの対象となるページ
url = 'https://imanyu.wixsite.com/demo-books'
```

次に、**requests.get**()を用いて変数urlにアクセスすることで、サーバーからの応答データ（レスポンス）を取得してきます。この中にHTMLも含まれています。次のコードでは、この応答データを変数resに代入しています。新しいセルを作成し、次のコードを入力・実行しましょう。

> **セル4** WebページのHTMLを取得する

```
res = requests.get(url)
```

requests.get()とレスポンスは次の図のような流れで、私たちのパソコンとサーバーの間を行き来しています。

変数名「res」は、「応答」を意味する「response（レスポンス）」の略称です。

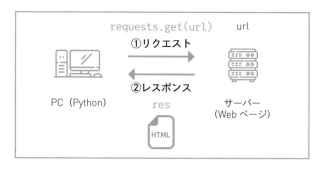

パソコンとサーバーがデータをやり取りする流れは、LESSON 5で「API」について学ぶと理解が深まります。ここでは、「Requests が HTML を取得してきたんだな」くらいの認識で大丈夫です。

　まずパソコンが、対象となるWebページが配置されているサーバー（ https://imanyu.wixsite.com/demo-books ）に、リクエスト（ここでは`requests.get()`のこと）を送ります。そのリクエストに対して、サーバー側はレスポンス、つまりHTMLの情報を返してくれた、という一連の流れをコードで実装しています。

☑ レスポンスの中身を確認しよう

　実際に、レスポンス（変数`res`）の中身を確認してみましょう。新しいセルを作成し、`res`とだけ入力して実行してみてください。

セル5　変数resの内容を確認する

```
res
```

出力結果

```
<Response [200]>
```

JupyterLab では、セルの最後の値が、自動的に出力されます。だから、print() 関数がなくても変数 res の内容が出力されているんですね。

　今まで見たことがないような形式で出力されましたね。ここで重要なのが200という数値です。これは、リクエストが正常に完了したかどうかを示す**HTTP**レスポンスステータスコードと呼ばれる値です。200という数値はリクエストが正常に完了したことを意味します。ほかにも400や401など、いろいろなステータスコードがありますが、400番台は基本的にエラーを意味しています。数値によってエラーの意味が異なっているので、返ってきた数値を見れば、エラーのおおよその原因がわかります。

インターネットを見ていると、**404 Error**といったページが表示されることがありませんか？　あれは、存在しない Web ページにアクセスすると表示される**HTTP**レスポンスステータスコードなんです。

　出力した値を見てみると、「200」が出ていますね。リクエスト成功です！　おめでとうございます。では、レスポンスデータからHTMLを取り出してみましょう。新しいセルを作り、`res.text`と入力して実行してみてください。HTMLが表示されるはずです。

セル6　　変数resのHTMLを確認する

```
res.text
```

出力結果

```
'<!DOCTYPE html>\n<html lang="ja">\n<head>\n  \n
<meta charset=\'utf-8\'>\n  <meta name="viewport"
content="width=device-width, initial-scale=1"
id="wixDesktopViewport" />\n  ... 以降省略
```

　一見したところではシンプルなサイトですが、HTML自体は少し複雑そうですよね。構造もわかりにくいですし、何が書いてあるかを理解するのも難しい状態です。これにはページビルダー（Wix）を使っているため、JavaScriptのコードが多く埋め込まれているという理由もあります。

　ここで登場するのが、次の節で説明する**Beautiful Soup**です。**HTML**の構造を解析し、データを取得しやすい形に整形してくれちゃうんです。

セル6のように出力結果が長くなりすぎると、次のセルまで画面をスクロールするのが大変です。このようなときは、対象のセルを選択した状態で、出力結果の左にある青いバーをクリックすると折りたたむことができます。青いバーをもう一度クリックすると、元の状態に戻り、出力結果を確認できます。

JavaScriptとは？

JavaScript は、Web ページに動的な表現を加えることができるプログラミング言語です。Gmail や Google マップなど Web ブラウザで利用できるアプリ は、JavaScript をフルに活用しているんですよ。

3 Beautiful Soupで HTMLを解析しよう

☑ Beautiful SoupでHTMLをパースする

実際にBeautiful Soupを使って、HTMLを解析・整形（「パース」といいます）してみましょう。最初にインポートしたBeautifulSoupクラスの引数に、HTML（res.text）と変換処理の方法を指定するだけです。次のコードでは、変換処理の方法にhtml.parserを指定していますが、今回は HTMLを解析し変換するため、このような指定となっています。Beautiful SoupがHTMLをパースしたデータ（戻り値）は、変数soupに代入します。

それでは、新しいセルを作成し、次のコードを入力して実行してみましょう。

HTMLのように特定の文法にそって記述されたテキストを解析し、変換することを「パース（parse）する」といいます。覚えておきましょう。

セル7 HTMLをBeautiful Soupでパースする

```
soup = BeautifulSoup(res.text, 'html.parser')
```

実行できたら、新しいセルにsoupと入力・実行し、変数の内容を確認してみてください。次のように、整形（変換処理）されたHTMLが入っていることを確認できます。

セル8 変数soupの内容を確認する

```
soup
```

出力結果

```
<!DOCTYPE html>

<html lang="ja">
<head>
```

セル7の引数の順番は、1番目がHTMLで、2番目が変換処理の方法です。順番を逆にするとエラーになってしまうので注意してください。
Python のクラスやメソッドの多くでは、引数の順番が厳密に決められているので注意してください。

```
<meta charset="utf-8"/>
<meta content="width=device-width, initial-
scale=1" id="wixDesktopViewport" name="viewport">
<meta content="IE=edge" http-equiv="X-UA-
Compatible"/>
<meta content="Wix.com Website Builder"
name="generator">
... 以下略
```

きれいに見やすい形でHTMLが整形されました。あわせ
て、変数soupのデータ型も確認してみましょう。新しいセルに
type(soup)と入力し、実行します。

セル9 変数soupのデータ型を確認する

```
type(soup)
```

出力結果

```
bs4.BeautifulSoup
```

「HTMLなんだから文字列なのでは？」と思う方もいるかもしれ
ませんが、出力結果を見るとbs4.BeautifulSoupというデータ
型になっているのが確認できます。一方、res.textのデータ型
は、str（文字列型）です。つまり、文字列だったHTML（res.
text）がbs4.BeautifulSoupという、Beautiful Soupで扱う
ためのデータ型に変換されたことがわかります。

res.textのままだと、文字列に対しての単純な処理しか行え
ません。でも、Beautiful Soupに読み込ませたことで、HTML
に対してさまざまな処理を施せるようになったわけです。具体的
にどんな処理ができるのかは、これから見ていきましょう。

データ型
とは？
プログラムで扱われる
データ・値がどのよう
な性質を持つか表す情
報を「データ型」とい
います（P.346）。文字
列型、整数型、リスト
型などさまざまなデー
タ型があります。単純
に「型」と呼ばれるこ
ともあります。

▶**type()関数**
（P.347）
引数に指定した値・変
数のデータ型を調べる
関数。データ型は英語
だと「data type」と
表現しますから、それ
を調べるための関数と
いうことで命名された
のでしょうね。

4 Beautiful Soupで データを取得しよう

⇒動画もチェック

✓ HTMLから取り出す要素を指定する

いよいよ、Webスクレイピングの真髄であるデータの取得を行います。データを取得する処理は、Webページの「どこの」「何の情報」を取ってくるかが重要です。つまり、①HTML内の要素の指定、②指定した要素内の何の情報を取ってくるか、という2段階に分けて考える必要があるのです。

まずは、①要素の指定から見ていきましょう。

要素の指定方法は、HTMLの要素名や属性を指定する方法と、cssでデザインの適用先を指定するcssセレクタ、XML文書で要素や属性を指定するXPathなど、いくつかの種類があります。まずはもっともよく使われるcssセレクタで、要素を指定してみましょう。

1 デベロッパーツールを開く

HTML要素を指定するcssセレクタは、HTMLを見て自分で書くこともできます。ただし、覚えるルールも多く、慣れるまではなかなか大変です。

そこで活用したいのが、ChromeやSafariなどのWebブラウザに搭載されているデベロッパーツール（開発者ツール）です。デベロッパーツールとは、Webサイトの開発に使うツールで、HTML要素や通信状況、表示速度などさまざまな情報を確認することができます。HTML要素を指し示すcssセレクタを取り出す機能も搭載されているので、この機能を使ってcssセレクタを確認してみましょう。

まず、Chromeでデータを抽出したいWebページを開きます。この状態で、①右上の**3点リーダー**（⋮）→②その他のツール→③デベロッパーツールの順にクリックします。

属性
とは？

span 要 素 の「class="_2-l9W"」や「data-hook="product-item-price-to-pay"」のような、開始タグ内に追記されている情報のことを属性といいます。

css セレクタ
とは？

css によるデザイン設定を、HTML 文 書 のどこに適用するか指定するための記述方法を「css セレクタ」といいます。今回のような、スクレイピングで取り出す要素を指定する際にもよく使われています。

Edge や Firefox などのブラウザにも、デベロッパーツールは搭載されています。ここで紹介する機能も利用できるので、自分がふだん使っている Web ブラウザで css セレクタを確認してもいいですよ。

2 選択モードにする

　画面の下部（もしくは右側）にデベロッパーツールが表示されたら、①「要素」（または「**Elements**」）タブに切り替えます。WebページのHTMLがツリー状に見やすく整理されて表示されているのがわかります。cssセレクタはこの「要素」タブから確認します。

　次に、②「要素」タブの左のアイコン⬚をクリックして、選択モードに切り替えましょう。

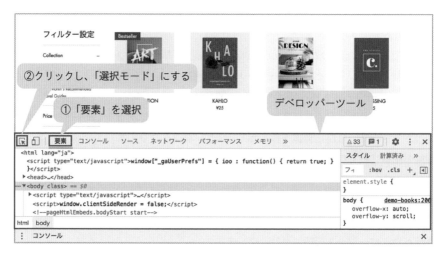

③ 選択モードで1つ目の商品を選択する

　選択モードで1つ目の商品を選択すると、<li>タグがハイライト表示されます。**<li>**は、複数の要素をリスト表示したいときに用いるタグです。このWebページには、同じ階層に16個の<li>タグがあり、1つの<li>タグにつき1冊分の書籍データが収められていることがわかります。

　デベロッパーツールを使えば、このように画面上の画像やテキストがHTMLでどのように表現されているか、簡単に確認することができます。

④ 複数の要素をまとめる〈ul〉を選択する

　上記の手順でハイライト表示された<li>タグをPythonのコードで指定することで、1冊目の書籍情報を取得できます。

　しかし、欲しいのは1冊目だけではなく、すべての書籍情報のデータでしたよね。それを踏まえると、1つ上の階層にある<li>タグを指定したほうが都合がいいですね。<ul>は、箇条書きを表現するときに使うタグです。一般的に、個々のリスト項目となる<li>タグとセットで使用します。

　デベロッパーツールで選択してみましょう。

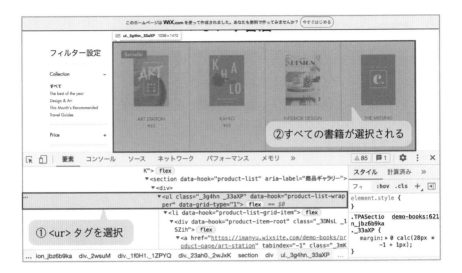

②すべての書籍が選択される

①<ur> タグを選択

<ul>にはクラス属性が付与されていますが、「_3g4hn _33aXP」とランダムな文字列になっており、書籍全体の要素を指定するのにふさわしいクラス名であるかどうかが判断できません。そのため今回は、cssセレクタで要素名を明記することで、取り出すul要素を指定します。

ランダムな文字列ということは、プログラムでクラス名が自動生成されている可能性があり、ケンタさんのように今後何度も情報を収集・分析したい場合、同じコードを継続的に利用できるかどうかわかりません。そのため、要素を直接指定するcssセレクタを取得するのです。

5 〈ul〉タグのcssセレクタを取得する

①ハイライト表示されている<ul>タグを右クリックし、②[コピー]→[selectorをコピー]の順にクリックしましょう。これで、<ul>タグを示すcssセレクタがコピーされます。

クラス属性とは？

HTML 要素の「class="xxx"」と書かれている部分のことをクラス属性といいます。クラス属性は、特定のHTML 要素に同じデザインをまとめて適用したいときによく使われています。

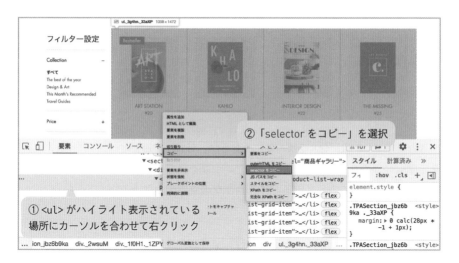

② 「selector をコピー」を選択

① <ul> がハイライト表示されている
場所にカーソルを合わせて右クリック

試しにどこかに貼り付けてみてください。次のようなテキスト
がコピーされているはずです。これが書籍全体を囲う<ul>タグ
を指定するcssセレクタです。

書籍全体を囲う要素を指定するcssセレクタ

```
#TPASection_jbz6b9ka > div > div > div > div >
section > div > ul
```

 Windows は「**Ctrl**」+「**V**」キー、**Mac** は「**command**」
+ 「**V**」キーでコピーしたテキストを貼り付けるこ
とができます。もちろん、右クリックから貼り付け
ても大丈夫ですよ。

✓ cssセレクタを参照してデータを取り出す

cssセレクタを取得できたので、JupyterLabで新しいセルを
作り、書籍情報が収められている<ul>タグをBeautiful Soupで
取り出してみましょう。cssセレクタで目的の要素を1つだけ取
り出すには、BeautifulSoupクラスの**select_one()**メソッドを
使います。引数には先ほどコピーしたcssセレクタを文字列で
指定しましょう。書籍全体の要素（**<ul>タグ**）を意味する変数

book_ulに結果を代入します。

※コードは一部、紙面の都合で次行に折り返していますが、実際には改行していません。

セル10 書籍全体の要素を取り出す

```
book_ul = soup.select_one('#TPASection_jbz6b9ka >
div > div > div > div > section > div > ul')
```

　入力が完了したら、セルを実行してください。これで書籍全体を示す<ul>タグを取得できました。新しいセルを作成し、変数book_ulの中身を出力してみると、<ul>タグの中身のみ取得できていることがわかります。

セル11 変数book_ulの内容を確認する

```
book_ul
```

出力結果

```
<ul class="_3g4hn _33aXP _3R-Qr _1bfeM"
data-grid-type="1" data-hook="product-list-
wrapper"><li data-hook="product-list-grid-
item"><div aria-label="ART STATIONギャラリー"
class="_3ĐNsL _1SZih" data-hook="product-item-
root">
... 以下略
```

　この<ul>タグの中から、また要素を抜き出します。**各書籍の情報が収められている<li>タグ**をBeautiful Soupで取得しましょう。今度は、条件に合う複数のタグを取り出す**select()**メソッドを使います。引数は**select_one()**メソッドと同様、cssセレクタを指定します。返り値は、該当するタグが収められたリスト形式となります。

　新しいセルを作り、次のコードを入力・実行してください。

セル12 書籍全体の要素からli要素を取り出す

```
books_li = book_ul.select('li')
```

新しいセルを作成し、変数books_liの内容を確認しましょう。

セル13 変数books_liの内容を確認する

```
books_li
```

出力結果

```
[<li data-hook="product-list-grid-item"> ... ,
<li data-hook="product-list-grid-item"> ...,
... 中略 ...
<li data-hook="product-list-grid-item"> ... 中
略 ... ]
```

想定通り、変数books_liには、リスト形式で複数の書籍情報
(<li>) が入っていますね。念のため、**len()**関数でリストの長さ
を確認してみましょう。これで、<li>が何個格納されているかが
わかります。新しいセルを作成し、次のコードを入力・実行して
みましょう。

▶**len()**
リストや文字列などの
シーケンスデータ（連
続するデータ）の長
さを数える関数。「長
さ」を意味する英単語
「length」から命名さ
れています。

セル14 books_liの要素数を数える

```
len(books_li)
```

出力結果

```
16
```

16と出力されましたね。これは、書籍16冊分の<li>がリスト
に格納されていることを意味します。この中から1冊目の<li>の
みを取得し、変数book_liに代入してみます。

セル15 books_liの1つ目の要素を取り出す

```
book_li = books_li[0]
```

新しいセルを作り、変数book_liの内容を確認してみましょう。

セル16 books_liの内容を確認する

book_li

出力結果

```
<li data-hook="product-list-grid-item"><div
class="_3ĐNsL _1SZih" data-hook="product-item-
root"> ... 中略 ... </div></li>
```

変数book_liには、<li>が1つだけ入っていることを確認でき
ました。長かったですが、ようやく1冊の書籍の要素を取ってく
ることができましたね。

最初から1つ目の <li> タグを css セレクタで指定
すればいいんじゃないですか？

こうしておくと、この後 for 文ですべての要素を処
理する処理に書き直すのが楽になるんだ。後でちゃ
んと説明するから、楽しみにしていてね！

5 1冊目の書籍データを HTMLから取り出そう

⇒動画もチェック

✓ 書籍・価格・リンクの3要素を取り出す

　前節で書籍1冊目の<li>を取得できましたが、またこの中から、書籍名、価格、リンクの3つの要素を指定する必要があります。とはいえ、ここまでくれば後は簡単です。先ほど取ってきたbook_liの中から、書籍名に該当する要素、価格に該当する要素、リンクに該当する要素をBeautiful Soupのメソッドを使って取得していきます。

✓ 書籍名を取り出す

　前節と同じ要領で、1冊目の書籍名の要素を指定しましょう。デベロッパーツールで選択モードに移行し、書籍名をクリックすると、該当するHTML要素がハイライト表示されます。

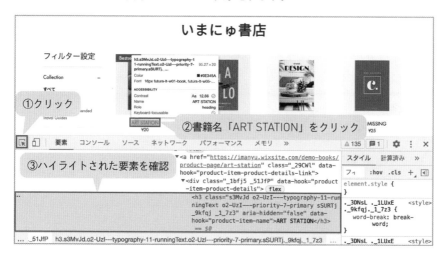

すると、<h3>タグの中に書籍名「ART STATION」が書かれていることが確認できます。つまり、書籍名は変数book_li内の<h3>タグの中にある ということです。では、先ほど使ったselect_one()メソッドの引数にh3を指定して、要素を取り出してみましょう。新しいセルを作成し、次のコードを入力・実行してください。

左のようにデベロッパーツールを使った方法が王道ですが、変数book_liの出力結果から、書籍名が入っている要素を探す手もあります。

セル17 book_liのh3要素を取り出す

```
book_li.select_one('h3')
```

出力結果

```
<h3 aria-hidden="false" class="s3Ms0b o3ex7c---
typography-11-runningText o3ex7c---priority-7-
primary sSURTj _9kfqj" data-hook="product-item-
name">ART STATION</h3>
```

書籍名が値として収められている<h3>要素が出力されました。この要素から書籍名を取り出すには、Beautiful Soupデータの後ろに.textを付けます。これだけでHTML要素が持つ値を取得することができます。

実行したセルを編集し、book_li.select_one('h3')の後ろに.textと書き加えて、再度実行してみましょう。

cssセレクタで特定のタグを指定する場合は、そのままタグ名を書けばOKです。また、ここではピンポイントで要素を取ってきたいので、select()メソッドではなくselect_one()メソッドを使用しています。

セル18 h3要素の値（テキスト）を取り出す

```
book_li.select_one('h3').text
```

出力結果

```
'ART STATION'
```

1冊目の書籍名「ART STATION」を取得できましたね！ 次のコードのようにセルを再度編集して書籍名を変数nameに代入して、セルを実行し直しておきましょう。

セル19 h3要素の値（テキスト）を変数nameに代入する

```
name = book_li.select_one('h3').text
```

✔ 価格を取り出す

価格を取り出すには少し工夫が必要です。これまでと同様、まずはデベロッパーツールで価格の要素を突き止めます。

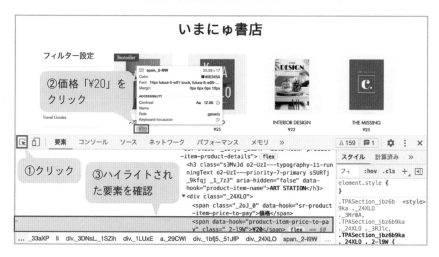

わかった！ <span> で囲まれているから、書籍名のときと同じように select_one('span') と書けばいいんじゃないですか？

デベロッパーツールをよく見て。ハイライトされた価格要素のすぐ上に別の <span> があるし、その上の階層にも <span> 要素がある。となると、select_one() メソッドでは、価格をうまく取ってこられないかもしれないね。

<li>内には4つの<span>が存在し、価格が記述されているのは3つ目の<span>です。select_one('span')と安易に書いてしまうと、意図と異なる1つ目の<span>が取得されてしまいます。

念のため、実際にコードを実行して確認してみましょう。JupyterLabで新しいセルを作成して、次のコードを入力・実行してください。

セル20 book_liのspan要素を取り出す

```
book_li.select_one('span')
```

出力結果

```
<span class="_2CleU WIhJ- _1jpTC" data-
hook="product-item-ribbon-new">Bestseller</span>
```

このように、「Bestseller」という値を持ったspanタグが取得されてしまっています。しかも、ベストセラータグがついている書籍もあれば、ついていない書籍もあります。これでは、何番目の<span>が価格にあたるのか、一概には決められませんね。

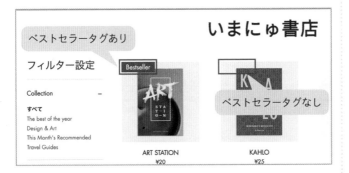

このようなケースでは、「`select('span')`メソッドで要素を複数取得し、リストから〇〇番目の要素を取ってくる」という方法ではうまくいきません。ベストセラータグの有無によって要素の数が変わってしまうからです。

別の方法を検討してみましょう。価格が収められている<span>要素をデベロッパーツールであらためて確認してみてください。

取り出したいspan要素

```
<span class="_2-l9W" data-hook="product-item-price-
to-pay">¥20</span>
```

「data-hook="product-item-price-to-pay"」という、いかにも商品価格らしい属性がありますね。この属性を指定すれば、価格

が収められている\<span\>要素を取得できそうです。コードを書いたほうが理解しやすいと思うので、先に答えをお見せしましょう。

セル21 book_liのspan要素を取り出す2

```
book_li.find(
    'span',
    {'data-hook': 'product-item-price-to-pay'}
)
```

出力結果

```
<span class="_2-l9W" data-hook="product-item-
price-to-pay">¥20</span>
```

( )や[ ]、{ }などのカッコの中は、スペースが入れられる場所であれば自由に改行できます。左のコードでも、1行にずらずらと書くとわかりづらいので、読みやすくなるように適宜改行しています。

新しいセルを作成し、上記のコードを入力・実行すると、価格情報を持った\<span\>を取得できます。このコードは、BeautifulSoupクラスの**find()**メソッドを使って、「変数book_liの中から、data-hook属性の値がproduct-item-price-to-payの\<span\>タグを取得する」という意味になります。

find()は要素名・属性でタグを検索するメソッドです。第1引数にタグ名（'span'）、第2引数に属性（'data-hook'）・属性値（'product-item-price-to-pay'）をセットにした辞書型のデータを指定することで、属性による検索を実行しているのです。戻り値は、select_one()メソッドと同じで、検索条件の該当する1つ目のタグとなります。

> **find** と **select_one** ってどう使い分ければいいんですか？　似たような命令でややこしいです……。

> この**2**つは要素の指定方法が違うだけで、できることは基本的に同じなんだよ。だから、両方とも試してみて、しっくりくるほうを使えば大丈夫だよ。表にまとめると、次のようになるよ。

▶辞書（ディクショナリ）型（P.360）
キーと値（バリュー）の組み合わせで複数のデータを管理するデータ型。複数のデータを扱うという意味では、リスト型と似ていますね。番号の代わりに具体的な名前が付けられているイメージです。左の例では、'data-hook' がキー（名前）で、'product-item-price-to-pay' が値です。

HTMLから要素を取り出すメソッド

項目	find系	select系
要素をリストで返す	find_all()	select()
要素を1つだけ返す	find()	select_one()
要素の指定方法	要素名・属性名	cssセレクタ

実 は select 系 の メ ソッドでも、属性名・属性値で要素を取り出すこともできます。cssセレクタには属性名・属性値を指定する方法もありますから。ただ、書き方がちょっとわかりづらいかも……。属性を指定する必要があるときは、私はfind系のメソッドを使っています。

要素の取得ができたので、P.84と同様、Beautiful Soupのデータの後ろに.textを付け、.textで価格を取得し、変数priceに代入しましょう。新しいセルを作成し、次のコードを入力・実行します。

セル22 book_liから価格を取り出す

```
price = book_li.find(
    'span',
    {'data-hook': 'product-item-price-to-pay'}
).text
```

無事実行できたら、新しいセルを作成し、変数priceの内容を確認しましょう。

セル23 変数priceの内容を確認する

```
price
```

出力結果

```
¥20
```

価格がしっかりと取得できていますね。これで次の項目に進みたいところではありますが、価格（変数price）が文字列型のデータとなっており、なおかつ「¥」という不要な文字列が入っています。「¥」を取り除いてから、int型に変換しましょう。

特定の文字列を除去する方法はいくつかありますが、今回は一番簡単な、文字列型の**replace()**メソッドで不要な文字列を削除

▶**int型（P.346）**
数値の中でも整数を扱うデータ型。整数型とも呼ばれます。int(変換するデータ)と記述することで、文字列や小数点を含む数値を整数に変換できます。

します。replace()は、「1つ目の引数で指定した文字列」を「2つ目の引数で指定した文字列」に置き換えるメソッドです。今回は、不要な文字列￥を空文字に置換しましょう。

新しいセルを作成し、次のコードを入力・実行します。

セル24 変数priceから￥を除去する

```
price.replace('￥', '')
```

出力結果

```
'20'
```

上記のように、不要な文字列￥が空文字に置換、つまり、除去されたのがわかると思います。後は、この数字だけの文字列をint型に変換し、変数priceに再度代入します。先ほどのセルを編集し、次のコードに書き換えて実行します。

セル25 変数priceから￥を除去しint型に変換する

```
price = int(price.replace('￥', ''))
```

新しいセルを作成し、変数priceの内容を確認しましょう。また、もう1つセルを作成し、type()関数で変数priceのデータ型を確認します。

セル26 変数priceの内容を確認する

```
price
```

出力結果

```
20
```

セル27 変数priceのデータ型を確認する

```
type(price)
```

出力結果

```
int
```

しっかりとint型に変換されましたね。

LESSON 2
Webからデータ収集

89

☑ 詳細ページへのリンクを取り出す

　最後に、詳細ページへのリンクを取得しましょう。まずは要素の指定からですね。Webページを操作してみると、書籍画像や書籍名に詳細ページへのリンクが設定されていることがわかります。デベロッパーツールを選択モードに切り替えて、いったん1冊目の書籍を囲う`<li>`タグを選択します。

　すると、`<li>`タグのすぐ下の階層に`<a>`があり、ここにリンクが埋め込まれていることが確認できます。この`<a>`タグを取り出せば、詳細ページへのリンクを取得できそうです。

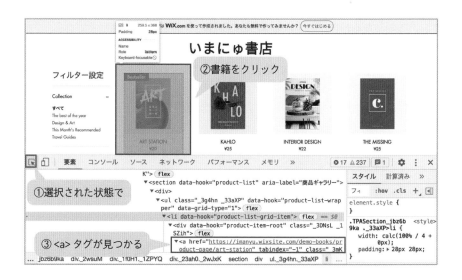

　ただし、現状では`<li>`タグの中に`<a>`タグが何個あるかわかりません。複数かもしれませんし、1つかもしれません。複数の場合は、何番目の`<a>`タグを取り出すか検討する必要もあります。そこで、`find_all()`を用いて`<li>`内に`<a>`が何個あるかを確認しましょう。新しいセルを作り、次のコードを入力・実行します。

```
book_li.find_all('a')
```

出力結果

```
[<a class="_3mKI1" data-hook="product-item-
container" href="https://imanyu.wixsite.com/
demo-books/product-page/art-station" tabindex="-
1"><div class="_1FMIK heightByImageRatio
heightByImageRatio2" data-hook="product-item-
images" style="background-image:url(https://
static.wixstatic.com/media/ea71bb_17c5485b41484
f82b42aaa8a17474342~mv2_d_2479_2483_s_4_2.jpg/
v1/fill/w_100,h_100,al_c,q_80,usm_0.66_1.00_0.01/
ea71bb_17c5485b41484f82b42aaa8a17474342
~mv2_d_2479_2483_s_4_2.jpg);background-
size:cover"><span class="_2CleU WIhJ- _1jpTC"
data-hook="product-item-ribbon-new">Bestseller</
span><button aria-hidden="true" class="_3PkKV"
data-hook="product-item-quick-view-button"
tabindex="-1"> クイックビュー </button></div></a>,
 <a class="_29CWl" data-hook="product-item-
product-details-link" href="https://imanyu.
wixsite.com/demo-books/product-page/art-
station"><div class="_1bfj5 _51JfP" data-
hook="product-item-product-details"><h3
aria-hidden="false" class="s3Ms0b o3ex7c---
typography-11-runningText o3ex7c---priority-7-
primary sSURTj _9kfqj" data-hook="product-item-
name">ART STATION</h3><div class="_24XLO"><span
class="_2oJ_0" data-hook="sr-product-item-price-
to-pay"> 価 格 </span><span class="_2-l9W" data-
hook="product-item-price-to-pay">¥20</span></
div></div></a>]
```

結果が出力されましたが、長いので個数が数えづらいですね。`find_all('a')`の返り値はリストなので、`len()`関数で要素数を取得することで、`<li>`に`<a>`が何個入っているかを確認できます。先ほどのセルをコピーして、コードを次のように書き換えてから実行します。

セル29 book_li内のa要素を数える

```
len(book_li.find_all('a'))
```

出力結果

```
2
```

実行結果は「2」ですから、2つの`<a>`が入っていることがわかります。出力された2つの`<a>`タグのhref属性を確認してみると、両方とも https://imanyu.wixsite.com/demo-books/product-page/art-station と、詳細ページのURLが記述されています。これならどちらの`<a>`タグを使っても問題なさそうなので、1つ目の`<a>`タグからhref属性を取得しましょう。

今回は取得したい情報はhref属性に記述されているため、タグの値を取得する`.text`は使えません。属性に記述された値を取得するには、Beautiful Soupのデータに対し`[属性]`（今回の場合は`['href']`）と記述します。辞書型のデータから要素を取り出すときと同じですね。

実際にコードを書いて確かめてみましょう。まずは新しいセルを作成し、変数`book_li`から1番目の`<a>`タグを取り出すコードを記述し、実行します。

セル30 book_li内の1番目のa要素を取り出す

```
book_li.find('a')
```

出力結果

```
<a class="_3mKI1" data-hook="product-item-
container" href="https://imanyu.wixsite.com/
```

href 属性
とは？

HTML でハイパーリンクを設定する `<a>` 要素で使う属性。この属性には、リンク先の URL を設定します。

`<a>` タグは「`<a href="`リンク先の URL`">`リンクを設定する要素 `</a>`」のように記述し、リンク先の URL は href 属性に設定されています。

▶ **辞書型（P.360）**
`{ }` の中に、キーと値の組み合わせを記述することで、複数のデータを管理できるデータ型。辞書[" キー "]の形式で特定の要素を取り出すことができます。

```
demo-books/product-page/art-station" tabindex="-
1"><div class="_1FMIK _1TpHf heightByImageRatio
heightByImageRatio2" data-hook="product-item-
images" style="background-image:url(https://
static.wixstatic.com/media/ea71bb_17c5485b41484
f82b42aaa8a17474342~mv2_d_2479_2483_s_4_2.jpg/
v1/fill/w_100,h_100,al_c,q_80,usm_0.66_1.00_0.01/
ea71bb_17c5485b41484f82b42aaa8a17474342
~mv2_d_2479_2483_s_4_2.jpg);background-
size:cover"><span class="_2CleU WIhJ- _1jpTC"
data-hook="product-item-ribbon-new">Bestseller</
span><button aria-hidden="true" class="_3PkKV"
data-hook="product-item-quick-view-button"
tabindex="-1"> クイックビュー </button></div></a>
```

<a>タグが取り出せましたね。href属性には、詳細ページへの
リンクがちゃんと記述されています。では、このセルを編集して
href属性から値を取り出してみましょう。コードを次のように書
き換えて実行してください。

セル31 a要素のhref属性の値を取得する

```
book_li.find('a')['href']
```

出力結果

```
'https://imanyu.wixsite.com/demo-books/product-
page/art-station'
```

詳細ページへのリンクを取得することができましたね。ここ
で注目していただきたいのが、find_all()メソッドではなく、
find()メソッドを使っている点です。find()は指定した要素が
複数見つかった場合、最初の要素だけを取得してきます。そのた
め、わざわざfind_all('a')[0]のような形で1番目の値を指定
しなくてもいいわけです。

P.88 の表でも簡単に
示しましたが、リスト
を返す select() メソッ
ドと、最初の要素を
返す select_one() メ
ソッドの関係と同じで
すね。

指定した要素が複数あった場合

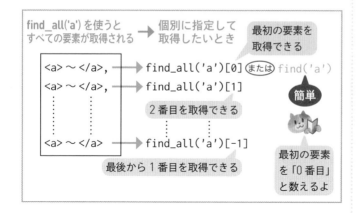

取得できた詳細ページへのリンクは、変数linkに代入しておきましょう。先ほどのセルを編集し、次のコードに書き換えてから実行し直します。

セル32 a要素のhref属性の値を変数linkに代入する

```
link = book_li.find('a')['href']
```

新しいセルを作成し、変数linkの内容を確認しましょう。

セル33 変数linkの内容を確認する

```
link
```

出力結果

```
'https://imanyu.wixsite.com/demo-books/product-
page/art-station'
```

詳細ページへのURLが出力されていますね。これで必要な情報を一通り取得することができました。

6 1冊目の書籍の情報を辞書にまとめよう

✔ バラバラの情報を辞書にまとめる

このままだと各情報がバラバラの変数で扱いにくいため、書籍名、価格、リンクを辞書型にまとめて格納しておきましょう。辞書データは変数datumに代入します。新しいセルを作成し、次のコードを入力・実行してください。

datum（データム）は「1個のデータ」という意味の英単語です。datum の複数形が data となります。
英和辞典を見るとあまり一般的な表現ではないようですが、英語的な正しさを目指しているわけではありませんからね。後で見返したときに、自分でちゃんと意味が理解できれば大丈夫です！
変数 data は別の箇所で使うので、ここでは取っておきます。

セル34 変数datumに書籍名、価格、リンクを格納する

```python
datum = {
    'name': name,
    'price': price,
    'link': link
}
```

セル35 変数datumの内容を確認する

```python
datum
```

出力結果

```
{'name': 'ART STATION',
 'price': 20,
 'link': 'https://imanyu.wixsite.com/demo-books/
product-page/art-station'}
```

1冊目の書籍に関する情報を、変数datumにまとめられましたね。ここまでが1つの商品データを取得する流れに なります。思ったよりも簡単にできたのではないでしょうか？

Webスクレイピング、Webページからデータを取得する、と聞くと難しく考えがちですが、要素の指定さえしっかりできれば

欲しい情報をサクッと取得できてしまうんです。

この流れで他の15冊の書籍情報を取得していきたいところですが、その前に、今までの一連の流れをまとめておきましょう。

変数の内容を確認するための不要なセルを削除し、これまで作ってきたセルをマージして、適宜コメントを入力します。

こうやって一連の流れをまとめてみると、思ったよりコードの行数は少ないことがわかりますね。このようにシンプルにコードを記述でき、欲しい情報を簡単に取得できるのがBeautiful Soupの魅力です。

セルのコピーは「C」キー、貼り付けは「V」キーで実行できます。また、「Shift」キーを押しながら「↑」もしくは「↓」キーを押すことで、複数のセルを選択できます。この状態で「Shift」＋「M」キーを押すと、選択したセルがマージされます。
不要なセルを削除したいときは、セルを選択後「D」キーを2回押すことで実行できます。

セル36 1冊目の書籍の情報を取り出すコード（まとめ）

```python
import requests
from bs4 import BeautifulSoup

url = 'https://imanyu.wixsite.com/demo-books'
res = requests.get(url)

# HTML をパース（整形、解析）
soup = BeautifulSoup(res.text, 'html.parser')

# 複数の書籍をまとめる <li> 要素を取得
book_ul = soup.select_one('#TPASection_jbz6b9ka >
div > div > div > div > section > div > ul')
books_li = book_ul.select('li')

# 1冊目の書籍（<li> 要素）を取得
book_li = books_li[0]

# 必要な情報（書籍名、価格、リンク）を取得
name = book_li.select_one('h3').text
price = book_li.find(
    'span',
    {'data-hook': 'product-item-price-to-pay'}
```

※コードは一部、紙面の都合で次行に折り返していますが、実際には改行していません。

96

```
).text
price = int(price.replace('¥', ''))
link = book_li.find('a')['href']

# 必要な情報を辞書型にまとめる
datum = {
    'name': name,
    'price': price,
    'link': link
}
```

お疲れさまでした！ まずは 1 冊目の情報を取得
できましたね。次はいよいよ 16 冊すべての書籍情
報を集めていきましょう。

7 全書籍の情報を for文で取得しよう

☑ コードの微調整で全書籍の情報が取得できる!

　それでは、全16冊の書籍情報を取得しましょう。1冊の書籍情報を取得する流れがすでにできあがっているので、少しコードを変えるだけですべての書籍情報を取得できてしまいます。

　P.96〜97のセルを編集し、次のようにコードを調整しましょう。変更箇所にはコメントも追記しています。

> **セル37** 全書籍の情報を取り出すコード

```python
import requests
from bs4 import BeautifulSoup


url = 'https://imanyu.wixsite.com/demo-books'
res = requests.get(url)


soup = BeautifulSoup(res.text, 'html.parser')


book_ul = soup.select_one('#TPASection_jbz6b9ka >
div > div > div > div > section > div > ul')
books_li = book_ul.select('li')


# book_li = books_li[0]
# すべての書籍情報を格納するリストを空で用意
data = []
for book_li in books_li:
    name = book_li.select_one('h3').text
    price = book_li.find(
```

※コードは一部、紙面の都合で次行に折り返していますが、実際には改行していません。

```
        'span',
        {'data-hook': 'product-item-price-to-pay'}
    ).text
    price = int(price.replace('¥', ''))
    link = book_li.find('a')['href']


    datum = {
        'name': name,
        'price': price,
        'link': link
    }
    # datum を data に格納
    data.append(datum)
```

▶**for 文（P.371）**
リストをはじめとした連続データを対象に、同じ処理を繰り返し適用するための構文です。if 文とならび、プログラミングの超重要テクニックです。

▶**インデント**
半角スペースやタブなどで行全体を字下げすることをインデントといい、Python では重要な意味を持ち、頻繁に使用します。
JupyterLab ではインデントの入力をサポートする機能も備えており、行を選択後「Tab」キーを押すことで半角スペース4つ分インデントします。また、「Shift」＋「Tab」キーを押すことでインデントを解除します。

大きな変更を加えた場所は2つあります。1つ目は、複数の `<li>` をまとめていた `books_li` リストから、最初の書籍要素（`<li>`）を取得していたところ。下記のコードを**for文**にすることで、すべての書籍データを操作するように変更しています。for文についてはそれに伴い、for文以下のコードをすべて**半角スペース4つ分インデント**しています。

変更前

```
book_li = books_li[0]
```

変更後

```
for book_li in books_li:
    ...
```

また、すべての書籍情報を格納するリストの変数 `data` をfor文の直前に空で用意し、for文内の最後で変数 `datum` を `data` に追加しています。

追加処理では**append()**メソッドを使っています。append() は、引数に指定した値・データが、リストの最後の要素として追

[] と記述することで、空のリストを宣言することができます。for 文の中で変数 data を宣言しないのは、繰り返し処理が始まるたびに前回の処理で作られた変数 data が破棄されてしまい、全書籍のデータを保存することができないから。このように、変数が保管される範囲のことを「スコープ」といいます。

加されるメソッドです。リスト.append()の形で用います。その部分のコードをもう一度、見てみましょう。

変数dataにdatumを追加する

```
# すべての書籍情報を格納するリストを空で用意
data = []
for book_li in books_li:
    name = book_li.select_one('h3').text
    ... 中略 ...
    # datum を data に格納
    data.append(datum)
```

新しいセルを作り、変数dataの中身を確認してみましょう。

セル38 変数dataの内容を確認する

```
data
```

出力結果

```
[{'name': 'ART STATION', 'price': 20, 'link':
'https://imanyu.wixsite.com/demo-books/product-
page/art-station'},
{'name': 'KAHLO', 'price': 25, 'link': 'https://
imanyu.wixsite.com/demo-books/product-page/
kahlo'},
    ... 中略 ...
{'name': 'HEALING HERBS', 'price': 38, 'link':
'https://imanyu.wixsite.com/demo-books/product-
page/healing-herbs'}]
```

しっかりと情報が追加され、16冊分の書籍情報が取得できていますね！

 すごい！ たったこれだけの変更で、すべての書籍情報を取得できてしまうんですね！

8 取得したデータを csvで出力しよう

⇒動画もチェック

✔ データを適切な形式に落とし込むまでが仕事！

書籍データを自動で取得できるようになって、ひと安心です。ありがとうございました！

待って待って、まだ終わりじゃないよ！　取得したデータを、どんなふうに社長に渡すつもり？

Pythonのプログラムを渡して、JupyterLabで実行してもらう……というわけにはいきませんよね？

そうだね（笑）。できるビジネスパーソンなら、扱いやすいデータに加工するところまですませておかないと。最後の工程として、取得したデータを整形して、csvファイルに出力するとしよう。

　仕事で行うWebスクレイピングは、データを取得して終わりではありません。データを加工して扱いやすいファイル形式に落とし込むまでの流れも含まれます。

　今回は、Pythonで簡単に利用でき、ExcelやGoogleスプレッドシートなどの表計算ソフトで開ける汎用性もあるcsv形式で出力してみましょう。

✔ pandasを活用する

　Pythonには、リストや辞書をcsv形式に変換してファイルと

CSV
とは？

csv (comma separated value) とは、Excel のような表計算ソフトやデータベースがテキストファイルとしてデータを保存する際にとるファイル形式。項目やセルをカンマ (,) で区切ることで表現しています。
csv は Excel でも開けるので、プログラミングに慣れていない人にも扱いやすいファイル形式といえますね。

して書き出せるcsvモジュールが同梱されています。ですが、ここではそれよりも、強力なデータ解析機能を備えた**pandas**というライブラリを使ってみましょう。ここではPython内の辞書データをcsv形式に変換するだけですが、以降のLESSONでも機械学習のサポートなどに活用していきます。ここでpandasに実際に触れてみて、その基本的な機能を活用してみましょう。

pandasは、標準ライブラリではないので、`pip`コマンド（Macの場合は`pip3`コマンド）でインストールする必要があります。Beautiful Soupのときと同じように、JupyterLabからインストールしましょう。新しいセルに次のコードを入力・実行して、pandasをパソコンに追加してください。

Pythonに最初から同梱されているモジュールやライブラリを「標準ライブラリ」といいます。LESSON 1で使ったosやdatetimeも標準ライブラリの仲間です。対して、Beautiful Soupやpandasのように追加でインストールしないと使えないモジュールやライブラリは、「外部ライブラリ」や「サードパーティライブラリ」と呼ばれています。

セル39 pandasをインストールする

```
#Windows の場合
!pip install pandas
#Mac の場合
#!pip3 install pandas
```

インストールできたら、次のステップに進みましょう。

☑ pandasでDataFrame型に変換しよう

リスト形式のデータのままでは扱いにくいので、まずはpandasでDataFrame型に変換します。**DataFrame型はExcel**のような表形式のデータを扱うデータ型です。言葉だけではわかりにくいので、実際のコードと処理結果を見てみましょう。

新しいセルを作成し、pandasをインポートし、全書籍分のデータが収められている変数`data`をDataFrame型へ変換します。

セル40 リストをデータフレームへ変換する

```
import pandas as pd
df = pd.DataFrame(data)
```

▶**import A as B 文**
モジュールAをインポートする際に、別名のBで利用できるようにする書き方。ここでは、pandasモジュールを「pd」という名前で利用できるようにしています。コードをより少ない文字数でシンプルに書くためのテクニックですね。

これで変数dataの内容をDataFrame型のデータに変換し、変数dfに格納することができました。head()メソッドを使って、先頭5行分のデータを確認してみましょう。新しいセルを作成し、次のコードを入力・実行します。

DataFrame型のhead()メソッドは、左記のようにデータの先頭5行を取り出すメソッドです。データの末尾5行を取り出すtail()メソッドもあります。実際のプログラミングでは、数千件、数万件のデータを扱うこともあります。そうした際に、すべての行を出力して確認していられませんよね。そこでhead()やtail()メソッドを使い、一部のデータを取り出してチェックするわけです。

セル41 データフレームの先頭5行を確認

```
df.head()
```

	name	price	link
0	ART STATION	20	https://imanyu.wixsite.com/demo-books/product-...
1	KAHLO	25	https://imanyu.wixsite.com/demo-books/product-...
2	INTERIOR DESIGN	22	https://imanyu.wixsite.com/demo-books/product-...
3	THE MISSING	25	https://imanyu.wixsite.com/demo-books/product-...
4	ALPS	28	https://imanyu.wixsite.com/demo-books/product-...

表形式に変換できましたね。辞書のname、price、linkキーがそれぞれ列の見出しとして設定されていますね。対応付けを確認するために、新しいセルを作成し、変数dataの先頭5つの要素も取り出してみましょう。

セル42 変数dataの先頭5つの要素を確認

```
data[0:5]
```

出力結果

```
[{'name': 'ART STATION',
  'price': 20,
  'link': 'https://imanyu.wixsite.com/demo-books/
product-page/art-station'},
 {'name': 'KAHLO',
  'price': 25,
  'link': 'https://imanyu.wixsite.com/demo-books/
product-page/kahlo'},
 {'name': 'INTERIOR DESIGN',
  'price': 22,
```

```
   'link': 'https://imanyu.wixsite.com/demo-books/
product-page/interior-design'},
 {'name': 'THE MISSING',
  'price': 25,
  'link': 'https://imanyu.wixsite.com/demo-books/
product-page/the-missing'},
 {'name': 'ALPS',
  'price': 28,
  'link': 'https://imanyu.wixsite.com/demo-books/
product-page/alps'}]
```

リストの中に、1冊分ずつ、書籍の情報を収めた辞書データがありますね。P.103のdf.head()の出力結果と照らし合わせると、この辞書データの1つひとつが、データフレームの1行分のデータに変換されていることがわかりますね。

これで変換作業は完了です。とても簡単ですよね。ただ、このままだとカラム名（列名）が英語でわかりにくいので、次の手順で日本語に変更しておきましょう。

✓ わかりやすいカラム名に変更しよう

DataFrame型のカラム名を変更するには**rename()**メソッド（リネーム）を使用します。 rename()はその名の通り、リネーム（名前を変更）する際に使うメソッドです。今回はカラム名を変更したいので、**名前付き引数**にcolumns（列）を指定し、値（バリュー）に辞書型のデータを指定します。辞書のキーには変更前のカラム名、バリューに変更後のカラム名を指定しています。

実際に書いてみたほうがわかりやすいと思うので、新しいセルを作成し、次のコードを入力してみましょう。

セル43 ▶ データフレームのカラム名を変更する

```
df = df.rename(columns={
    'name': '書籍名',
    'price': '価格',
```

rename() は、os モジュールの関数として LESSON 1 でも使いましたよね。そのときは名前を変更する対象がファイル名（もしくはフォルダ名）でした。このように、同じ名前の関数やメソッドでも、どのクラスやモジュールに所属するかで処理する対象や内容が変化します。

名前付き引数とは？

メソッドを実行するときに、「どの引数に値を渡すか」を名前で指定する方法です。「名前＝値」という形式で記述します。

```
    'link': 'リンク'
})
```

このセルを実行したら、もう一度、先頭5行の内容を確認してみましょう。df.head()をもう一度実行します。

セル44 先頭5行を確認

```
df.head()
```

	書籍名	価格	リンク
0	ART STATION	20	https://imanyu.wixsite.com/demo-books/product-...
1	KAHLO	25	https://imanyu.wixsite.com/demo-books/product-...
2	INTERIOR DESIGN	22	https://imanyu.wixsite.com/demo-books/product-...
3	THE MISSING	25	https://imanyu.wixsite.com/demo-books/product-...
4	ALPS	28	https://imanyu.wixsite.com/demo-books/product-...

しっかりとカラム名が変更されていますね。

☑ csvファイル形式で出力

最後に、DataFrame型の**to_csv()**メソッドを使ってcsvファイルへ出力しましょう。メソッドの1つ目の引数には、出力するファイル名（books.csv）を記述します。2つ目の引数にはindex=Falseと指定することで、左端の列に割り当てられたインデックス番号（0から始まる連番）を出力しないように設定します。

新しいセルを作成して、次のコードを入力・実行しましょう。

セル45 データフレームをcsvファイルとして出力する

```
df.to_csv('books.csv', index=False)
```

コードを実行しても何も出力されませんが、「作業用」フォルダを確認するとbooks.csvというファイルが書き出されている

はずです。サイドバーでbooks.csvファイルをダブルクリック
すると、JupyterLab内でcsvファイルの内容を確認することも
できます。

Pythonのプログラムがcsvで出力され、欲しい情報が格納さ
れていることを確認できました。

エクスプローラーで
csvファイルをダブル
クリックして Excel
で開くと、列名の「書
籍名」「価格」「リンク」
が文字化けしてしまい
ます。これは、書き出
したテキストファイル
が UTF-8 という文字
コードで出力されてい
るためです。
Excel での文字化けを
防ぐには、pandas の
to_csv() メソッドに、
「encoding="shift-
jis"」という引数を付
け加えます。これで
Excel で読み込める
Shift-JIS という文字
コードで csv ファイ
ルが出力されます。

> このコードを毎週実行して、出力された **csv** ファ
> イルを社長に渡せばいいんですね。なんて楽なんだ。
> **1** 分かからずに終わってしまいますよ、これ……。

Web スクレイピングで実際にデータを取得してこ
られると、あっという間に作業が終わって感動する
よね！ ほかの業務にもどんどん活用して、仕事の
効率化に役立ててほしいな。

Excel で csv ファイ
ルを開いたら、「名
前を付けて保存」を
実行し、ファイル形
式を「Excel ブック
(*.xlsx)」にして保
存しましょう。これ
で Excel ファイルに
変換できます。また、
LESSON 1 で紹介し
た openpyxl を使えば、
Python だけで Excel
ファイルとして出力す
ることも可能です。

9

これまでのコードを
1つのセルにまとめよう

✓ コードを1つのセルにまとめる

　仕上げに、これまでと同様、JupyterLabのセルのマージ機能を活かして、これまで作ってきたコードをまとめておきましょう。pandasのimport文を先頭に移動したほか、コメントを追記して処理の流れを見やすくしています。

セル46 完成したコード

```python
import requests
from bs4 import BeautifulSoup
import pandas as pd

url = 'https://imanyu.wixsite.com/demo-books'
res = requests.get(url)

soup = BeautifulSoup(res.text, 'html.parser')

book_ul = soup.select_one('#TPASection_jbz6b9ka > div > div > div >
div > section > div > ul')
books_li = book_ul.select('li')

# book_li = books_li[0]
# すべての書籍情報を格納するリストを空で用意
data = []
for book_li in books_li:
    name = book_li.select_one('h3').text
    price = book_li.find(
        'span',
```

> 紙面の都合で次行に折り返していますが、実際には改行していません

```
        {'data-hook': 'product-item-price-to-pay'}
    ).text
    price = int(price.replace('¥', ''))
    link = book_li.find('a')['href']

    datum = {
        'name': name,
        'price': price,
        'link': link
    }
    # datum を data に格納
    data.append(datum)

# リストを DataFrame 型へ変換
df = pd.DataFrame(data)

# データフレームの列名を変更
df = df.rename(columns={
    'name': '書籍名',
    'price': '価格',
    'link': 'リンク'
})

# データフレームを csv ファイルに出力する
df.to_csv("books.csv", index=False)
```

☑ Webスクレイピングを活用していくために

　Webスクレイピングのすごさ、素晴らしさを体感いただけましたか？　Webスク
レイピングを用いると、さまざまなWebページからあっという間にデータを取得で
きてしまいます。

　ただし、本書でお伝えしたのはWebスクレイピングの初歩であり、基本となる部
分です。

Webページの中には、スクロールしないと要素が表示されないページや、ログインが必要なページ、クリック処理の後に表示されるページなどさまざまなバリエーションが存在します。こうしたWebページからデータを取得するには、HTMLやCSS、JavaScriptへの理解と、SeleniumやScrapyといったより高度なライブラリの活用も必要となってきます。

　「もっと高度なWebスクレイピングを実装したい！」と考えている方は、**Webブラウザの操作を自動化するフレームワーク「Selenium」**からまずは勉強してみましょう。私のYouTubeチャンネルでも「Webスクレイピング」の動画を用意していますので、そちらで学習してみるのもおすすめです（「いまにゅ　Webスクレイピング超入門」で検索してみてください）。

　Seleniumを用いることでWebスクレイピング、いわゆるデータの取得だけではなく、Webブラウザ自体の操作まで自動化できます。つまり、自動でブラウザが立ち上がったり、テキストが入力されたり、クリックされたり、という処理をPythonで実装できてしまうんです。これなら、ログインしないと利用できない社内ポータルのようなWebページから情報を収集することも可能となります。

　これまた面白そうですよね。ぜひ本書で学んだことを活かしつつ新たなスキルアップにもチャレンジしてみてください！

　なお、Webスクレイピングを活用するにあたっては、robots.txtと利用規約を確認すること、著作権を尊重することも忘れないでください。通常、私的に利用する範囲であれば問題ありませんが、著作者の利用許諾なく商業利用することには一定の規制がかかります。

　また、APIの活用もおすすめです。たとえば楽天市場の商品情報を収集したい場合、Webスクレイピングを用いるよりも、楽天が提供しているAPIを利用するほうが簡単に早く商品情報を取得できたりします。

　ある程度規模の大きいサービスでは、このようにAPIを提供していることがよくあります。APIの活用法についてはLESSON 5で実際に紹介していきますので、ぜひ活用してみてください。

✓ サーバーに負荷のかかるアクセスは避けよう

　もう1つ気をつけたいのが、特定のWebサイトに短時間で何度もアクセスすると、サーバーに負荷がかかってしまうこと。場合によってはサーバーがダウンし、そのサービスに被害を与えかねません。

そのため、**アクセスの間隔は1秒以上空ける**ようにしましょう。短時間にアクセスしすぎるとボットによる攻撃だと思われ、アクセス拒否されてしまう場合もあるので注意してください。

アクセスの間隔を1秒開けるには、timeモジュールのsleep()関数を使います。time.sleep(1)のように引数に秒数を指定することで、指定した秒数の間は処理を中断します。次のコードでは、for文内に**time.sleep(1)**と記述することにより、Aの出力後、1秒あけてBを出力……といったように繰り返し処理が発生するたびに1秒間待機するようにしています。

セル47 time.sleep()で出力後に1秒間待機する

```
import time #time モジュールをインポート
for i in ['A', 'B', 'C', 'Ð']:
    print(i)
    time.sleep(1) # 出力後に 1 秒待機
```

出力結果

```
A
B
C
Ð
```

for文内でrequests.get()関数を実行するようなコードを書くと、スクレイピング対象のWebサイトへ短時間で頻繁にアクセスすることになってしまいます。上記のコード例のように、for文内にtime.sleep()関数を記述し、間隔をあけてWebサイトにアクセスするようにしましょう。

POINT こんなふうに応用しよう

Webスクレイピングと他の技術を組み合わせることで、システムの監視なども自動化できます。収集したデータに異常な数値があればチャットに通知を送る、正常であれば特に何もしない、といった応用技も実現できます。

Webスクレイピングは他の技術と掛け算することにより、生のデータを分析しやすいデータに整形したり、収集データがある条件に合致したら通知を送ったり、他の処理を走らせたりといった、より実践的な用途に活用できます。

LESSON

3

Excelの集約・集計を
サクッと終わらせる！

業務に不可欠なアプリの筆頭といっても過言ではないExcel。
関数やピボットテーブルなどの機能は、
ファイル内のデータの集計を得意としますが、
一方で、外部ファイルからのデータ集約は不得意です。
その隙間を埋めるのが、このLESSONで紹介するプログラム。
Excelだけでは時間がかかる煩雑なデータの集約→集計を
一瞬で完了することができます。

あー今日も
できなかった

ユキオさん
どうされたんですか？

もっと
新規顧客の開拓方法とかを考えて
実行していきたいんですが、
時間がなくて

ちなみにどんな業務に
時間を取られているんですか？

**派遣社員の
勤怠情報の
集約・集計ですね**

全員×4〜5週間分の
勤怠データ (Excel)

月に一度1つに
まとめて給与計算する

勤怠は週ごとにExcelで記録し、月に1回、
Excelシートにコピペしてまとめ、
給与計算などに使うんです

企業向けの
クラウド勤怠システムとかは
導入されないんですか？

コストが
かかりますから…

毎月数万円でも
1年で数十万円

確かにクラウドサービスは
便利ですが、ランニングコスト
がかかりますからね

まずは問題解決の流れを確認しよう

☑ プログラムは集約と集計の2つのパートに分かれる

今回は、給与計算などのために派遣社員10人×5週間分、Excelファイル50個分の勤怠情報を1つにまとめる集約作業と、集約した情報をもとに月次で集計する作業をPythonで自動化していきます。今回のプログラムは、集約と集計、2つのステップに分かれます。実装の流れをもう少し細分化すると、次のようになります。

ステップ1 **10人×5週間分の勤怠情報を集約**

- ・1人分の必要なデータを取得
- ・10人分の必要なデータを取得 → 集約
- ・集約したデータをExcelファイルに出力

ステップ2 **集約したデータをもとに、作業時間を集計**

- ・集約したデータから必要な情報をまとめて取得
- ・月次の作業時間を集計
- ・集計結果を集計用のExcelファイルに出力

> これまでのLESSONと同様、最初からすべてのデータを処理せず、まずは1つのデータに注目してコードを書いていきます。

☑ 使用するExcelデータの中身を確認する

今回使用するフォルダ・ファイルの中身を確認しましょう。

フォルダ・ファイル一式はP.390のURLよりダウンロードし、「作業用」フォルダに格納してください。「src」フォルダ内には5週分のフォルダが格納されており、各フォルダ内に10人分のExcelファイルが入っている状態です。

「20220131」フォルダに格納されている「岡田圭一.xlsx」を確認してみましょう。作成日や氏名、日付ごとの出勤時間や退勤時間などが記載されているのを確認できますね。他のExcelファイルも、すべて同じフォーマットで統一されています。

「src」フォルダの内容

Excelファイルの内容

✔ 先に完成イメージをつかむ

プログラムの出力結果、つまり完成イメージも確認しておきましょう。まず、**ステップ1** として集約用Excelファイルを作り、次に **ステップ2** として集計用Excelファイルにまとめます。ファイルはそれぞれ、次のように仕上がります。

集約用Excelファイル

	A	B	C	D	E
1	日付	出勤時間	退勤時間	休憩時間	作業時間
2	2022/1/31				
3	2022/2/1	11:30	19:30	1:00	7:00
4	2022/2/2	8:30	19:30	1:00	10:00
5	2022/2/3	9:30	20:00	1:00	9:30
6	2022/2/4	9:30	18:30	1:00	8:00
7	2022/2/5	8:30	21:00	1:00	11:30
8	2022/2/6	9:30	21:30	1:00	11:00
9	2022/2/7				
10	2022/2/8	12:30	18:00	1:00	4:30
11	2022/2/9	13:00	18:30	1:00	4:30
12	2022/2/10	11:30	21:00	1:00	8:30
13	2022/2/11	12:30	17:30	1:00	4:00
14	2022/2/12	9:30	20:00	1:00	9:30
15	2022/2/13	12:00	18:00	1:00	5:00
16	2022/2/14				
17	2022/2/15	12:30	19:00	1:00	5:30
18	2022/2/16	12:00	17:00	1:00	4:00
19	2022/2/17	12:00	19:00	1:00	6:00
20	2022/2/18	12:30	19:00	1:00	5:30
21	2022/2/19	8:30	19:00	1:00	9:30
22	2022/2/20	12:00	19:00	1:00	6:00
23	2022/2/21				
24	2022/2/22	9:30	21:00	1:00	10:30

集計用Excelファイル

2

Excelファイルを扱うライブラリ をインストールしよう

☑ openpyxlでExcelのデータを操作する

　PythonでExcelファイルを扱うときによく使われるのが、**openpyxl**というライブ
ラリです。ExcelのシートやセルをPythonのオブジェクトとして扱うことができます。

（オープンバイエクセル）

「**Python のオブジェクト**」って言われてもよくわからないな……。

オブジェクトって「物体、対象」って意味なんだけど、抽象的すぎてよ
くわからないよね。「**Excel** のシートやセルが **Python** で扱いやすい形
式に変換されたもの」くらいの認識で大丈夫だよ！

　openpyxlは、データや書式の読み書きだけでなく、セル番地などもちゃんと認識
してくれます。たとえば、A2セルの値を取得したければ、`ws["A2"].value`とすれ
ばいいのです。直感的にわかりやすいですよね。
　もう1つ選択肢として考えられるのが、データ操作によく用いられるpandas。
LESSON 2でもcsvデータの書き込みに使いましたね。このライブラリでも、Excel
ファイルを操作できます。

	openpyxl	pandas
データの読み書き	○	○
Excel の書式反映	○	×
データ処理・分析	×	○
汎用性	×（Excel ファイルに特化）	○

　ただし、pandasはExcelファイルに特化したライブラリではないため、データの
読み書きはできるものの、書式設定などはできません。つまり、**セルの色や背景色、
文字の色を変更したりすることができない**わけです。サクッとExcelファイルから

データを読み込みたい、Excelファイルにデータを出力したい場合にはもってこいかもしれませんが、今回のケースでは機能が少し足りません。

そこで今回は、前者のopenpyxlを用いて実装を進めていきます。

☑ openpyxlを使う上で知っておくべき単語

openpyxlでは、Excelでいうファイル（ブック）を**Workbook**オブジェクト、ワークシートを**Worksheet**オブジェクト、セルを**Cell**オブジェクトというクラス名で扱います。

Excel での名称	openpyxl での名称
ブック（Excel ファイル）	ワークブック（Workbook）
ワークシート（シート）	ワークシート（Worksheet）
セル	セル（Cell）

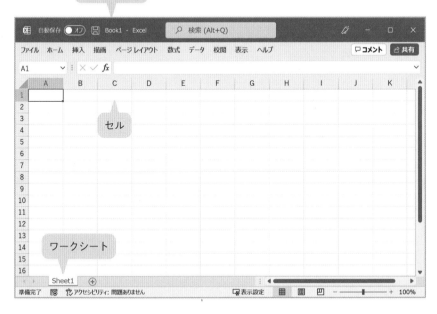

本書では、わかりやすさを優先して、なじみ深い**Excel**ファイル、シート、セルという単語で解説していきますね。

3

Excelのデータを
Pythonで読み込んでみよう

✔ 必要なライブラリをインストールする

基礎知識の解説がすんだところで、実装を始めていきましょう。まずは、今回使用するopenpyxlとpandasをインストールします。JupyterLabで新しいセルを作成し、次のコードを入力・実行してください。PART 2で先にインストールをすませている場合は、この手順は不要です。

セル1 openpyxlとpandasをインストールする（Windowsの場合）

```
!pip install pandas
!pip install openpyxl
```

セル2 openpyxlとpandasをインストールする（Macの場合）

```
!pip3 install pandas
!pip3 install openpyxl
```

インストールできたら新しいセルを作成し、4つのライブラリもしくはモジュール（openpyxl、pandas、ファイルパスを取得するためのglob、日付・時刻を扱うdatetime）をインポートします。

セル3 4つのライブラリもしくはモジュールをインポートする

```
import pandas as pd
import openpyxl
from glob import glob
import datetime
```

ここから、まずは1週目のフォルダ「src/20220131」（「/」はフォルダの階層を表す記号）を見ていきましょう。このフォルダには、各人の2022年1月31日（月曜日）

から2022年2月6日（日曜日）まで1週間分の勤怠情報が記されたExcelファイルが収められています。

新しいセルを作成し、インポートした**glob()**関数で、「src/20220131」フォルダ内のExcelファイル（.xlsx）一覧を取得しましょう。ファイル名の部分にアスタリスク*を入れることで、複数のファイルパスを取ってこられるのでしたね。

> 読み込み方法は **LESSON 1** で解説しています。**glob()** 関数の使い方を忘れてしまった方は、**P.49** を読み直してみてくださいね。

セル4 glob()関数でフォルダ内のExcelファイルをすべて読み込む

```
file_paths = glob('src/20220131/*.xlsx')
file_paths
```

出力結果

```
['src/20220131/ 佐野和也 .xlsx',
 'src/20220131/ 松本正明 .xlsx',
 'src/20220131/ 岡本健太 .xlsx',
 'src/20220131/ 岡田圭一 .xlsx',
 'src/20220131/ 藤本亮 .xlsx',
 'src/20220131/ 山本智明 .xlsx',
 'src/20220131/ 鈴木満 .xlsx',
 'src/20220131/ 岡本健二 .xlsx',
 'src/20220131/ 小林正弘 .xlsx',
 'src/20220131/ 斉藤尊 .xlsx']
```

> Windows で実行している場合は、ファイルの順番が変わったり、「/」が「\\」で表示されたりします。

「20220131」フォルダ内に格納されている10人分のファイルパスを取得できましたね。まずは1人分のファイルを処理していくので、リストの先頭要素を取得して、変数file_pathに代入しましょう。新しいセルを作成し、次のコードを入力・実行してください。

セル5 先頭のファイルを変数file_pathに代入する

```
file_path = file_paths[0]
file_path
```

出力結果

```
'src/20220131/ 佐野和也 .xlsx'
```

> Windows で実行している場合は、別の人のファイル名が表示されます。

1番目の要素である佐野和也さんの勤怠情報を取得していきましょう。まずは、openpyxlで**load_workbook**()を使用してExcelファイルを読み込みます。新しいセルを作成し、次のコードを入力・実行してください。

> **セル6** 　Excelファイルの読み込み

```
wb = openpyxl.load_workbook(file_path)
```

wb: workbook を
略した変数名

　読み込めたかどうか、中身を見てみましょう。新しいセルを作成し、wbとだけ入力して実行してください。

> **セル7** 　変数wbの内容を確認する

```
wb
```

出力結果

```
<openpyxl.workbook.workbook.Workbook at 0x1644d4580>
```

　何やらよくわからないものが出力されていますが、これは変数wbがWorkbookオブジェクトであることを意味しています。このオブジェクトの中にさまざまな情報や機能が入っています。Excelファイル → シート → セルの順で、中身を解剖していきましょう。

　試しに、シート名を取得してみます。シート名は、Excelファイルを見ると「timesheet」となっていますね。新しいセルを作成し、次のコードを入力・実行してください。

> **セル8** 　変数wbからシート名を取得する

```
wb.sheetnames
```

出力結果

```
['timesheet']
```

しっかりリスト形式で取得できましたね。基本的にシートは1つ以上で成り立っているので、複数返ってくることを想定してリスト形式になっています。

☑ シートの読み込み

次に、このtimesheetシートを読み込んで、セルの値も取得してみます。シートは**wb[シート名]**で読み込めます。シート名は「timesheet」ですから、JupyterLabで新しいセルを作成し、次のコードを入力・実行してください。

> **セル9** 変数wbからシートを取得する

```
ws = wb['timesheet']    ws: worksheet を略した変数名
ws
```

出力結果

```
<Worksheet "timesheet">
```

Excelファイルを読み込んだときと同様、オブジェクトが出力されました。Excelシートが、最初にお伝えしたWorksheetオブジェクトになっていることがわかりますね。

☑ セルのオブジェクトと値を読み込む

変数wsの中にあるセル情報を取得しましょう。氏名が入っているC3セルの値を取得してみます。まず、**ws[セル番地]**と記述してみましょう。これにより、セルのオブジェクトを取得できます。

> **セル10** まず変数wsからC3セルのオブジェクトを取り出す

```
ws['C3']
```

出力結果

```
<Cell 'timesheet'.C3>
```

オブジェクトが出力されましたね。セルの値を取ってきたい場合は.valueをつけます。

> **セル11** 変数wsからC3セルの値を取り出す

```
ws['C3'].value
```

> **出力結果**

```
'=MID(CELL("filename"),FIND("[",CELL("filename"))+1,FIND("]",CELL
("filename"))-FIND("[",CELL("filename"))-6)'
```

なんだかよくわからない数式が出てきましたね。これは実は、C3セルに入っている数式が取得されているのです。確認してみましょう。

しっかりと数式が入っていることが確認できましたね。この数式は、ファイル名「氏名.xlsx」から氏名部分を抽出し、氏名セルに入力しています。たとえば、「佐野和也.xlsx」であれば、そのファイル名から「佐野和也」という部分を抜き出し、氏名セルに入れているのです。

さて、どんな処理を行っている数式なのか、理解できたのはいいのですが、欲しいのは数式ではなく実際に入っている値（氏名）です。

値を取得するには、Excelファイルを読み込むタイミング、つまりload_workbook()メソッドを実行するタイミングで、引数にdata_only=Trueと指定します。これで、数式ではなく、値そのものを取得することができます。

```
# data_only=True を指定
wb = openpyxl.load_workbook(file_path, data_only=True)
# シートの取得（ws: worksheet の略）
ws = wb['timesheet']
# C3 セルの値を取得
ws['C3'].value
```

出力結果

```
'佐野和也'
```

　今度は値を取得することができました。今後、数式を取得したいとなった場合は、引数にdata_only=Falseを指定するか、file_pathだけを指定すればOKです。

　ひとまず、**Excel**ファイルの読み込み → シートの読み込み → セルの値取得、という基本的な流れを実装できましたね。おめでとうございます。次のステップに進みましょう！

4

Excelのシートから
必要な情報を読み込もう

✔ 欲しい情報がExcelファイルのどこにあるかを確認する

　ここでは、openpyxlで読み込んだExcelファイルから、下記6つの情報を取得していきます。

❶氏名　❷日付　❸出勤時間　❹退勤時間　❺休憩時間　❻作業時間

　まず、それぞれの情報がどの部分に入っているかを確認しておきましょう。

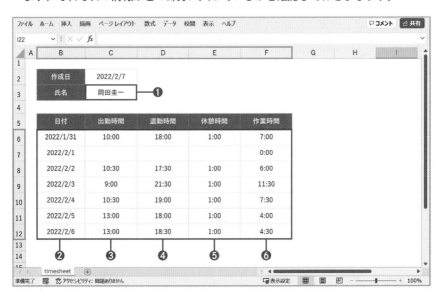

　出勤時間、退勤時間などの各情報を別々に取得する方法もありますが、今回のメインの目的は、転記処理ですから、まとめて扱いたいと思います。別々に取得する場合、まとめて取得する場合の違いを以下にまとめておきます。

別々に扱う場合

変数 **dates   time_in   time_out   break_time   work_time**

個別に変数を作成して扱う

日付	出勤時間	退動時間	休憩時間	作業時間
2022/1/31				
2022/2/1	11:30	19:30	1:00	7:00
2022/2/2	8:30	19:30	1:00	10:00
2022/2/3	9:30	20:00	1:00	9:30
2022/2/4	9:30	18:30	1:00	8:00
2022/2/5	8:30	21:00	1:00	11:30
2022/2/6	9:30	21:30	1:00	11:00

まとめて扱う場合

変数 **datum**

まとめて1つの変数datumを作成して扱う

日付	出勤時間	退動時間	休憩時間	作業時間
2022/1/31				
2022/2/1	11:30	19:30	1:00	7:00
2022/2/2	8:30	19:30	1:00	10:00
2022/2/3	9:30	20:00	1:00	9:30
2022/2/4	9:30	18:30	1:00	8:00
2022/2/5	8:30	21:00	1:00	11:30
2022/2/6	9:30	21:30	1:00	11:00

 今回はどうして別々のデータとして取得しないんですか？

 今回はそのまま転記するだけなので、まとめて取得する処理にして、コードの行数を減らすんだ。そのほうが早いし簡単でしょ？
出勤時間や退勤時間の数値に対してなんらかの処理を行う場合であれば、別々の値として取得したほうがよさそうだよね。

 なるほど。何をするかによって、コードの書き方が変わってくるんですね。

取得したい情報の行番号、列番号も確認しておきましょう。

抽出したいデータが配置されているセル

取得する情報	行番号	列番号
氏名	3	3 (C)
日付 出勤時間 退勤時間 休憩時間 作業時間	6 ～ 12	2 ～ 6 (B ～ F)

　必要な情報の位置を確認できたところで、実際に取得していきましょう。まずは氏名からですが、これは先ほど取得してありますね。新しいセルを作成し、次のコードを入力・実行して、変数nameに格納しておきましょう。

セル13 氏名を変数nameに格納する

```
name = ws['C3'].value
name
```

出力結果

```
'佐野和也'
```

　次に、残り5つの情報（日付・出勤時間・退勤時間・休憩時間・作業時間）をまとめて取得し、datumというリスト変数に格納しましょう。
　複数のセルの情報をまとめて指定する場合は、**ws['左上セルの番地:右下セルの番地']**のように指定します。日付が入っている左上のセルはB6、作業時間が入っている右下のセルはF12なので、コードは次のようになります。新しいセルを作成し、このコードを入力・実行してみましょう。

セル14 ExcelからセルB16:F12のデータを取り出す

```
ws['B6:F12']
```

出力結果

```
(((<Cell 'timesheet'.B6>,
  <Cell 'timesheet'.C6>,
  <Cell 'timesheet'.D6>,
  <Cell 'timesheet'.E6>,
```

```
      <Cell 'timesheet'.F6>),
 (<Cell 'timesheet'.B7>,
  <Cell 'timesheet'.C7>,
  <Cell 'timesheet'.Ð7>,
  <Cell 'timesheet'.E7>,
  <Cell 'timesheet'.F7>),
 (<Cell 'timesheet'.B8>,
  <Cell 'timesheet'.C8>,
  <Cell 'timesheet'.Ð8>,
  <Cell 'timesheet'.E8>,
  <Cell 'timesheet'.F8>),
 (<Cell 'timesheet'.B9>,
  <Cell 'timesheet'.C9>,
  <Cell 'timesheet'.Ð9>,
  <Cell 'timesheet'.E9>,
  <Cell 'timesheet'.F9>),
 (<Cell 'timesheet'.B10>,
  <Cell 'timesheet'.C10>,
  <Cell 'timesheet'.Ð10>,
  <Cell 'timesheet'.E10>,
  <Cell 'timesheet'.F10>),
 (<Cell 'timesheet'.B11>,
  <Cell 'timesheet'.C11>,
  <Cell 'timesheet'.Ð11>,
  <Cell 'timesheet'.E11>,
  <Cell 'timesheet'.F11>),
 (<Cell 'timesheet'.B12>,
  <Cell 'timesheet'.C12>,
  <Cell 'timesheet'.Ð12>,
  <Cell 'timesheet'.E12>,
  <Cell 'timesheet'.F12>))
```

type()関数を使い、取り出したデータの型を確認してみましょう。先ほどのセル
を編集し、次のコードに書き換えて実行します。

```
type(ws['B6:F12'])
```

出力結果

```
tuple
```

　tuple、つまりデータ型は**タプル**であることがわかりました。タプルというのは、リストと似た構造で、1つのデータの中に複数の値を順番に並べて入れることができるデータ型です。データの取り出し方もリストと同じで[ ]にインデックス番号を指定します。ただし、リストと違い、値を追加・削除したり、書き換えたりすることはできません。取得結果を確認してみると、2次元のタプル形式でCellオブジェクトが格納されています。このデータから値を取り出すべく.valueをつけて実行すると、どうなるでしょうか？　先ほどのセルを次のコードのように書き換えて試してみましょう。

セル16 タプルに.valueをつけるとエラーになる

```
ws['B6:F12'].value
```

出力結果

```
AttributeError                     Traceback (most recent call last)

Input In [17], in <module>
----> 1 ws['B6:F12'].value



AttributeError: 'tuple' object has no attribute 'value'
```

　タプルws['B6:F12']に対して.valueとつけても、エラーが出てしまい、値を取得できません。これは、タプルにはvalueという属性がないからなのです（AttributeErrorは「属性エラー」という意味です）。タプルの中に入っているCellオブジェクトに.valueという属性を付与する必要があります。
　具体的には、どうすればよいのでしょうか？　for文で1つずつCellオブジェクトを取り出し、各Cellオブジェクトからセルの値を取得していきます。タプルの構造をしっかり確認してからfor文を書いていきましょう。6行目のセルの一覧（タプルの1つ目の要素）を取り出してみると、次のようになります。

セル17 6行目のセルの一覧を取り出す

```
ws['B6:F12'][0]
```

出力結果

```
(<Cell 'timesheet'.B6>,
 <Cell 'timesheet'.C6>,
 <Cell 'timesheet'.D6>,
 <Cell 'timesheet'.E6>,
 <Cell 'timesheet'.F6>)
```

タプルの中にタプルがあり、その中にセルのデータが収められています。ここから
さらに2列目のセル（タプルの1つ目の要素）を取り出してみましょう。

セル18 6行2列目（B6）のセルを取り出す

```
ws['B6:F12'][0][0]
```

出力結果

```
<Cell 'timesheet'.B6>
```

これでようやくB6セルのオブジェクトにたどり着けました。つまり、次の図のよ
うなイメージでfor文を書くと、セルを1つずつ取得できることになります。

①行の情報を取得するコード
for row in ws['B6:F12']:

row

cell
②行からセルの情報を取得するコード
for cell in row:

セル19 for文で各セルのオブジェクトを取得する

```
# 行を取得
for row in ws['B6:F12']:
```

```
# 列を取得
for cell in row:          インデント
    print(cell)           を忘れずに
```

```
<Cell 'timesheet'.B6>
<Cell 'timesheet'.C6>
<Cell 'timesheet'.D6>
<Cell 'timesheet'.E6>
<Cell 'timesheet'.F6>
<Cell 'timesheet'.B7>
<Cell 'timesheet'.C7>
 ... 中略 ...
<Cell 'timesheet'.E12>
<Cell 'timesheet'.F12>
```

B6からF12までのCellオブジェクトが取得できていますね。このfor文を用いて、変数datumにセルの値を格納します。

セル20 変数datumにセルの値を格納する

```
datum = []
for row in ws['B6:F12']:
    # 各行の値を格納しておくリスト row_datum を用意
    row_datum = []
    for cell in row:
        # セルの値を row_datum に格納
        row_datum.append(cell.value)
    # 1行分の値が格納された row_datum を datum に格納
    datum.append(row_datum)
datum
```

出力結果

```
[[datetime.datetime(2022, 1, 31, 0, 0),
  None,
```

```
        None,
        None,
        datetime.datetime(1899, 12, 30, 0, 0)],
         ... 中略 ...
       [datetime.datetime(2022, 2, 6, 0, 0),
        datetime.time(9, 30),
        datetime.time(21, 30),
        datetime.time(1, 0),
        datetime.time(11, 0)]]
```

　パッと見たところ、値は取得できていそうですが、リストのままでは中身を把握しにくいですよね。そこで、全体像を把握するためにpandasのDataFrame形式で出力して値を確認してみましょう。JupyterLabで新しいセルを作成し、次のコードを入力・実行してください。

セル21 pandasで変数datumを出力する

```
pd.DataFrame(datum)
```

出力結果

Mac の場合はおかしな値に…

	0	1	2	3	4
0	2022-01-31	None	None	None	1899-12-30 00:00:00
1	2022-02-01	11:30:00	19:30:00	01:00:00	07:00:00
2	2022-02-02	08:30:00	19:30:00	01:00:00	10:00:00
3	2022-02-03	09:30:00	20:00:00	01:00:00	09:30:00
4	2022-02-04	09:30:00	18:30:00	01:00:00	08:00:00
5	2022-02-05	08:30:00	21:00:00	01:00:00	11:30:00
6	2022-02-06	09:30:00	21:30:00	01:00:00	11:00:00

　こちらのほうが見やすいですね。これでしっかりと値が取得できていることが確認できました。ただし、0行4列目の値だけ「1899-12……」と、形式が他と異なっているのが気になりますね。値を確認してみましょう。新しいセルを作成し、次のコードを入力・実行します。

0行4列目の値を出力する

```
datum[0][4]
```

出力結果

```
datetime.datetime(1899, 12, 30, 0, 0)
```

datetime.datetime(1899, 12, 30, 0, 0)は、「1899年12月30日0時0分」を意味しますが、Excelファイルにそのような値が本当に入力されているのでしょうか？　実際にExcelファイルを開いて値を確認してみると、次の画像のように、数式の計算結果として「0:00」という値が入っていることがわかります。

つまり、datetime.datetime(1899, 12, 30, 0, 0)は0を意味しているわけですね。実はこれはMacで実行したときにだけ発生する問題で、Windowsで実行した場合は他の行と同じように「00:00:00」（datetime.time(0, 0)）と表示されます（以下の画像を参照）。

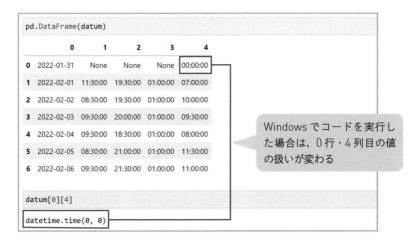

「0:00」の部分に関しては正直、値が入っていても入っていなくても変わらないので、

Macで実行した場合は、同じ行の出勤時間、退勤時間、休憩時間のようにNoneが入るように値を書き換えたいと思います。

以降で解説する処理は **Windows** では本来必要ありませんが、書いたからといってエラーになることもありません。記入しておけば、**Mac・Windows** 両対応のプログラムとなるので、環境を問わず使用できるようになりますよ。

　セルの値がdatetime.datetime(1899, 12, 30, 0, 0)かどうかを判定する条件式は、次のようにセルの値 == datetime.datetime(1899, 12, 30, 0, 0)とすればOKです。新しいセルを作成し、次のコードを入力して試してみましょう。

セル23 セルの値とゼロ時間を比較する

```
datum[0][4] == datetime.datetime(1899, 12, 30, 0, 0)
```

出力結果

True ◀	Windows の場合は False になります

　Excelから取り出したF6セルの値と、datetime.datetime(1899, 12, 30, 0, 0)が同じであることが確認できました。この条件式を先ほどのコードに組み込んでみます。先ほどのセルを編集し、次のように書き換えて実行してください。

セル24 セルの値が0:00の場合にNoneを追加する

```
datum = []
for row in ws['B6:F12']:
    row_datum = []
    for cell in row:
        basis_date = datetime.datetime(1899, 12, 30, 0, 0):
        if cell.value == basis_date
            # セルの値が0:00だった場合、None を追加
            row_datum.append(None)
        else:
            # セルの値が0:00ではなかった場合、セルの値をそのまま追加
            row_datum.append(cell.value)
```

```
        datum.append(row_datum)
    pd.DataFrame(datum)
```

	0	1	2	3	4
0	2022-01-31	None	None	None	None
1	2022-02-01	11:30:00	19:30:00	01:00:00	07:00:00
2	2022-02-02	08:30:00	19:30:00	01:00:00	10:00:00
3	2022-02-03	09:30:00	20:00:00	01:00:00	09:30:00
4	2022-02-04	09:30:00	18:30:00	01:00:00	08:00:00
5	2022-02-05	08:30:00	21:00:00	01:00:00	11:30:00
6	2022-02-06	09:30:00	21:30:00	01:00:00	11:00:00

Windows の場合は
「00:00:00」のまま
変更されない

0行4列目にNoneが入っていますね。このまま進めればよさそうです!

for 文が 2 つ使われると、一気に難しくなった感じがしますね……。

たしかに最初はそうかもしれないね。ただ、新しいことをやっているわけではなく、今まで学んできた内容を合わせただけなんだ。1 回で理解できなくても大丈夫! Excel シートと照らし合わせながら、ゆっくり1 行ずつ意味を理解していこう。見るだけではなく、実際に手を動かせばおのずと理解が深まるはずだよ!

5 集約用のExcelファイルを準備しよう

⇒動画もチェック

✔ 集約用のExcelファイルを作成する

前節で取得したデータを集約するExcelファイル「集約.xlsx」を準備しましょう。このファイルももちろん、Pythonとopenpyxlで作成します。

openpyxlで新規Excelファイルを作成したい場合、**openpyxl.Workbook()**で新規Workbookオブジェクトを作成し、そのオブジェクトを**save()**メソッドで保存してあげるだけです。新しいWorkbookオブジェクトは、最初に読み込んだ変数wbと区別するため、変数wb_membersに代入します。

新しいセルを作成し、このコードを入力・実行してみましょう。

セル25 新規Excelファイルを作成する

```
# 新規 Workbook オブジェクトを作成     空の Excel ファイルを作成するイメージ
wb_members = openpyxl.Workbook()
# 従業員集約 .xlsx というファイル名で Workbook を保存
wb_members.save('従業員集約 .xlsx')
```

実行すると、「作業用」フォルダに「従業員集約.xlsx」というExcelファイルが作成されているはずです。次は**create_sheet()**メソッドで、このExcelファイル内に個別のシートを作成しましょう。シート名は氏名にします。新しいセルを作成し、次のコードを入力・実行しましょう。

セル26 Excelファイルに氏名のシートを作成する

```
wb_members.create_sheet(title=name)
```

出力結果

```
<Worksheet " 佐野和也 ">
```

この状態でExcelファイルを開いても、シートは作成されていません。前記のコードは、`wb_members`に対してシートが追加されただけであって、Excelファイル本体に変更が反映されたわけではないからです。Excelファイルに変更を反映したい場合には、`save()`メソッドを実行し、保存する必要があります。新しいセルを作成し、次のコードを入力・実行しましょう。

セル27 ▶ Excelファイルを上書き保存する

```
wb_members.save('従業員集約.xlsx')
```

「作業用」フォルダに保存されている「従業員集約.xlsx」をダブルクリックしてExcelで開き、シートが作成されているか確認しましょう。

シート名が氏名になったシートが作成されている

　「佐野和也」という名前で新しいシートが作成されていますね。また、新規ファイルを作成したタイミングで「Sheet」という余分なシートが、デフォルトで作成されていたみたいです。こちらのシートは**remove()**メソッドで削除しておきましょう。引数には、削除したいシートの名前を指定します。

　JupyterLabに新しいセルを作成し、次のコードを入力・実行してください。

セル28 ▶ 不要なシートを削除して保存する

```
# 不要なシートを削除
wb_members.remove(wb_members['Sheet'])
```

```
# 削除を反映するために保存
wb_members.save('従業員集約.xlsx')
```

　もう一度、Excelファイルを開いて確認してみましょう。「Sheet」シートが削除されていたら成功です。もし削除できていなかった場合は、Excelファイルを開いたまま上記のコードを実行していないか確認してください。何らかの変更を加える際は、変更対象となるExcelファイルが閉じていることを確認しましょう。

✔ カラム（列）の名前を設定しよう

　必要なシートを準備できたので、次にカラム（列）名を準備します。「日付」「出勤時間」「退勤時間」「休憩時間」「作業時間」の5つのカラム名を、A1 ～ E1セルに入力します。値を書き込む方法は簡単です。値の取得に用いた.value属性に対して値を代入するだけでOKです。

セル29 表の列名を設定する

```
# シートを指定
ws_members = wb_members[name]
# 各セルに値を入力
ws_members['A1'].value = '日付'
ws_members['B1'].value = '出勤時間'
ws_members['C1'].value = '退勤時間'
ws_members['Đ1'].value = '休憩時間'
ws_members['E1'].value = '作業時間'
```

　2行目のコードを見てみましょう。これは、「『佐野和也』シート（ws_members）のA1セルの値（value）に'日付'という文字列を入力します」という意味になりますね。
　変更を加えたら、必ず保存もしましょう。新しいセルに次のコードを入力・実行します。何度も同じコードを使っているので、既存のセルをコピーしてきて使ってももちろんOKです（P.96）。

```
wb_members.save('従業員集約.xlsx')
```

「従業員集約.xlsx」を開き、「佐野和也」シートでカラム名が反映されているか確認しましょう。

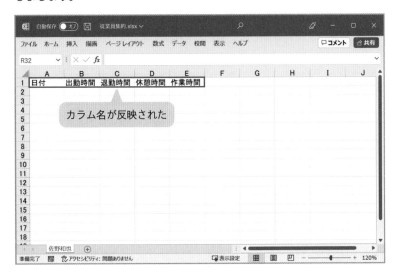

　問題なく反映されていましたね。これでセルに値を入力する方法も習得できました。せっかくなので、セルのカラム（列）幅、書式も指定しましょう。AからE列までの列幅をすべて15に設定します。JupyterLabで新しいセルを作成し、次のコードを入力・実行してください。

セル31 ▶ 列幅を15に設定する

```
ws_members.column_dimensions['A'].width = 15
ws_members.column_dimensions['B'].width = 15
ws_members.column_dimensions['C'].width = 15
ws_members.column_dimensions['Ð'].width = 15
ws_members.column_dimensions['E'].width = 15
```

　コードの1行目は、「『佐野和也』シート（ws_members）のA列（column_dimensions['A']）のカラム幅（width）を15に設定します」という意味です。2行目以降は、対象の列を変えているだけですね。

次のコードで上書き保存したら、Excelファイルを開き直して列幅が変わっているかを確認してみましょう。

セル32 Excelファイルを上書き保存する

```
wb_members.save('従業員集約.xlsx')
```

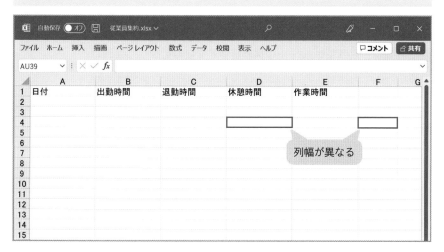

列幅が異なる

「従業員集約.xlsx」を開いてみると、指定通り列幅が変わっていることが確認できますね。

> 今回設定した「**15**」という数値は、「半角文字 **15** 文字まで入る幅」を意味しています。文字サイズや画像サイズの設定で使う「ポイント」や「ピクセル」という単位ではないので、注意してくださいね。

✓ 勤怠情報を転記しよう

　集約用Excelファイルが準備できたので、取得したデータ（datum）を転記していきましょう。転記するにあたって重要になるのが、「どの行からデータを転記していくか」です。今の状況は、上の図のように、1行目にカラム名が入っているだけです。そのため、2行目以降にデータを入れればいいのですが、次の週のデータを転記するとなった場合は、2行目ではなく9行目からになります。最初の週のデータで7行、使いますからね。

これをしっかり処理するために、シート内の最終行をもとに、転記位置を決定します。つまり、最終行が1行目であれば、2行目からデータを転記し、最終行が8行目であれば9行目から転記していく必要があります。そこでまずは、最終行番号を取得します。

最終行番号は、Sheetオブジェクトが持っているmax_row属性を使用して取得できます。先ほど作成した「佐野和也」シートの最終行番号を取得してみましょう。JupyterLabで新しいセルを作成し、次のコードを入力・実行します。

セル33 「佐野和也」シートの最終行番号を取得する

```
max_row = ws_members.max_row
max_row
```

出力結果

```
1
```

取得できましたね。これは「佐野和也」シート（ws_members）の最終行が1であることを意味します。つまり転記を開始する行は、max_row+1、今回でいうと2行目になりますね。

次に、データの転記、つまり値の入力を行っていきますが、やり方はカラム名を入力したときと同じです。1点異なるのは、ピンポイントでセル番地を指定する方法ではなく、行番号、列番号を指定する方法で進めていくことです。

もう少しかみくだいて説明しましょう。A1セルに値を入力するときは、次のように記述しましたよね。

A1セルに値を入力する方法①

```
ws_members['A1'].value = ○○
```

これとは別に、次のような書き方でセルを指定することもできます。

A1セルに値を入力する方法②

```
ws_members.cell(row=1, column=1).value = ○○
```

②は、cell()メソッドの引数にrow（行番号）とcolumn（列番号）を指定します。どちらも同じくA1セルに値を入力する方法ですが、②の行番号・列番号を指定する

方法のほうがfor文と組み合わせやすそうです。キーワード引数の`row`、`column`に数値を指定すればいいだけですからね。

①の方法だと、'A1' のように文字列でセルを指定するから、柔軟にセルの指定ができないってことですか？

そうなんだ。1つ目の指定方法でも for 文と組み合わせることはできるけれど、**f-strings（P.37）** を用いたりする必要があるので、少しややこしい書き方になるんだよね。

なるほど。それじゃ値を取り出したり入力したりするときは、基本的に **cell()** メソッドを使ったほうがよさそうですね。

それが必ずしもそうではないんだ。カラム名を入力したときのように、ピンポイントで特定のセルの場所を指定したいときは、**A1** や **C3** と書いたほうが確実だよ。後から見直したときにわかりやすいしね。

では、②の行番号・列番号を指定する方法とfor文を組み合わせて、7行（日分）×5列の値を入力していきます。コードのイメージを図に表すと、次のようになります。

1つ目の for 文

max_row（最終行）
 max_row+1
 max_row+2
 max_row+3
 max_row+4
 max_row+5
 max_row+6
 max_row+7
 ‖
max_row+row_num

情報を取得したときと同じように、for文を2つ用います。JupyterLabに新しいセルを作成し、次のコードを入力・実行します。

```
# row_num に 1 ～ 7 の値が順番に入る
for row_num in range(1, 8):
    # column_num に 1 ～ 5 の値が順番に入る
    for column_num in range(1,6):
        # リストは 0 番目から始まるので -1 する
        ws_members.cell(
            row=max_row+row_num, column=column_num
        ).value = datum[row_num-1][column_num-1]
```

> range() 関数。
> 引数が 1, 8 なら 1 番目から 8 番目の前 (7) までの値を取得する

　range関数を使い、range(1, 8)とすることで変数row_numには1 ～ 7の値が、range(1, 6)とすることで変数column_numには1 ～ 5の値が順に代入されます。

　また、最終行＋1 ～ 7行目を扱っているのが1つ目のfor文で、1 ～ 5列目までを2つ目のfor文で処理しています。

　最後の行で注目すべきは、代入文の右辺（=の右側）にあるdatum[row_num-1][column_num-1]です。row_num、column_numはともに1スタートで始まっていますが、リストは要素（インデックス番号）を0から順に指定します。そのため、row_num-1、column_num-1と記述しているのです。

Column_num		1	2	3	4	5
row_num		0	1	2	3	4
1	0	2022-01-31	None	None	None	None
2	1	2022-02-01	11:30:00	19:30:00	01:00:00	07:00:00
3	2	2022-02-02	0		01:00:00	10:00:00
4	3	2022-02-03	0		01:00:00	09:30:00
5	4	2022-02-04	0		01:00:00	08:00:00
6	5	2022-02-05	08:30:00	21:00:00	01:00:00	11:30:00
7	6	2022-02-06	09:30:00	21:30:00	01:00:00	11:00:00

Column_num-1

変数 datum

row_num-1

コードの意味、理解できたでしょうか？　順番に手を動かし、Excelファイルと照らし合わせながら、自分のペースで理解を深めていきましょう。

では、変更を反映し、中身を確認してみます。JupyterLabで次のコードを実行してください。

セル35 Excelファイルを上書き保存する

```
wb_members.save(' 従業員集約 .xlsx')
```

セルを実行したら、「従業員集約.xlsx」を開いて確認してみましょう。

	A	B	C	D	E	F
1	日付	出勤時間	退勤時間	休憩時間	作業時間	
2	#############					
3	#############	11:30:00	19:30:00	1:00:00	7:00:00	
4	#############	8:30:00	19:30:00	1:00:00	10:00:00	
5	#############	9:30:00	20:00:00	1:00:00	9:30:00	
6	#############	9:30:00	18:30:00	1:00:00	8:00:00	
7	#############	8:30:00	21:00:00	1:00:00	11:30:00	
8	#############	9:30:00	21:30:00	1:00:00	11:00:00	
9						
10						
11	日付形式（年/月/日）に変更		時刻形式（時：分）に変更			
12						
13						
14						
15						
16						
17						

値は想定通り入力されていますが、値の表示方法には改善の余地があります。

まず1列目は、カラム幅が狭く、値がきちんと表示されていません。これは、「2022-01-31 0:00:00」のように、日付と時刻が一緒に表示されており、広い表示領域を必要とするため。Excelではカラム幅が足りず数値がすべて表示できない場合は、#だけが表示される仕様となっています。つまり、入力されている値自体が間違っているわけではないのです。表示形式を日付（年/月/日）にすれば、必要なカラム幅も狭くなるので解決できます。

もう1つの改善点は、2 〜 5列目の値。ここは不要な秒数部分まで表示されてしまっています。そこで、2 〜 5列目のセルは時刻形式（時：分）にセルの表示形式を変更します。

セルの表示形式は、値の入力と同じ要領で設定できます。セルオブジェクトの末尾に.number_formatをつけ、右辺に変更したい表示形式を指定すればOKです。今回の場合は、次のコードのように実装します。

```
# 日付形式
ws_members.cell(
    row=max_row+row_num, column=column_num
).number_format = 'yy/mm/dd'
# 時刻形式
ws_members.cell(
    row=max_row+row_num, column=column_num
).number_format = 'h:mm'
```

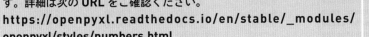

指定できる表示形式は **openpyxl** のドキュメントにまとめられています。詳細は次の **URL** をご確認ください。
https://openpyxl.readthedocs.io/en/stable/_modules/openpyxl/styles/numbers.html

　セル34のExcelファイルにデータを書き込むコードに、フォーマットを変更するコードも加えましょう。セル34を編集し、次のようにコードを変更して実行します。

セル37 for文に表示形式を変更するコードを加える

```
for row_num in range(1, 8):
    for column_num in range(1,6):
        # 1列目は日付形式、それ以外は時刻形式、という条件分岐
        if column_num == 1:
            ws_members.cell(
                row=max_row+row_num, column=column_num
            ).number_format = 'yyyy/m/d'
        else:
            ws_members.cell(
                row=max_row+row_num, column=column_num
            ).number_format = 'h:mm'
        ws_members.cell(
            row=max_row+row_num, column=column_num
```

```
          ).value = datum[row_num-1][column_num-1]
wb_members.save('従業員集約 .xlsx')
```

「従業員集約.xlsx」を開いて、書式設定が反映されているか確認してみましょう。

	A	B	C	D	E	F
1	日付	出勤時間	退勤時間	休憩時間	作業時間	
2	2022/1/31					
3	2022/2/1	11:30	19:30	1:00	7:00	
4	2022/2/2	8:30	19:30	1:00	10:00	
5	2022/2/3	9:30	20:00	1:00	9:30	
6	2022/2/4	9:30	18:30	1:00	8:00	
7	2022/2/5	8:30	21:00	1:00	11:30	
8	2022/2/6	9:30	21:30	1:00	11:00	
9						
10						
11						
12						
13						
14						

しっかりと反映されていますね。

✔ 一連のコードをまとめる

ここまでのコードで、しっかりと値を転記し、セルの表示形式も適切に設定することができました。ひとまず1人分のデータを集約用Excelファイルに移せたということになります。これらの転記に必要な一連のコードを、1つのセルにまとめましょう。

その際に、いくつかの変更点を加えます。具体的な変更点は2つです。

1 集約用Excelファイルを作成する処理から、読み込む処理に変更する

2 集約用Excelファイル内にシートが作成ずみかどうかで条件分岐する

まずは①の「集約用Excelファイルを作成する処理から、読み込む処理に変更する」から見ていきましょう。先ほどは「従業員集約.xlsx」を作成しましたが、すでに作成ずみであるため、「従業員集約.xlsx」を読み込む処理に変更します。

変更前

```
wb_members = openpyxl.Workbook()
wb_members.save('従業員集約 .xlsx')
```

変更後

```
wb_members = openpyxl.load_workbook(
    '従業員集約.xlsx', data_only=True)
```

　次は②「集約用Excelファイル内にシートが作成ずみかどうかで条件分岐する」の処理を追加します。2週目以降で勤怠情報を転記する際は、「シートの作成」「カラム名の設定」「カラム幅の設定」の処理はすでに設定ずみなので、不要です。これらはすべて、初回（1週目）のみ行う処理となります。

　そこで、処理対象となるシートが作成されているかどうかで条件分岐を行う処理を書き加えます。

加えた処理

```
if name not in wb_members.sheetnames:
    # シートが作成されていなかったときの処理
```

　wb_members.sheetnamesでExcelファイル（wb_members）内のシート名（sheetnames）をリストで取得し、その中に氏名がなければ（name not in）処理を行う、というif文になります。inを用いることでリストの中にある要素かどうかを判定できます。この演算子の使い方は簡単で、inの前に文字列等の値、後ろにリストやタプルを置きます。以下のように、値がリストやタプルに含まれる場合はTrue（上の例）、含まれない場合はFalse（下の例）が出力されます。

inの使用例

```
'a' in ['a', 'b', 'c'] # -> True
'd' in ['a', 'b', 'c'] # -> False
```

　今回の場合は、not inと記述してTrueとFalseを逆転させています。つまり、値（名前）がリスト（シート名の一覧）に含まれる場合はFalse、含まれない場合はTrueが出力されることとなります。

　これで一連の処理をまとめることができます。全体のコードを見てみましょう。

セル38 まとめたコード

```
import openpyxl
```

```python
from glob import glob
import datetime
```

データを集約するコードに pandas は使用しないため、まとめでは pandas をインポートしていません

```python
#   ＜--- 必要な情報の取得 ---＞
file_paths = glob('src/20220131/*.xlsx')
file_path = file_paths[0]
wb = openpyxl.load_workbook(file_path, data_only=True)
ws = wb['timesheet']

name = ws['C3'].value
datum = []
for row in ws['B6:F12']:
    row_datum = []
    for cell in row:
        basis_date = datetime.datetime(1899, 12, 30, 0, 0)
        if cell.value == basis_date:
            row_datum.append(None)
        else:
            row_datum.append(cell.value)
    datum.append(row_datum)

#   ＜--- 勤怠情報の転記 ---＞
# 作成ずみの「従業員集約.xlsx」を読み込む形に変更
wb_members = openpyxl.load_workbook(
    '従業員集約.xlsx', data_only=True)

# シートが作成ずみかどうかで条件分岐
if name not in wb_members.sheetnames:
    # シートが作成されていなかったら作成し、カラム名、カラム幅を設定
    wb_members.create_sheet(title=name)
    ws_members = wb_members[name]

    ws_members['A1'].value = '日付'
```

```python
    ws_members['B1'].value = '出勤時間'
    ws_members['C1'].value = '退勤時間'
    ws_members['D1'].value = '休憩時間'
    ws_members['E1'].value = '作業時間'

    ws_members.column_dimensions['A'].width = 15
    ws_members.column_dimensions['B'].width = 15
    ws_members.column_dimensions['C'].width = 15
    ws_members.column_dimensions['D'].width = 15
    ws_members.column_dimensions['E'].width = 15

else:
    # シートが作成されていたら、そのシートを読み込む
    ws_members = wb_members[name]

max_row = ws_members.max_row

for row_num in range(1, 8):
    for column_num in range(1,6):
        if column_num == 1:
            ws_members.cell(
                row=max_row+row_num, column=column_num
            ).number_format = 'yyyy/m/d'
        else:
            ws_members.cell(
                row=max_row+row_num, column=column_num
            ).number_format = 'h:mm'
        ws_members.cell(
            row=max_row+row_num, column=column_num
        ).value = datum[row_num-1][column_num-1]

wb_members.save('従業員集約.xlsx')
```

これで1人分の勤怠情報集約が完了しました。

 コードが長くて頭が混乱しそう……。ちゃんと理解して実装できるか、ちょっと不安です。

全体を見るとかなり長いコードのように思えるけれど、1行1行は今まで説明してきたコードなんだ。各行のコードが何を行っているのか確認してみると復習にもなるよ。

 なるほど！　やってみます！

あとは集約のコードを書くだけ。自動化まであと一歩だよ！

全員の勤怠情報を1つのファイルに集約しよう

✓ 全員を対象とするコードに書き換える

残りの従業員分も「従業員集約.xlsx」に集約しましょう。先ほどまとめた一連のコード（セル38）を少し変えるだけで完成してしまいます。主な変更点は2つです。

① 「従業員集約.xlsx」を先に読み込んでおく

② file_path部分を**for文**に書き換える

まずは、①「『従業員集約.xlsx』を先に読み込んでおく」から取りかかりましょう。「従業員集約.xlsx」を読み込むコードをfor文の中で毎回呼び出さなくてもすむようにfor文の外で先に読み込んでおきます。

②の「file_path部分をfor文に書き換える」では、複数のファイルパスが入ったリスト変数file_pathsから1つ目の要素を取り出し、file_pathに代入していた処理をfor文に書き換えます。file_pathsに入っているファイルパスが順にfile_pathに代入され、処理されていきます。

変更前と変更後のコードを比較して、どのように書き換えるのか確認してみましょう。

変更前

```python
import openpyxl
from glob import glob
import datetime


#   < --- 必要な情報の取得 --- >
file_paths = glob('src/20220131/*.xlsx')
file_path = file_paths[0]
wb = openpyxl.load_workbook(file_path, data_only=True)
ws = wb['timesheet']
```

変更後

```
import openpyxl
from glob import glob
import datetime


#   < --- 必要な情報の取得 --- >
file_paths = glob('src/20220131/*.xlsx')
# 変更部分：従業員集約 .xlsx の読み込みを上部に移動
wb_members = openpyxl.load_workbook(
    '従業員集約 .xlsx', data_only=True)
for file_path in file_paths:
    wb = openpyxl.load_workbook(file_path, data_only=True)
    ws = wb['timesheet']
```

for 文の外で読み込む
コードを書く

file_path から 1 つずつ取り出す for 文に変更する

以下のコードはインデントをする

　書き換えたコードの全体像も確認してみましょう。JupyterLabでセル38を編集し、次のように書き換えたら実行してください。

セル39 for文で全Excelファイルの情報を集約する

```
import openpyxl
from glob import glob
import datetime


#   < --- 必要な情報の取得 --- >
file_paths = glob('src/20220131/*.xlsx')
# 変更部分：従業員集約 .xlsx の読み込みを上部に移動
wb_members = openpyxl.load_workbook(
    '従業員集約 .xlsx', data_only=True)
for file_path in file_paths:
    wb = openpyxl.load_workbook(file_path, data_only=True)
    ws = wb['timesheet']
```

LESSON 3 Excel 業務の効率化

```python
name = ws['C3'].value
datum = []
for row in ws['B6:F12']:
    row_datum = []
    for cell in row:
        basis_date = datetime.datetime(1899, 12, 30, 0, 0)
        if cell.value == basis_date:
            row_datum.append(None)
        else:
            row_datum.append(cell.value)
    datum.append(row_datum)

# ＜--- 勤怠情報の転記 --- ＞
# シートが作成ずみかどうかで条件分岐
if name not in wb_members.sheetnames:
    # シートが作成されていなかったら作成し、カラム名、カラム幅を設定
    wb_members.create_sheet(title=name)
    ws_members = wb_members[name]

    ws_members['A1'].value = ' 日付 '
    ws_members['B1'].value = ' 出勤時間 '
    ws_members['C1'].value = ' 退勤時間 '
    ws_members['Ð1'].value = ' 休憩時間 '
    ws_members['E1'].value = ' 作業時間 '

    ws_members.column_dimensions['A'].width = 15
    ws_members.column_dimensions['B'].width = 15
    ws_members.column_dimensions['C'].width = 15
    ws_members.column_dimensions['Ð'].width = 15
    ws_members.column_dimensions['E'].width = 15

else:
    # シートが作成されていたら、そのシートを読み込む
```

```
        ws_members = wb_members[name]

    max_row = ws_members.max_row


    for row_num in range(1, 8):
        for column_num in range(1,6):
            if column_num == 1:
                ws_members.cell(
                    row=max_row+row_num, column=column_num
                ).number_format = 'yyyy/m/d'
            else:
                ws_members.cell(
                    row=max_row+row_num, column=column_num
                ).number_format = 'h:mm'
            ws_members.cell(
                row=max_row+row_num, column=column_num
            ).value = datum[row_num-1][column_num-1]

    wb_members.save('従業員集約.xlsx')
```

実行したら、「従業員集約.xlsx」を開いて確認してみましょう。

試しに「松本正明」シートを選択

153

しっかりと全員分のシート、勤怠情報が集約できていますね！　最初に処理していた「佐野和也」シートに関しては重複して値が入っているかもしれません。その場合は重複のある行をまるごと削除してしまいましょう。

プログラムの実行時にエラーが起きた場合は、処理対象となる Excel ファイルを開いたままにしていないか確認してください。Excel ファイルをすべて閉じてからコードを実行しないと、ファイルを上書き保存できずエラーとなってしまいます。

7 他の週次フォルダも処理できるようにしよう

✓ Pythonファイルにして他のフォルダにも対応する

前節までで、複数のExcelファイルから情報を収集し、1つのファイルに集約する処理を実装できました。ただし、これは「src/20220131」フォルダ内のファイルのみを対象としています。他の週のフォルダに関しても集約を行っていきたいところですが、今のままでは、毎回JupyterLab上のコードを修正して実行する形になってしまい、面倒です。そこで、Pythonのファイル(.py)にコードをコピペし、ターミナル、PowerShellから実行できる形式にしていきます。

最終的に Python ファイルにするんでしたら、最初から Python のファイルにコードを書けばいいんじゃないですか？

いい質問だね！　たしかに、最初からそうしても全然問題ないんだ。

ですよね！　じゃあ、どうして JupyterLab でこれまでコードを書いてきたんですか？

それはやっぱり試行錯誤がしやすいからだね。いわゆる「対話型」だから、コードを入力したあとすぐに実行結果を確認できて、いろいろ試しやすいんだ。JupyterLab は基本的にセル単位で実行するよね。セルに変数を入力するだけで変数の中身がチェックできるし、ちょっと確認したい処理があった場合にもすぐに実行して確認できる。これが大きなメリットなんだ。

なるほど。JupyterLab でプログラムの大枠を作って、それを Python ファイルに移植すれば、効率的に開発できそうです。

✓ sysモジュールの使い方

　Pythonファイルを作るにあたって必ず覚えておきたいのが、sysモジュールとコマンドライン引数の扱い方です。コマンドライン引数とは、ターミナルでPythonファイルを実行したときに、Pythonに渡される引数のことです。

　そういわれてもイメージしづらいと思うので、具体的な例を挙げて見ていきましょう。今回、完成したPythonファイルをターミナルで実行する際は、次のようにコマンドを入力します。ここでは先ほど集約した週の次の週次フォルダ「src/20220207」を集約したいので、Pythonのプログラムには、aggregate.pyとsrc/20220207の2つの文字列が、コマンドライン引数として渡されます。

実装したいコマンドのイメージ

```
$ python3 aggregate.py src/20220207
```

```
$ python3 aggregate.py src/20220207
          集約処理      集約対象のフォルダ
                       を指定
```

　aggregate.pyは、後ほど説明しますが、ここまでJupyterLabに書きためてきた、集約に必要な処理などが記述されているファイルです。python3（もしくはpython）コマンドの後ろにPythonファイルを指定することで、ファイル内に記述されたプログラムが実行されるのです。

　そして、ファイル名の後ろに、集約対象となる勤怠Excelファイルが入ったフォルダ（上記コマンドの場合はsrc/20220207）を指定することで、集約対象のExcelファイルを変更することができます。たとえば、src/20220207をコマンドで指定すれば「src/20220207」フォルダ内のファイルを集約しますし、src/202202014をコマンドで指定すれば「src/20220214」フォルダ内のファイルを集約します。このように、コードの中身を書き換えず、コマンドでフォルダを指定できる状態にするのが理想です。

　このしくみを実現するのに必要なのが、sysモジュールです。今まで特定のフォルダ内のファイルパスを読み込むコードは、file_paths = glob('src/20220131/*.xlsx')のように記述していましたが、src/20220131の部分をコマンド実行時に柔軟に指定できるよう変更を加えていきます。

といっても、それほど大きな変更は必要ありません。これまで作り込んできたコードの最初のほうを少し調整するだけで、コマンドライン引数を取得するコードに変更することができます。こまかな解説に入る前に、どのように変更するのか見てみましょう。

【現状】JupyterLab

毎回フォルダを指定するために中身を書き換える必要がある

```
file_paths = glob('src/20220207/*.xlsx')
```

【理想】ターミナル（または PowerShell）

コマンド実行時に指定する形式にすれば、コードの書き換えが不要

```
$ python3 aggregate.py src/20220207
```

```
file_paths = glob(f'{ 変数 }/*.xlsx')
```

元のコード

```
import openpyxl
from glob import glob
import datetime


#   < --- 必要な情報の取得 --- >
file_paths = glob('src/20220131/*.xlsx')
```

sysでコマンドライン引数を取得するコード

```
import openpyxl
from glob import glob
import datetime


# 追加
import sys
args = sys.argv          追加する部分


#   < --- 必要な情報の取得 --- >
file_paths = glob(f'{args[1]}/*.xlsx')
```

コマンドライン引数は、sysモジュールのargv属性で取得できます。追加したコードを見ると、取得した結果はargsにリスト形式で格納されており、args[0]は実行ファイル名、args[1]に1つ目のコマンドライン引数が入っている状態です。そのため、f-stringsを使って、file_pathsの中にargs[1]（フォルダのパス）を差し込めば、コマンド実行時に指定したフォルダ内のファイルを取得できるようになります。

```
args = sys.argv

                 args[0]            args[1]
$ python3 aggregate.py  src/20220207
         実行ファイル    コマンドライン引数

file_paths = glob(f'{args[1]}/*.xlsx')
                          ‖
                     src/20220207
```

この内容をもとに、作業フォルダ内にPythonファイル「aggregate.py」を作成し、コードを移しましょう。

JupyterLabで左のサイドバーを開き、右クリックで「New File」を選択、「aggregate.py」という名前でファイルを作成し、そのファイルをダブルクリックしてエディタウィンドウに開きましょう。開いたファイル内にコードを記述します。

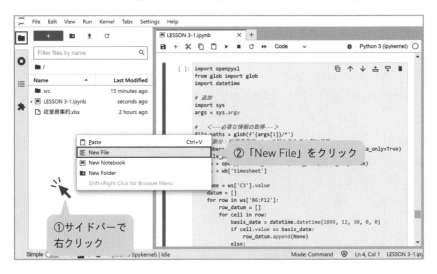

　記述するコードの内容は次のとおりです。セル39のコードをコピーし、コメント
を参考に一部を変更してください。

Pythonファイル ▶ aggregate.py

```
import openpyxl
from glob import glob
import datetime

# 追加
import sys
args = sys.argv

#  < --- 必要な情報の取得 --- >
file_paths = glob(f'{args[1]}/*')
# 変更部分：従業員集約.xlsx の読み込みを上部に移動
wb_members = openpyxl.load_workbook(
    '従業員集約.xlsx', data_only=True)
for file_path in file_paths:
    wb = openpyxl.load_workbook(file_path, data_only=True)
```

```python
ws = wb['timesheet']

name = ws['C3'].value
datum = []
for row in ws['B6:F12']:
    row_datum = []
    for cell in row:
        basis_date = datetime.datetime(1899, 12, 30, 0, 0)
        if cell.value == basis_date:
            row_datum.append(None)
        else:
            row_datum.append(cell.value)
    datum.append(row_datum)

#    ＜ --- 勤怠情報の転記 --- ＞
# シートが作成ずみかどうかで条件分岐
if name not in wb_members.sheetnames:
    # シートが作成されていなかったら作成し、カラム名、カラム幅を設定
    wb_members.create_sheet(title=name)
    ws_members = wb_members[name]

    ws_members['A1'].value = '日付'
    ws_members['B1'].value = '出勤時間'
    ws_members['C1'].value = '退勤時間'
    ws_members['Đ1'].value = '休憩時間'
    ws_members['E1'].value = '作業時間'

    ws_members.column_dimensions['A'].width = 15
    ws_members.column_dimensions['B'].width = 15
    ws_members.column_dimensions['C'].width = 15
    ws_members.column_dimensions['Đ'].width = 15
    ws_members.column_dimensions['E'].width = 15
```

```
    else:
        # シートが作成されていたら、そのシートを読み込む
        ws_members = wb_members[name]

    max_row = ws_members.max_row

    for row_num in range(1, 8):
        for column_num in range(1,6):
            if column_num == 1:
                ws_members.cell(
                    row=max_row+row_num, column=column_num
                ).number_format = 'yyyy/m/d'
            else:
                ws_members.cell(
                    row=max_row+row_num, column=column_num
                ).number_format = 'h:mm'
            ws_members.cell(
                row=max_row+row_num, column=column_num
            ).value = datum[row_num-1][column_num-1]

    wb_members.save('従業員集約.xlsx')

# 追加
print('集約完了')
```

　コマンド引数からファイルを取得するコードに加え、最終行に集約が完了したことを出力する命令print('集約完了')も加えました。

「aggregate.py」にコードを記述し保存できたら、ターミナルやPowerShell、もしくはJupyterLab内のターミナルで次のコマンドを実行し、プログラムを動かしてみましょう。JupyterLab内でターミナルを起動するには、画面左上の ＋ をクリックし、Launcherから「Terminal」をクリックします。

ターミナルが起動できたら、次のコマンドを実行してみましょう。

ターミナル Windowsでコマンドを実行する場合

```
> python aggregate.py src/20220207
```

ターミナル Macでコマンドを実行する場合

```
$ python3 aggregate.py src/20220207
```

エラーが発生することなく、「集約完了」と表示されたら成功です。「従業員集

約.xlsx」を開き、2022年2月7日の週のデータが追加されているかどうかも確認しましょう。

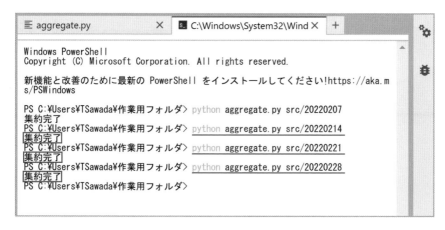

しっかりと追加されていましたね！ これでコードのPythonファイル化も完了しました。他のフォルダを処理する場合も、コマンドライン引数のフォルダ名を変更すればいいだけなので楽です。

```
Windows PowerShell
Copyright (C) Microsoft Corporation. All rights reserved.

新機能と改善のために最新の PowerShell をインストールしてください!https://aka.m
s/PSWindows

PS C:¥Users¥TSawada¥作業用フォルダ> python aggregate.py src/20220207
集約完了
PS C:¥Users¥TSawada¥作業用フォルダ> python aggregate.py src/20220214
集約完了
PS C:¥Users¥TSawada¥作業用フォルダ> python aggregate.py src/20220221
集約完了
PS C:¥Users¥TSawada¥作業用フォルダ> python aggregate.py src/20220228
集約完了
PS C:¥Users¥TSawada¥作業用フォルダ>
```

すべてのフォルダの処理が完了したら、「従業員集約.xlsx」を開き、5週分のデータがしっかりと集約されているか確認しておきましょう。次の画像のようになっていればOKです。

LESSON 3

Excel業務の効率化

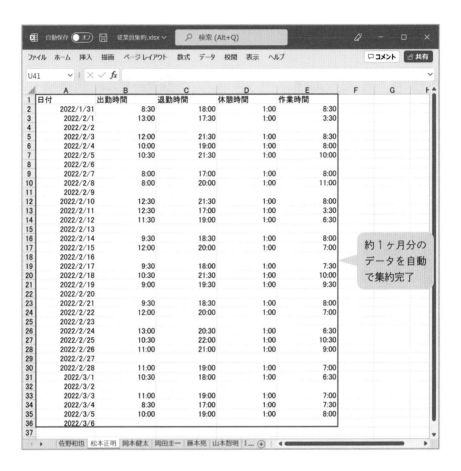

	A	B	C	D	E	F	G	H
1	日付	出勤時間	退勤時間	休憩時間	作業時間			
2	2022/1/31	8:30	18:00	1:00	8:30			
3	2022/2/1	13:00	17:30	1:00	3:30			
4	2022/2/2							
5	2022/2/3	12:00	21:30	1:00	8:30			
6	2022/2/4	10:00	19:00	1:00	8:00			
7	2022/2/5	10:30	21:30	1:00	10:00			
8	2022/2/6							
9	2022/2/7	8:00	17:00	1:00	8:00			
10	2022/2/8	8:00	20:00	1:00	11:00			
11	2022/2/9							
12	2022/2/10	12:30	21:30	1:00	8:00			
13	2022/2/11	12:30	17:00	1:00	3:30			
14	2022/2/12	11:30	19:00	1:00	6:30			
15	2022/2/13							
16	2022/2/14	9:30	18:30	1:00	8:00			
17	2022/2/15	12:00	20:00	1:00	7:00			
18	2022/2/16							
19	2022/2/17	9:30	18:00	1:00	7:30			
20	2022/2/18	10:30	21:30	1:00	10:00			
21	2022/2/19	9:00	19:30	1:00	9:30			
22	2022/2/20							
23	2022/2/21	9:30	18:30	1:00	8:00			
24	2022/2/22	12:00	20:00	1:00	7:00			
25	2022/2/23							
26	2022/2/24	13:00	20:30	1:00	6:30			
27	2022/2/25	10:30	22:00	1:00	10:30			
28	2022/2/26	11:00	21:00	1:00	9:00			
29	2022/2/27							
30	2022/2/28	11:00	19:00	1:00	7:00			
31	2022/3/1	10:30	18:00	1:00	6:30			
32	2022/3/2							
33	2022/3/3	11:00	19:00	1:00	7:00			
34	2022/3/4	8:30	17:00	1:00	7:30			
35	2022/3/5	10:00	19:00	1:00	8:00			
36	2022/3/6							
37								

約1ヶ月分の
データを自動
で集約完了

佐野和也　松本正明　岡本健太　岡田圭一　藤本亮　山本智明　1...

8 1人分の月次データを集計しよう

⇒動画もチェック

✔ 集計データの完成イメージを固めておこう

　次は、集約ずみの「従業員集約.xlsx」を用いて、月次の集計データを作っていきましょう。今回は2022年2月分の月次データをまとめます。完成形は次の画像のように、1行に「氏名」と「合計作業時間」の2つのデータが入っている状態を想定しています。

✔ Excelファイルの読み込み

　さっそくコードを書いて、氏名と作業時間合計を取得しましょう。まずは、「従業員集約.xlsx」を読み込むために、**openpyxl**をインポートします。

ここからは、新しいノートブックで作業を進めていきます。JupyterLabで新しいノートブックを作成し、次のコードを入力・実行してください。

セル40 openpyxlをインポートする

```
import openpyxl
```

まずは集約用のExcelファイル「従業員集約.xlsx」を読み込みます。新しいセルを作成し、次のコードを入力・実行してください。

セル41 集計用のExcelファイルを読み込む

```
wb_members = openpyxl.load_workbook('従業員集約.xlsx', data_only=True)
```

> 集計の処理コードでは、集約の処理と同じ変数名を基本的に使っています。このプログラムは最終的に別ファイル（「**summary.py**」）にまとめるので、変数名がかぶっていても特に問題ないのですが、**JupyterLab**のノートブックでは誤作動が起こりかねません。新しいノートブックを作って、そちらに集計処理のコードを書くことをおすすめします。

現在作成されているシート名も確認してみましょう。Workbookオブジェクトに対し、.sheetnames属性をつけることで取得できるのでしたね。次のコードをJupyterLabの新しいセルに入力し、実行してみてください。

セル42 シート名を確認する

> Windows で実行すると、リスト内の名前の順番が変わることもあります

```
wb_members.sheetnames
```

出力結果

```
['佐野和也', '松本正明', '岡本健太', '岡田圭一', '藤本亮', '山本
智明', '鈴木満', '岡本健二', '小林正弘', '斉藤尊']
```

このようにシート名が従業員名になっていることが確認できます。これら一連のシート名をリスト変数namesに代入し、1つ目のシート（佐野和也）をもとに処理を書いていきます。

JupyterLabに新しいセルを作成し、次のコードを入力・実行してください。

```
names = wb_members.sheetnames
names
```

出力結果

```
['佐野和也', '松本正明', '岡本健太', '岡田圭一', '藤本亮', '山本
智明', '鈴木満', '岡本健二', '小林正弘', '斉藤尊']
```

1つ目の要素（シート）をnameという変数に代入しましょう。次のコードを
JupyterLabの新しいセルに入力し、実行します。

セル44 1つ目のシート名を変数nameに代入する

```
name = names[0]
name
```

出力結果

```
'佐野和也'
```

これで集約用のExcelに掲載する1つ目の情報「氏名」を取得できました。

✓ 2月分のデータを取得しよう

2022年2月分の作業時間合計を取得するためにも、シート内の作業時間を取得す
る必要があります。2022年2月分のデータは次の画像を見るとわかるように、A3 〜
E30の範囲、つまりA3:E30に格納されていますね。

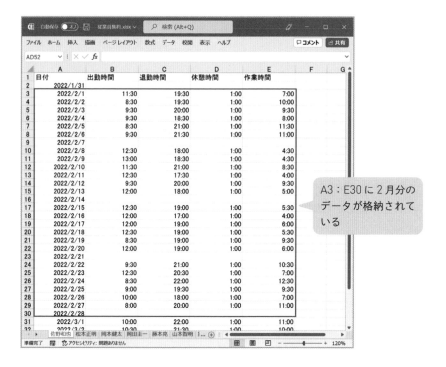

A3：E30 に 2 月分の
データが格納されて
いる

では、このセル番地をピンポイントで指定してデータを取得すべきでしょうか？
答えはNoです。

他のシートも「佐野和也」シートと同じように、2022年1月31日分のデータから入っ
ているとは限りませんから、月が変わるごとに毎回Excelファイルを開いて、セル番
地を確認し、コードを書き直さなければいけません。どう考えても面倒ですよね。

そこで、シートに入っているデータをいったんすべて取得し、取得したデータを特
定の期間で絞って条件抽出する流れにしたいと思います。

セル番地を指定して 特定の期間のデータを取得 ❌	シート内の全データを取得して 条件抽出する ⭕
①セル番号を毎回確認してから 指定する必要がある ②従業員によってセル番号が 異なる可能性もある	・左記①②を気にせず、効率よく 進められる

今回は、pandasで最初から「従業員集約.xlsx」の全シート内のデータを一気に取得しましょう。これは、openpyxlでデータを取得すると、「セルを取得→そのセルから値を取得→値をpandasのDataFrame型へ変換→日付で絞って条件抽出」という流れを踏む必要があるためです。pandasでExcelのデータを取得して、そのまま日付で絞り込みをかけることで、効率的なコードにしていきましょう。

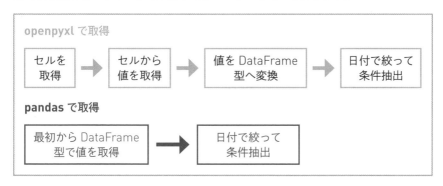

まずは、pandasをインポートします。JupyterLabで新しいセルを作成し、次のコードを入力・実行してください。

セル45 pandasをインポートする

```
import pandas as pd
```

Excelファイルを読み込むには、pandasの**read_excel()**メソッドを実行します。引数には、Excelファイルのパスとシート名を指定すればOKです。JupyterLabで新しいセルを作成し、次のコードを入力・実行しましょう。

セル46 read_excel()でExcelファイルを読み込む

```
# name には佐野和也が入っている
df = pd.read_excel('従業員集約 .xlsx', sheet_name=name)
```

> エラーが発生することなく、しっかりと読み込めましたか？ もしエラーが出てしまった場合は、**Excel** のファイルパスが合っているか、**sheet_name** で指定したシート名は存在するかを確認してみてください。

では、先頭5行だけ表示してみましょう。head()関数を使います。関数を呼び出して使うときは最初に**df.**と記述します。JupyterLabで新しいセルを作成し、次のコードを入力・実行します。

セル47 Excelファイルの先頭5行を読み込む

```
df.head()
```

	日付	出勤時間	退勤時間	休憩時間	作業時間
0	2022-01-31	None	None	None	None
1	2022-02-01	11:30:00	19:30:00	01:00:00	07:00:00
2	2022-02-02	08:30:00	19:30:00	01:00:00	10:00:00
3	2022-02-03	09:30:00	20:00:00	01:00:00	09:30:00
4	2022-02-04	09:30:00	18:30:00	01:00:00	08:00:00

> None の代わりに NaN が表示される場合もあります

「佐野和也」シートの値が取得できていますね。次に、この全データから2022年2月分のデータのみを抽出します。いくつか方法はありますが、今回は取得するデータの開始日と終了日を指定する形で取得したいと思います。2022年2月分の場合、開始日が2022年2月1日、終了日が2022年2月28日となりますので、この2つの値をいったん用意してみましょう。まずは、日付を扱うdatetimeをインポートします。新しいセルを作成し、次のコードを入力・実行してください。

セル48 datetimeをインポートする

```
import datetime
```

datetime.date(年, 月, 日)のような形式で、開始日のdateオブジェクトを作成し、変数start_dateに代入します。

セル49 開始日を取得する

```
year = 2022
month = 2
```

```
start_date = datetime.date(year, month, 1)
start_date
```

出力結果

```
datetime.date(2022, 2, 1)
```

　問題なさそうですね。終了日も同じ要領で取得したいところですが、ここでひと工夫しておきましょう。2022年2月28日をピンポイントで取得するのではなく、翌月（3月）1日の前日（1日前）を取得します。

　なぜ、このような一見、まわりくどい方法を採るのでしょうか？　というのも、最終日が28日の月もあれば、30日の月もあり、31日の月もあります。どの場合であっても、年（year）と月（month）さえわかれば、特定の日付を指定しなくても、月の最終日を取得できるからです。

　日付の計算にはdatetime.timedelta()を用います。次のようにコードを記述することで、2022年3月1日から1日（days=1）引いた（-）日付を取得することができます。JupyterLabで新しいセルを作成し、次のコードを入力・実行しましょう。

セル50　2月の最終日を計算する

```
# 3月1日から1日差し引いた日付を取得
end_date = (datetime.date(year, month+1, 1)
            - datetime.timedelta(days=1))
end_date
```

出力結果

```
datetime.date(2022, 2, 28)
```

　ちゃんと2月の最終日である28日の日付を取得できましたね。

　では、開始日（start_date）、終了日（end_date）を指定して条件判定を行いましょう。判定方法は簡単です。変数dfの日付カラムの日付と、開始日・終了日を比較し、start_date以降かつend_date以前となるように条件式を指定しましょう。

　まずは、開始日以降の日付に該当するかどうかを判定するコードを書いてみます。JupyterLabで新しいセルを作成し、次のコードを入力・実行しましょう。

セル51 開始日以降の日付か判定する

```
df['日付'].dt.date >= start_date
```

出力結果

```
0      False
1       True
2       True
3       True
4       True
5       True
6       True
7       True
27      True
28      True
29      True
30      True
31      True
32      True
33      True
34      True
Name: 日付, dtype: bool
```

> 比較演算子で日付を比較しているので、
> True もしくは False のどちらかの値を
> 取る bool 型の値が出力されます

　データフレームの特定の列にアクセスしたい場合は、辞書型データのようにカラム名を指定します。ここでは「日付」列のデータにアクセスするため、df['日付']と記述します。また、取得した列の各値が変数start_date以上か判定するには、df['日付'] >= start_dateのように、比較演算子を使って条件式を作ります。すると、「日付」列の値が変数start_date以降の場合はTrue、そうでない場合はFalseが表示されます。途中を省略していますが、開始日以降の日付に該当するものがTrue、該当しない日付がFalseになっています。最初の値のみがFalseになっているのは、1月31日の値なので条件に合致しないことを意味しています。

　コードのdt.dateの部分について説明しましょう。通常であれば、df['日付'] >= start_dateのようにすれば取得できることも多いのですが、df['日付']はdatetime型、start_dateはdate型となっており、比較する2つの値のデータ型が異なっているため、エラーが発生してしまいます。そこで、.dt.dateとすることで、df['日付']をdate型に変換して、データ型をそろえてから比較しています。

```
                    datetime 型  ≠  date 型

            df['日付'] >= start_date

                         │ 型変換
                         ▼

        df['日付'].dt.date >= start_date

                   date 型  =  date 型
```

同じように、終了日以前の日付かどうかも判定してみましょう。

セル52 終了日以前の日付か判定する

```
df['日付'].dt.date <= end_date
```

出力結果

```
0      True
1      True
2      True
3      True
4      True
5      True
6      True
7      True
27     True
28     True
29     False
30     False
31     False
32     False
33     False
34     False
Name: 日付 , dtype: bool
```

最後の6つの値は3月分のデータのため、Falseと判定されていますね。これで、開始日以降の日付、終了日以前の日付かどうかをそれぞれ判定できました。この2つの

条件式をもとに、両方を満たす条件式を&でつないで作成しましょう。各条件式は（）
で囲みます。

セル53 開始日以降かつ終了日以前の日付か判定する

```
(df['日付'].dt.date >= start_date) & (df['日付'].dt.date <= end_date)
```

出力結果

```
0      False
1       True
2       True
3       True
4       True
5       True
6       True
7       True
27      True
28      True
29     False
30     False
31     False
32     False
33     False
34     False
Name: 日付 , dtype: bool
```

　いかがでしょうか？　一見すると2月分だけがTrueになっていそうですが、これだ
けでは判断が難しいですよね。ということで、この条件式をもとに、dfから条件に
合致するデータのみを取得しましょう。**df[条件式]**を記述することで、条件式に合致
したデータのみを抽出することが可能です。

セル54 開始日以降かつ終了日以前のデータを抽出する

```
# df[ 先ほどの条件式 ]
df_filtered = df[(df['日付'].dt.date >= start_date)
                & (df['日付'].dt.date <= end_date)]
df_filtered
```

	日付	出勤時間	退勤時間	休憩時間	作業時間
1	2022-02-01	11:30:00	19:30:00	01:00:00	07:00:00
2	2022-02-02	08:30:00	19:30:00	01:00:00	10:00:00
3	2022-02-03	09:30:00	20:00:00	01:00:00	09:30:00
4	2022-02-04	09:30:00	18:30:00	01:00:00	08:00:00
5	2022-02-05	08:30:00	21:00:00	01:00:00	11:30:00
6	2022-02-06	09:30:00	21:30:00	01:00:00	11:00:00
7	2022-02-07	None	None	None	None
8	2022-02-08	12:30:00	18:00:00	01:00:00	04:30:00
9	2022-02-09	13:00:00	18:30:00	01:00:00	04:30:00
10	2022-02-10	11:30:00	21:00:00	01:00:00	08:30:00
11	2022-02-11	12:30:00	17:30:00	01:00:00	04:00:00
12	2022-02-12	09:30:00	20:00:00	01:00:00	09:30:00
13	2022-02-13	12:00:00	18:00:00	01:00:00	05:00:00
14	2022-02-14	None	None	None	None
15	2022-02-15	12:30:00	19:00:00	01:00:00	05:30:00
16	2022-02-16	12:00:00	17:00:00	01:00:00	04:00:00
17	2022-02-17	12:00:00	19:00:00	01:00:00	06:00:00
18	2022-02-18	12:30:00	19:00:00	01:00:00	05:30:00
19	2022-02-19	08:30:00	19:00:00	01:00:00	09:30:00
20	2022-02-20	12:00:00	19:00:00	01:00:00	06:00:00
21	2022-02-21	None	None	None	None
22	2022-02-22	09:30:00	21:00:00	01:00:00	10:30:00
23	2022-02-23	12:30:00	20:30:00	01:00:00	07:00:00
24	2022-02-24	08:30:00	22:00:00	01:00:00	12:30:00
25	2022-02-25	09:00:00	19:30:00	01:00:00	09:30:00
26	2022-02-26	10:00:00	18:00:00	01:00:00	07:00:00
27	2022-02-27	08:00:00	20:00:00	01:00:00	11:00:00
28	2022-02-28	None	None	None	None

> None の代わりに NaN が
> 表示されることもあります

　しっかりと2月分のデータのみが取得できていますよね！　先ほどの条件式でTrue
になっていた行のみを取得することができました。

☑ 合計作業時間を取得しよう

2月分のデータdf_filteredの作業時間カラムの値を合計し、合計作業時間を算出したいところなのですが、このままでは実はうまく計算ができません。本来、DataFrame型のデータ（df_filtered）やSeries型のdf_filtered['作業時間']にsum()を使用すれば合計値が返ってくるのですが、要素の値がint（整数）型やfloat（浮動小数点数）型のような数値型ではなく、datetime.time型のため、数値型にしか対応していないsum()を用いるとエラーが起きてしまうのです。

> **DataFrame型は縦横二次元のデータ、Series型は一次元のデータです。**
> **前者が表、後者が行もしくは列とイメージするとわかりやすいのではないでしょうか。**

そこで、作業時間カラムの値をすべて整数（int型）に変換してから、sum()で合計値を算出していきます。たとえば、作業時間が8:30（8時間30分）なら、510（分）に変換するのです。

sum()で合計値を算出する

値が int 型または float 型なら sum() で合計値を算出可能		そこで	df_filtered[' 作業時間 '] の各値を整数（int 型）に変換してから、 sum() を用いて 合計値を算出
しかし			
今回は型が datetime.time 型			

int型への変換には**apply()**メソッドを用います。apply()は、DataFrame型やSeries型の各値に何らかの処理を施し、値を変換するメソッドです。今回は、datetime.time型の値を分に相当する整数（int型）に変換するための処理を関数にまとめ、apply()メソッドで実行します。関数にまとめる方法はP.178で解説します。なお、作業時間カラムの値にはNoneが入っている可能性もあるので、datetime.time型とNoneで処理を分けられるように条件分岐も組み込みます。

apply()の使い方

> df_filtered['作業時間'].apply(関数)

=df_filtered の'作業時間'カラムの各値に対して、関数の処理を施す

df_filtered['作業時間']		df_filtered['作業時間'].apply(to_minute)	
1	07:00:00	1	420
2	10:00:00	2	600
3	09:30:00	3	570
4	08:00:00	4	480
5	11:30:00	5	690
6	11:00:00	6	660
7	None	7	0
8	04:30:00	8	270
9	04:30:00	9	270
10	08:30:00	10	510

各値を「分」に相当する整数に変換する関数（to_minute）を自作し、処理を施す

作業時間をint型の値（分）に変換する処理は、自作の**to_minute()**関数に記述します。引数にはvalを設定しますが、これは、df_filtered['作業時間']の各行の値が入ってくることを想定しています。つまり、datetime.time型の値が関数の引数になるわけですね。このvalに対して「分」へ変換する処理を施し、返り値（return）として設定します。

to_minute関数

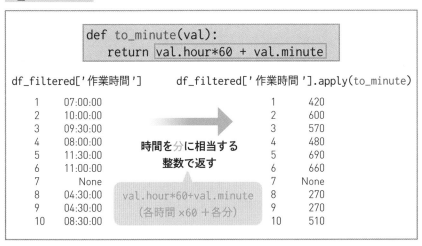

```
def to_minute(val):
    return val.hour*60 + val.minute
```

df_filtered['作業時間']		df_filtered['作業時間'].apply(to_minute)	
1	07:00:00	1	420
2	10:00:00	2	600
3	09:30:00	3	570
4	08:00:00	4	480
5	11:30:00	5	690
6	11:00:00	6	660
7	None	7	None
8	04:30:00	8	270
9	04:30:00	9	270
10	08:30:00	10	510

時間を分に相当する整数で返す

val.hour*60+val.minute
（各時間×60＋各分）

datetime.time型には時間を表すhour属性、分を表すminute属性があるので、これらの属性を用いて分への変換を行っています。時間から分への変換は、小学校の算数で習ったとおり「時間×60」でOKです。

セル55 to_minute関数を定義する

```
# 引数に指定した val は各値になります
def to_minute(val):
    # 時間 ×60+ 分
    return val.hour*60 + val.minute
```

　関数を定義できたところで、df_filtered['作業時間']にto_minute()関数の処理を施しましょう。JupyterLabで新しいセルを作成し、次のコードを入力・実行してみてください。

セル56 作業時間を「分」に変換して出力する

```
df_filtered[' 作業時間 '].apply(to_minute)
```

出力結果

```
AttributeError                          Traceback (most recent
call last)
<ipython-input-18-0e1e9ddb9dd8> in <module>
----> 1 df_filtered[' 作業時間 '].apply(to_minute)
```

　このようにエラーが発生したのではないでしょうか？　これは、作業時間カラムのなかにNone（もしくはNaN）があり、to_minute()関数内でhour属性やminute属性が取り出せないためです。そこで、None（もしくはNaN）が入力されているところには、次のコードを入力・実行してdatetime.time型の00:00:00を入れておきましょう。これなら、to_minute()関数の結果が0（分）となるため、計算結果に影響を与えることもありません。

　None（もしくはNaN）を別の値に置き換えるには、**fillna()**メソッドを使います。引数には、置き換えたい値を指定します。今回は、00:00:00を表すdatetime.time()を指定します。

```
df_filtered[' 作業時間 '].fillna(datetime.time())
```

出力結果

```
1      07:00:00
2      10:00:00
3      09:30:00
4      08:00:00
5      11:30:00
6      11:00:00
7      00:00:00
8      04:30:00
9      04:30:00
10     08:30:00
11     04:00:00
12     09:30:00
13     05:00:00
14     00:00:00
15     05:30:00
16     04:00:00
17     06:00:00
18     05:30:00
19     09:30:00
20     06:00:00
21     00:00:00
22     10:30:00
23     07:00:00
24     12:30:00
25     09:30:00
26     07:00:00
27     11:00:00
28     00:00:00
Name: 作業時間 , dtype: object
```

None（もしくはNaN）がなくなりましたね！　もう一度apply()メソッドを使い、to_minute()関数の処理を適用してみましょう。

179

```
df_filtered['作業時間'].fillna(datetime.time()).apply(to_minute)
```

出力結果

```
1       420
2       600
3       570
4       480
5       690
6       660
7         0
8       270
9       270
10      510
11      240
12      570
13      300
14        0
15      330
16      240
17      360
18      330
19      570
20      360
21        0
22      630
23      420
24      750
25      570
26      420
27      660
28        0
Name: 作業時間, dtype: int64
```

　しっかりと分単位に変換できていますね！　では、このデータに対してsum()メ
ソッドを実行し、合計値を算出しましょう。分単位の合計だとわかりにくいので、合

計値を60で割って時間単位に変換し、変数total_working_hourに代入します。

セル59 合計作業時間を計算する

```python
df_filtered_fillna = df_filtered['作業時間'].fillna(datetime.time())
working_hours = df_filtered_fillna.apply(to_minute)
total_working_hour = working_hours.sum()/60
total_working_hour
```

出力結果

```
187.0
```

187時間という算出結果となりました。これは、佐野和也さんの2022年2月の作業時間を表しています。必要な情報（氏名と合計作業時間）を取得できたので、辞書型（datum）にまとめておきます。

セル60 氏名と合計作業時間を辞書型にまとめる

```python
datum = {
    '氏名': name,
    '合計作業時間': total_working_hour
}
datum
```

出力結果

```
{'氏名': '佐野和也', '合計作業時間': 187.0}
```

✓ 一連の処理をまとめる

1人分の情報をまとめることができたので、全員の情報を取得するためにも、一連の処理をまとめておきます。

セル61 これまでのコードのまとめ

```python
import openpyxl
import pandas as pd
import datetime
```

```python
def to_minute(val):
    # 時間 ×60+ 分
    return val.hour*60 + val.minute

wb_members = openpyxl.load_workbook(
    '従業員集約 .xlsx', data_only=True)
names = wb_members.sheetnames

name = names[0]
df = pd.read_excel('従業員集約 .xlsx', sheet_name=name)

year = 2022
month = 2
start_date = datetime.date(year, month, 1)
end_date = (datetime.date(year, month+1, 1)
            - datetime.timedelta(days=1))

# df[ 条件式 ] で指定期間内のデータを抽出
df_filtered = df[(df[' 日付 '].dt.date >= start_date)
                 & (df[' 日付 '].dt.date <= end_date)]

df_filtered_fillna = df_filtered[' 作業時間 '].fillna(
    datetime.time())
working_hours = df_filtered_fillna.apply(to_minute)
total_working_hour = working_hours.sum()/60

datum = {
    ' 氏名 ': name,
    ' 合計作業時間 ': total_working_hour
}
datum
```

これで1人分の月次データを集計することができました。ここで、コードの流れを振り返っておきます。なお、コードは必ずしも解説の順番通りではありません。最初にimport文をまとめるなど、より効率よく進められる形に変更してあります。

ステップ1　まず、分へ変換する関数to_minute()を定義しておきます。

ステップ2　「従業員集約.xlsx」を読み込み、シート名をリスト形式で取得し、namesに格納します。シート名はすべての従業員名となっているからです。

ステップ3　namesリスト内の1つ目の要素を取得し、nameに代入、そのnameを用いて必要な情報を取得していきます。

ステップ4　pandasのread_excel()でExcelのシートから全データを取得した後、今回必要な2022年2月分データのみを条件抽出します。その条件に必要な開始日（start_date）と終了日（end_date）を準備し、条件式を&演算子でつないで記述しています。その条件に合致したデータをdf_filteredに代入しています。

ステップ5　df_filteredの「作業時間」カラムに取得したい値があるのですが、datetime.time型となっており、そのままでは合計値を算出することができません。そこで、apply()メソッドを用いて、df_filtered['作業時間']の各値にto_minute()内の処理を施します。その「分」に変換されたデータに対して、sum()で合計値を算出します。

　この流れをもとに、全員分の集計データを取得していきましょう。

9 全員分の月次データを 集計しよう

✔ コードを微調整するだけで全員分のデータを集計できる

実は先ほどまとめた処理 (P.181 〜 182) を少し変更すれば、もう全員分の月次デー
タを集計できるようになります。

まず、1つの処理を全体に適用するために、リストの変数から**1つ目の要素を取り
出していたところをfor文に変更**します。これまでのLESSONでも何度か取り上げて
いる流れですね。具体的には次のような変更を行います。

変更前

```
name = names[0]
df = pd.read_excel('従業員集約.xlsx', sheet_name=name)
```

変更後

```
for name in names:    ← for 文に変更する
    df = pd.read_excel('従業員集約.xlsx', sheet_name=name)
    ……
```

また、追記箇所は2つです。1つ目は、for文の直前に data を空で定義している下記
のコードです。data は全員分の集計情報を格納するためのリストです。

追記①：空のリストを変数dataに代入する

```
wb_members = openpyxl.load_workbook(
    '従業員集約.xlsx', data_only=True)
names = wb_members.sheetnames


# 追記①
data = []    ← 空のリストを変数 data に代入する
```

```
for name in names:
    df = pd.read_excel('従業員集約.xlsx', sheet_name=name)
    ……
```

　追記箇所2つ目は、for文の最後に追記する下記のコードです。for文の直前で定義したdataリストに1人分の集計情報が入った辞書型datumを追加します。

追記②：変数dataにdatumを追加する

```
    ……
    datum = {
        '氏名': name,
        '合計作業時間': total_working_hour
    }
    # 追記②
    data.append(datum)
```

変数 datum を宣言

変数 data に datum を追加

　たったこれだけの変更、追記を行うだけで全員分の集計データを取得することができます。それでは、コードの全体像を見てみましょう。変更、追記部分にはコメントを入れています。

セル62　全員分の集計データを取得するコード

```
import openpyxl
import pandas as pd
import datetime

def to_minute(val):
    # 時間×60+分
    return val.hour*60 + val.minute

wb_members = openpyxl.load_workbook(
    '従業員集約.xlsx', data_only=True)
names = wb_members.sheetnames
```

```
# 追記①
data = []
# for 文に修正
for name in names:
    df = pd.read_excel('従業員集約.xlsx', sheet_name=name)

    year = 2022
    month = 2
    start_date = datetime.date(year, month, 1)
    end_date = (datetime.date(year, month+1, 1)
              - datetime.timedelta(days=1))

    # df[条件式]で指定期間内のデータを抽出
    df_filtered = df[(df['日付'].dt.date >= start_date)
                   & (df['日付'].dt.date <= end_date)]

    df_filtered_fillna = df_filtered['作業時間'].fillna(
        datetime.time())
    working_hours = df_filtered_fillna.apply(to_minute)
    total_working_hour = working_hours.sum()/60

    datum = {
        '氏名': name,
        '合計作業時間': total_working_hour
    }
    # 追記②
    data.append(datum)
```

　修正が完了したら、セルを実行してみましょう。エラーが発生することなく、実行できたでしょうか？　JupyterLabで新しいセルを作成し、全員分の集計データが変数dataに入っているかを確認しましょう。

```
data
```

出力結果

```
[{'氏名': '佐野和也', '合計作業時間': 187.0},
 {'氏名': '松本正明', '合計作業時間': 157.0},
 {'氏名': '岡本健太', '合計作業時間': 158.5},
 {'氏名': '岡田圭一', '合計作業時間': 199.0},
 {'氏名': '藤本亮', '合計作業時間': 160.5},
 {'氏名': '山本智明', '合計作業時間': 157.5},
 {'氏名': '鈴木満', '合計作業時間': 190.0},
 {'氏名': '岡本健二', '合計作業時間': 194.5},
 {'氏名': '小林正弘', '合計作業時間': 126.0},
 {'氏名': '斉藤尊', '合計作業時間': 188.0}]
```

問題なく入っていますね！

このままだと見にくいので、pandasのDataFrame型に変換しましょう。JupyterLabで新しいセルを作成し、次のコードを入力・実行します。

セル64 変数dataをDataFrame型に変換する

```
df_summary = pd.DataFrame(data)
df_summary
```

	氏名	合計作業時間
0	佐野和也	187.0
1	松本正明	157.0
2	岡本健太	158.5
3	岡田圭一	199.0
4	藤本亮	160.5
5	山本智明	157.5
6	鈴木満	190.0
7	岡本健二	194.5
8	小林正弘	126.0
9	斉藤尊	188.0

集計表ができあがってきましたね！ あとは、Excelファイルへ出力するだけです。

SECTION 10　集計データをExcelファイルへ出力しよう

✓ 集計用Excelファイルを新規作成する

　最後に、集計データdf_summaryをExcelファイルへ出力します。Excelファイルへ出力する際のシート名は、「2022年2月分」のような形式にします。

　まずは、集計用のExcelファイルを新規作成しましょう。こちらは集約用Excelファイルの作成方法と同様です。

> **セル65**　集計用Excelファイルを新規作成する

```python
wb_summary = openpyxl.Workbook()
# 集計 .xlsx というファイル名で Workbook を保存
wb_summary.save(' 集計 .xlsx')
```

　「作業用」フォルダ内に「集計.xlsx」が作成されているかを確認してみましょう。エラーが発生していなければ問題なく作成されているはずです。

　では、その「集計.xlsx」を再度読み込みましょう。JupyterLabで新しいセルを作成し、次のコードを入力・実行します。

> **セル66**　Excelファイルを読み込む

```python
# 集計 .xlsx ファイルを読み込む
wb_summary = openpyxl.load_workbook(' 集計 .xlsx', data_only=True)
```

　f-stringsを用いて、「2022年2月分」というシートを作成しましょう。次のコードを入力・実行します。

> **セル67**　「2022年2月分」シートを作成する

```python
# 作成した「2022 年 2 月分」シートを変数 ws_summary に代入
ws_summary = wb_summary.create_sheet(title=f'{year} 年 {month} 月分 ')
```

sheetnames属性でシート名の一覧を出力し、「2022年2月分」シートが作成され
ているか確認してみましょう。JupyterLabで新しいセルを作成し、次のコードを入
力・実行します。

> **セル68** シート名の一覧を確認する

```
# シートが作成されたかを確認
wb_summary.sheetnames
```

> **出力結果**

```
['Sheet', '2022 年 2 月分 ']
```

　不要な「Sheet」シートは削除し、ここまでの変更を反映するためにファイルを保
存しておきましょう。JupyterLabで新しいセルを作成し、次のコードを入力・実行
します。

> **セル69** 「Sheet」シートを削除してファイルを保存する

```
wb_summary.remove(wb_summary['Sheet'])
# 削除を反映するために保存
wb_summary.save(' 集計 .xlsx')
```

> ここまでの流れは集約用ファイルを作成したときとほとんど同じです。
> 忘れてしまった方は、読み返してみてくださいね。

☑ 集計データをExcelファイルへ書き込む

　次は、集計データ（`df_summary`）を「2022年2月分」シート（`ws_summary`）に
書き込んでいきます。先にカラムの見出しを1行目に挿入し、A列B列のカラム幅を
設定しておきます。これも集約用Excelを作ったときと同様の処理です。

```
# カラムの用意
ws_summary['A1'] = '氏名'
ws_summary['B1'] = '合計作業時間'

ws_summary.column_dimensions['A'].width = 15
ws_summary.column_dimensions['B'].width = 15
```

　データの書き込みには、DataFrame型にある**iterrows()**メソッドを用います。
iterrows()とfor文を組み合わせることで、インデックス（要素番号）と各行の値
を順に取得してくれます。

iterrows()メソッド

　このメソッドを使って、氏名と合計作業時間をExcelファイルに書き込んでみま
しょう。JupyterLabに新しいセルを作成し、次のコードを入力・実行します。

セル71　氏名と合計作業時間をExcelファイルに書き込む

```
for index, row in df_summary.iterrows():
    ws_summary.cell(row=index+2, column=1).value = row['氏名']
    ws_summary.cell(row=index+2, column=2).value = row['合計作業時間']
```

for文内の変数indexは0から始まりますが、書き込みを行いたいセルは2行目からです。そのため、cell()の引数rowはindex+2という形で指定しました。このようにすることで、2行目から順にデータを書き込んでくれます。

また、氏名は1列目、合計作業時間は2列目に入力するため、cell()のキーワード引数columnには、1と2をそれぞれ設定しました。書き込む値はrowの中に入っており、このrowは氏名、合計作業時間という2つの情報を辞書型で持っているため、row['氏名']、row['合計作業時間']として入力します。

書き込めたかどうかを確認するため、Excelファイルを保存して変更を反映しましょう。JupyterLabで新しいセルを作成し、次のコードを入力・実行してください。

セル72 Excelファイルを上書き保存する

```
wb_summary.save('集計.xlsx')
```

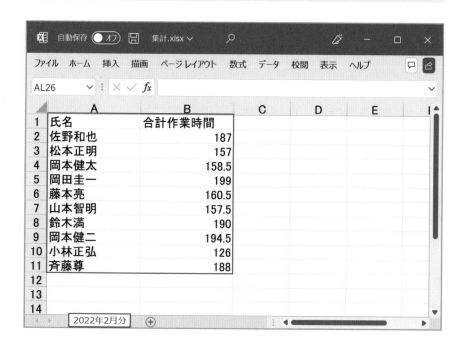

しっかりとExcelファイルに集計データが書き込まれていますね。最後に、ターミナル等からPythonファイルを実行できる形式に落とし込みましょう。

11

Pythonファイルに
出力処理をまとめる

✔ 一連の処理を「summary.py」にまとめる

集計からExcelファイルへ出力するまでの一連の処理をPythonファイル「summary.py」にまとめましょう。その際、下記のように、どの月のデータを集計するのかをコマンドライン引数を用いて指定できるようにコードを少し変更しましょう。

コマンドの完成形のイメージは次の通りです。このコマンドを実行すると、「集約.xlsx」に「2022年3月分」というシートが作成され、そのシートに集計データが記述されるイメージです。

コマンドの完成形のイメージ（Windowsの場合）

```
$ python summary.py 202203
```

コマンドの完成形のイメージ（Macの場合）

```
$ python3 summary.py 202203
```

このコマンドライン引数から年（year）と月（month）を取得するには、集約のところでも解説したargs = sys.argvを使います。args[1]に202203という文字列が格納される形となりますが、これだけでは、どこからどこまでがyearでmonthなのかわかりません。

そこで202203という文字列から、文字列の一部を取り出します。これは意外と簡単で、リストの要素を指定するのと同じ感覚で取得できます。文字列変数textに'202203'を代入して試してみましょう。JupyterLabで新しいセルを作成し、次のコードを入力・実行します。

セル73 textから4文字目までを抽出

```
text = '202203'
text[:4]
```

```
'2022'
```

　この`text`の先頭4文字を抽出したい場合は、`text[:4]`と記述します。リストと同じ指定方法ですよね。これは要素番号4の1つ手前まで、つまり、要素番号0,1,2,3の値を取得する書き方でした。文字列も同様です。0番目の文字列から3番目の文字列、つまり、先頭4文字を取得する書き方となります。

　5文字目以降を抽出するには`text[4:]`と記述します。これもリストと同じですね。要素番号が0から始まるので、`5:`ではなく`4:`と番号を指定する必要があります。JupyterLabに新しいセルを作成し、次のコードを入力・実行しましょう。

セル74 ▶ textから5文字目以降を抽出

```
text[4:]
```

出力結果

```
'03'
```

　ご覧の通り、年月がつながった文字列から年と月を別々に取得することができましたね。このままでは文字列のままなので、int型に変換しておきましょう。

セル75 ▶ 1〜4文字目を整数型に変換して変数yearに代入する

```
year = int(text[:4])
year
```

出力結果

```
2022
```

セル76 ▶ 5〜6文字目を整数型に変換して変数monthに代入する

```
month = int(text[4:])
month
```

出力結果

```
3
```

このやり方と sys.argv を組み合わせることで、集計月を指定した上で集計処理を実行することが可能になります。

では、全体のコードを確認してみます。追加・変更部分には注釈を入れています。コードの編集が完了したら、JupyterLabでPythonファイル「summary.py」を作成し、コードをコピーしましょう。

Pythonファイル ▷ summary.py

```python
import openpyxl
import pandas as pd
import datetime
# 追加
import sys
args = sys.argv
year = int(args[1][:4])          # year と month をコマンドライン引数から取得
month = int(args[1][4:])

def to_minute(val):
    return val.hour*60 + val.minute

wb_members = openpyxl.load_workbook(
    '従業員集約 .xlsx', data_only=True)
names = wb_members.sheetnames

data = []
for name in names:
    df = pd.read_excel(' 従業員集約 .xlsx', sheet_name=name)
    start_date = datetime.date(year, month, 1)
    end_date = (datetime.date(year, month+1, 1)
                - datetime.timedelta(days=1))

    df_filtered = df[(df[' 日付 '].dt.date >= start_date)
                     & (df[' 日付 '].dt.date <= end_date)]
```

```python
    df_filtered_fillna = df_filtered['作業時間'].fillna(
        datetime.time())
    working_hours = df_filtered_fillna.apply(to_minute)
    total_working_hour = working_hours.sum()/60

    datum = {
        '氏名': name,
        '合計作業時間': total_working_hour
    }
    data.append(datum)

df_summary = pd.DataFrame(data)

wb_summary = openpyxl.load_workbook('集計.xlsx', data_only=True)
ws_summary = wb_summary.create_sheet(title=f'{year}年{month}月分')

ws_summary['A1'] = '氏名'
ws_summary['B1'] = '合計作業時間'

ws_summary.column_dimensions['A'].width = 15
ws_summary.column_dimensions['B'].width = 15

for index, row in df_summary.iterrows():
    ws_summary.cell(row=index+2, column=1).value = row['氏名']
    ws_summary.cell(row=index+2, column=2).value = row['合計作業時間']

wb_summary.save('集計.xlsx')
print(f'{year}年{month}月分の集計完了')    ◀ 処理完了を通知
```

　集計が完了したことがわかるよう、最後に`print(f'{year}年{month}月分の集計完了')`を追加しています。では、しっかりと動作するか、「summary.py」を実行してみます。2022年3月分のデータを集計しましょう。

```
> python summary.py 202203
```

```
$ python3 summary.py 202203
```

しっかりと実行できていますね。Excelファイル「集計.xlsx」も確認してみましょう！

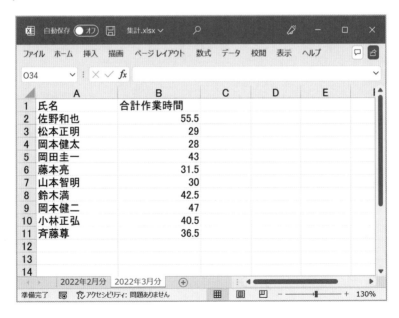

196

しっかりと2022年3月分シートが作成され、集計も問題なく完了していますね。2022年3月分は最初のほうの日付しかデータが入っていなかったため、合計作業時間が少なくなっています。

　これで集約から集計まで、一通りの処理を自動化することができました！

> ようやく完成ですね！
> ただ、1人で同じコードを書く自信はまだありませんが……。

> お疲れさま。最後までやり通して形にできたこと自体が素晴らしい！
> 自信を持ってください。
> より理解を深めるには、復習して手を動かすことが大切だよ。1回目の理解度が半分でも、繰り返しコードを読んだり、書いたりすることで理解度がどんどん増していくから。

> そう言ってもらえると安心です……。
> ほかにも Excel を使った業務が弊社にはたくさんあるので、Python を活用できるところがないか考えてみます！

POINT

こんなふうに応用しよう

　みなさんの会社では、勤怠情報以外にも、従業員情報、アンケート情報、顧客情報、議事録、企画書など、多種多様なデータをExcelで管理しているかと思います。

　Excelは汎用性が高く、さまざまな用途で活用されている素晴らしいツールです。だからこそ、Excelファイルをプログラミングで操作できるようになれば、さまざまな業務の効率化・自動化につながります。

　たとえば、別々のExcelファイルに格納されている顧客情報から必要なデータを取得し、1つのExcelファイルにまとめたり、1つのExcelファイルにまとまっている従業員一覧表をもとに、従業員ごとの新規Excelファイルを一気に作成したりすることもできます。

　他のファイルと組み合わせることももちろん可能です。別々のWordファイルに記載された議事録の内容を1つのExcelファイルに転記したり、Excelファイルにまとめられているイベント参加者情報をもとに、メールを作成して各参加者に一斉送信したり、といった連携もPythonでできてしまいます。

LESSON

4

最強の
「動くプレゼン資料」
を作る!

このLESSONでは、Pythonでデータを自動計算し、
シミュレーションするWebアプリを作成します。
Webアプリというと、サーバーやデータベースを用意したり、
ネットワークを設定したりと難しく感じるかもしれませんね。
でも、本書で使うのはPythonとWebブラウザの2つだけ!
HTMLやCSSの知識がゼロでも、作れちゃいます。
初めてのWebアプリの制作、一緒にチャレンジしてみましょう。

どうやって
見せようかな…

Excel にしようか
パワポにしようか

サクラさん
どうされたん
ですか？

実は明日コンペ
があって

見せ方をどうしようか
と悩んでいるんです

Excel やパワポでは
ダメなんですか？

う〜ん もっと印象づける
方法がないかなと思って…

パワポも特段得意なわけではないから
競合先と比較された際に
印象に残りにくいかなとも思うんです

ニャー

実際には提案内容だけでなく
見栄えやわかりやすさも
選定に影響しますからね

前回も内容には自信があったのに
負けちゃったんですよね
**今度こそは見せ方にも
もっとこだわって勝ち取りたいんです！**

提案内容では特に
どの部分をうまく
見せたいんですか？

**新規事業なので
「予想利益シミュレーション」ですね**
広告費によって売上・利益が
どう変わるか計算してみたんです

それが簡単に自動計算できる
アプリを作ってクライアントの
目の前で動かしてみせるのはどう？
細かいシミュレーションも
グラフも一瞬で作れるような

やってみたいです！

でも
初心者にはムリなのでは…？

前に Python で
簡単な Web アプリを
作ろうとしたんです
けど挫折しました
Flask? Django? ※
さっぱり
わからなくて

確かに Flask や
Django はよく使われて
いるけど、HTML や
CSS の知識も必要
だからハードルが
高いよね

※ Flask、Django … Web アプリやシステムを開発するためのフレームワーク

でも！　実はすごく簡単に
シミュレーションできる Web アプリの
開発法があるって言ったらどう？

すごく気になります！
ただコンペは明日なので
時間が足りないかも

大丈夫！　Streamlit という
Web フレームワークを使うと
初学者でも簡単に Web アプリ
が作れるんだよ

しかも見た目も
すごくいい感じで！
今からやってみようか？

ぜひ！
お願いします！

LESSON 4 Webアプリ作成

データ分析アプリを Streamlitで作ってみよう

✔ StreamlitでWebアプリ開発がどう変わる?

Streamlitは、データ分析Webアプリの開発に特化した、超絶オススメのWebアプリケーションフレームワークです。使用するプログラミング言語は、もちろんPythonです。本LESSONでは実装を通してStreamlitの魅力を体感してもらえたらと思います。

まずは概論として、今までのWebアプリ開発と比べて、Streamlitを用いたWebアプリ開発はどこが優れているのか比較してみましょう。

1 今までのWebアプリ開発

従来型のWebアプリ開発では、フロントエンド（デザイン、つまり見た目の部分）をつくるのに、HTMLやCSS、JavaScriptといったマークアップ言語やプログラミング言語を使います。それとは別に、バックエンド（つまり裏側のしくみの部分）の構築に、RubyやPHP、Pythonなどの言語を採用するのが一般的です。

特に、AI・機械学習・データサイエンス領域の機能を搭載したWebアプリを開発するとなると、Pythonが必要になってきます。

従来のWebアプリ開発

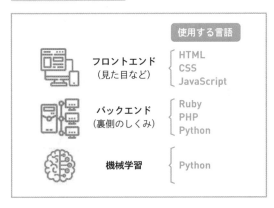

② Streamlitを用いたWebアプリ開発

一方で、Streamlitを用いたWebアプリ開発では、なんと、**フロントエンド・バックエンドともにPythonだけでOK**。つまり、**Python**の基本文法さえ押さえていれば、**Web**アプリを開発できてしまうのです。

間違いなく、PythonでWebアプリ開発を学び始めるなら、Streamlitはもってこいなのです。本格的な大規模Webアプリ開発を行うのであれば別ですが、「初学者」「Python」「Webアプリ開発」というキーワードで始めるなら、間違いなくStreamlitが一番です。

StreamlitによるWebアプリ開発

ぼくの **YouTube** 動画やオンライン講座でも **Streamlit** の講座は高評価なんですよ。「感動しました！」「めっちゃ面白かったです！」といったコメントをたくさんいただきます。

今さまざまな領域で注目されているAIや機械学習。こうした技術を活用したアプリの多くは、Pythonで実装されています。それと同じプログラミング言語で、簡単にWebアプリが作れる……繰り返しになりますが、これって結構すごいことなのです。

手もとのパソコンのJupyterLabでしか見られなかったAIの分析・予測結果が、Webアプリとなれば同僚や上司、クライアントはもちろん、世界中の人にだって見せられます。そしてそれをPythonだけで、最短距離で実装できるのですから。

本LESSONを読み、実際に実装してみれば、この素晴らしさを実感していただけるはずです！

2 実装環境と完成イメージを確認しておこう

✔ 実装環境を準備しよう

　今回もJupyterLabで実装していきますが、これまでと少し進め方が変わります。中身の計算プログラムを書くときは、今まで同様JupyterLabで.ipynb形式で進めていき、Webアプリの見た目を作るときは、Pythonのファイル（.py）にコードを記述していきます。

　また、Webアプリを実際に動かすときは、JupyterLab内のターミナル（もしくはPythonが実行できるPowerShellやWindowsターミナルなどのアプリ）でコマンドを実行していきます。コマンドといっても、実行するのは`streamlit run app.py`くらいなのでご安心ください。

やり方がいろいろ変わるように感じるかもしれませんが、実際には次のように **JupyterLab** の中で完結するので、あまり難しく考える必要はありません。

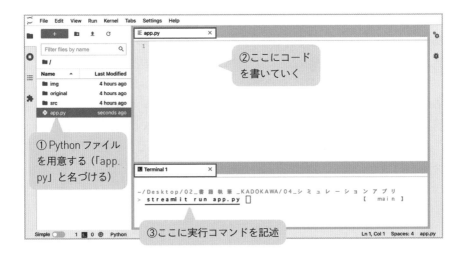

① Python ファイルを用意する（「app.py」と名づける）

②ここにコードを書いていく

③ここに実行コマンドを記述

✔ 完成イメージ

今回作成させるのは、次のようなWebアプリケーションです。

左側のサイドバーで広告宣伝費を入力すると、その広告宣伝費に応じた予想売上、予想利益が右側に表示されます。下にあるグラフは、横軸に広告宣伝費、縦軸に予想売上と予想利益を配置しています。

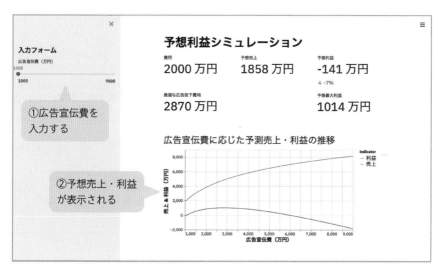

当然、画像に表示されている表やグラフのもととなるデータは、みなさんがプログラミングで用意する必要があります。

そこで、本LESSONでは以下2つの流れに分けて説明していきます。

1 **表示するのに必要なデータを、JupyterLab（.ipynb）で準備**

2 **Pythonファイル（.py）でWebアプリの見た目部分を実装**

まずは、表示するために必要なデータ、つまり裏側のしくみをJupyterLabで作っていきます。必要なデータが準備できたら、次にPythonファイル（.py）でWebアプリの見た目部分を実装していく、という流れになります。

✔ 問題設定を確認する

今回は、広告宣伝費をいくら使うと、売上がどれくらいになるか、利益がどれく

いになるかをシミュレーションするWebアプリを作っていくことになります。この問題を検討する上で重要になるのが、下記5つの数値です。

① 広告宣伝費

Web広告を中心とした変動費（今回は1,000 ～ 9,000万円でシミュレーション）

② その他固定費

広告宣伝費以外にかかる固定費（1,000万円で固定）

③ 費用

①広告宣伝費＋②その他固定費

④ 予想売上

サクラさんが導き出した計算式（P.207）によって、広告宣伝費をもとに算出される

⑤ 予想利益

④予想売上－③費用で算出される

> 本書ではダミーの数値・計算式を設定していますが、「自分が実際に仕事で扱う数値を Web アプリに入れたらどうなるか？」を考えながら実装すると、具体的なイメージがわいて面白くなるはずです。

　広告宣伝費をかければかけるほど予想売上は増加していきますが、予想利益に関しては、ある一定のラインから下降します（前ページの完成イメージのグラフを見るとわかります）。

　クライアントによっては、本プロジェクトで売上の最大化を目指しているかもしれませんし、利益重視で考えているかもしれません。そこは、クライアントにヒアリングし、案件に応じた対応が必要となります。今回Webアプリ上に表示する指標は、それを判断するための材料にもできるわけですね。

3 広告宣伝費に応じた予想売上・予想利益を算出しよう

⇒動画もチェック

✔ 予想売上を算出する計算式を整理する

今回のプロジェクト、広告宣伝費と予想売上の関係ってどのように予想しているの？　何か計算式とかあったりする？

ちょっと待ってくださいね……。これです！

予想売上の算出式

```
y = 28700000×ln(x)-444000000
x：広告宣伝費　y：予想売上　ln(x)：xの自然対数
```

結構大きな数字だね。**Python** で扱いやすいように、ちょっと整理してみるね。

予想売上の算出式（調整版）

```
y = 2.87E+07×ln(x)-4.44E+08
```

たしかに数字が短くなって見やすくなりましたけど、「E+07」「E+08」って何を意味しているんですか？

E は「10 のべき乗」を表す「指数」を意味しているんだ。だから、たとえば **2.0E+2** は 2.0×10^2、**-5.5E+6** は -5.5×10^6 のことになるんだよ。試しに、**JupyterLab** で実際に入力して計算してみよう。

```
In [1]:
 1  2.0E+2

Out[1]:
200.0

In [2]:
 1  -5.5E+6

Out[2]:
-5500000.0
```

 本当だ！　両方とも元の式の答えと同じ数字が表示されましたね！
でも、なぜ、この「E」という文字を使う必要があるんですか？

たとえば、**10000000** と **100000000** って、どちらのほうが大きいかパッと見ただけではわかりづらいよね。でも、**1.0E+7** と **1.0E+8** なら一目瞭然になるでしょ？

 たしかに、そうですね！

データ処理や数学の分野では、かなり大きな数値も扱うからね。その際に、比較しやすく認識しやすくするために、**10** のべき乗を表す **E（e）** を使っているんだ。それに **0** をいくつも入力すると、ミスしやすいでしょ？

　今回のプログラムでも、桁数が大きな数値は数値E＋00と表現することにします。最初は慣れないかもしれませんが、Pythonに限らずプログラミングではよく目にする表現なので、本LESSONを通して使いこなせるようになっておきましょう。

✔ 費用・予想売上・予想利益を準備する

　では、いよいよ実装を始めましょう。まずは、Webアプリケーション上部に位置する3つの値を用意します。

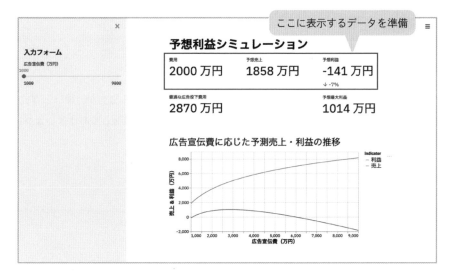

JupyterLabでデータを準備していきましょう。広告宣伝費は最終的に、Webアプリのサイドバーで入力する形となりますが、いったん仮に2,000万円として進めていきます。広告宣伝費を変数ad_costとして定義しましょう。JupyterLabで新しいノートブックを作成し、セルに次のコードを入力・実行してください。

セル1 広告宣伝費を定義する

```
ad_cost = 20000000
ad_cost
```

出力結果

```
20000000
```

うーん……。こうして実際に入力してみると、桁数が多くて認識しにくいですよね。先ほどお伝えしたEを使って表現してみましょう。上記のセル1を編集し、次のように書き換えて実行してみましょう。

セル2 広告宣伝費を定義する（指数）

```
ad_cost = 2.0E+7
ad_cost
```

```
20000000.0
```

　コードが読みやすくなりましたね。このままでも問題ないのですが、後ほどWeb
アプリを作る際に扱いやすくなるように、下記のように表現を調整しておきましょう。
再度セルを編集し、次のように書き換えてください。

セル3　広告宣伝費を定義する（指数）

```
ad_cost = 2000*1.0E+4
ad_cost
```

出力結果

```
20000000.0
```

　`2000*1.0E+4`は、2千（`2000`）と1万（`1.0E+4`）という2つのパートに分かれて
いますよね。このように分けることで、2,000万円であることがわかりやすくなりま
す。2千の部分を1に変えれば予算が1万円になりますし、100に変えれば100万円が
予算となります。
　他の値も準備しましょう。「その他固定費」は1,000万円と定義し、変数`fixed_`
`cost`に代入します。

セル4　その他固定費を定義する

```
# その他固定費（1,000万円）
fixed_cost = 1000*1.0E+04
fixed_cost
```

出力結果

```
10000000.0
```

　全体の費用（`cost`）は、「広告宣伝費+その他固定費」で算出されるため、次のよ
うに記述できます。

```
cost = ad_cost+fixed_cost
cost
```

出力結果

```
30000000.0
```

✓ 予想売上を算出する関数の作成

今回のプログラムでは、何度か条件を変えて予想売上を算出します。そのつど、計算式を記述するのは手間なので、予想売上を算出する処理を関数にまとめましょう。

まず、先ほどサクラさんに教えてもらった、予想売上の算出式を確認すると、次のようになります。

予想売上の算出式

予想売上 = 2.87E+07×ln(広告宣伝費)-4.44E+08

自然対数

広告宣伝費をx、予想売上をyとすると、y = 2.87E+07×ln(x)-4.44E+08という式になるのでしたね。この予想売上の計算結果を返す処理を、calc_earnings()という関数の中に記述します。自然対数ln(x)を算出するために、数学的な計算を行うmathモジュールをインポートしましょう。

次のようにmathモジュールに入っているmath.log()関数を使うと、自然対数の値を簡単に計算できます。試しに10の対数を求めてみましょう。新しいセルを作成し、次のコードを入力・実行します。

セル6 mathモジュールをインポートして自然対数を求める

```
import math
math.log(10)    自然対数
```

出力結果

```
2.302585092994046
```

では、`math.log()`を使って`calc_earnings()`関数を作りましょう。

関数を定義する（作る）には **def** 関数名 (引数): と記述して、次行以降に実装したい処理を記述します。詳しい説明は **P.378** を参考にしてください。

セル7　予想売上を算出する関数を定義する

```
# 予想売上を算出するための関数
def calc_earnings(ad_cost):
    earnings = 2.87E+07 * math.log(ad_cost) - 4.44E+08
    return int(earnings)
```

計算結果に小数が含まれるため、int() で小数点以下を切り捨てる

`math.log(ad_cost)`に小数が含まれるため、`2.87E+07 * math.log(ad_cost) - 4.44E+08`の計算結果にも小数が入ってしまいます。でも、ふつう金額に小数は出てきませんよね。そこで小数点以下を切り捨てるため、計算結果が代入されている変数`earnings`が整数になるように、**int()**でint型に変換してから返しています。

試しに、先ほど定義した変数`ad_cost`（広告宣伝費）を使って予想売上を算出してみましょう。

セル8　`calc_earnings`関数で予想売上を算出する

```
earnings = calc_earnings(ad_cost)
earnings
```

出力結果

```
38482669
```

計算結果が出力されましたね。これは、広告宣伝費（ad_cost）に2,000万円を掛けると、予想売上は約3,848万円になることを意味しています。このように計算処理を関数内にまとめておくことで、関数を呼び出すだけで欲しい結果を取得できるようになります。

☑ 利益を算出する関数の作成

予想利益を算出する関数calc_profit()も作成しましょう。

算出式は予想利益＝予想売上－費用でしたね。この式を関数に落とし込みます。JupyterLabで新しいセルを作成し、次のコードを入力・実行してください。

セル9 予想利益を算出する関数を定義する

```
# 売上 earnings, 費用 cost を引数にとる
def calc_profit(earnings, cost):
    profit = earnings-cost
    return int(profit)
```

引数には、先ほど算出した予想売上earningsと、最初に定義した費用costを入れましょう。予想利益の算出には、広告宣伝費（ad_cost）ではなく、費用（cost）を用いる点に注意してください。

関数を定義できたら、実際に予想利益を算出してみましょう。

セル10 clac_profit()関数で予想利益を算出する

```
profit = calc_profit(earnings, cost)
profit
```

出力結果

```
8482669
```

8482669という結果は、予想利益が約848万円であることを意味していますね。これで、予想売上、予想利益を算出するための関数を準備できました。あわせて、予想利益率も計算しておきましょう。利益率は、次のように利益÷売上×**100**で算出されます。

利益率の計算式

```
利益率 =（利益/売上）× 100
```

この計算式をPythonで表現すると、次のようになります。

セル11　利益率を求める

```
profit_ratio = int((profit/earnings)*100)
profit_ratio
```

出力結果

```
22
```

これでWebアプリの画面に表示する値の準備ができました。

✓ グラフに表示するデータを準備する

予想売上、予想利益を算出するための関数を使って、グラフに表示するデータも準備していきましょう。

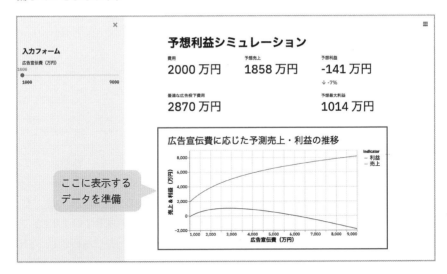

ここに表示する
データを準備

先ほど教えてもらった予想売上の計算式で、広告宣伝費はいくらの範囲で考えているの？

今回は、広告宣伝費 1,000 ～ 9,000 万円の範囲を想定しています。

サクラさんの話を踏まえると、今回表示するグラフの横軸（広告宣伝費）は、1,000
～9,000万円の間で設定する必要がありますね。ここからは、グラフを表示するため
のデータを準備していきましょう。

☑ 広告宣伝費の金額リストを準備する

　折れ線グラフというものは点と点がつながって曲線を作っています。つまり、今回
の場合は広告宣伝費が1,000万円のときの予想売上を表す点、1,001万円のときの予
想売上を表す点、1,002万円のときの予想売上を表す点……といったように無数の点
を結んで予想売上の曲線が出来上がるわけです。

　グラフを構成するこれらの点を作るためには、1,000万円、1,001万円、1,002万
円と、各広告宣伝費の値をリストに保存しておく必要があります。今回は1万円単位
で値を用意しますが、1円単位でも1,000円単位でもかまいません。単位が細かいほど、
なめらかなグラフを描けます。今回はそこまで細かくする必要がないので、1万円単
位にしています。

　では、1,000～9,000万円まで、1万円単位の値をリストで用意するにはどうした
らよいでしょうか？　これは、range()関数とlist()関数の組み合わせが簡単です。

　range()は連番をつくる関数で、**range(開始番号, 終了番号, 【ステップ数】)** と記述
します。そうすると、開始番号にステップ数を足した数字を、終了番号に到達するま
で作り続けてくれます。ステップ数を省略した場合は、1ずつ増加する連番が作成さ
れます。

> **list()は、引数に指定した値をリスト型のデータに変換します。ここでは、
> range()関数で作成した連番をリストに変換しています。**

　JupyterLabで新しいセルを作成し、次のコードを入力・実行して確かめてみましょう。
なお、今回は見やすくするために、広告宣伝費を1万円単位として、1,000～9,000
までの数値を1つずつの連番で作成します。出力結果を見ると、しっかりと1,000～
9,000万円までの数値を1万円刻みで取得できたことがわかりますね。

セル12　1000～9000の連番を作成し、先頭の5つを取り出す

```
list(range(1000, 9001, 1))[:5]
```

先頭5行のみ表示（単位：万円）

```
[1000, 1001, 1002, 1003, 1004]
```

セル13 1000～9000の連番を作成し、最後の5つを取り出す

```
list(range(1000, 9001, 1))[-5:]
```

末尾5行のみ表示（単位：万円）

出力結果

```
[8996, 8997, 8998, 8999, 9000]
```

この複数の広告宣伝費を持ったリストを、変数data_ad_costに代入しておきましょう。JupyterLabで新しいセルを作成し、次のコードを入力・実行します。

セル14 1000～9000の連番のリストを作成する

```
data_ad_cost = list(range(1000, 9001, 1))
```

> 後で計算するときに、広告宣伝費を1万倍すれば元の単位と同じになりますよね。読みやすいコードを書くには、こうした工夫も効果的です。

✔ 予想売上のリストを準備する

次は、変数data_ad_cost（広告宣伝費）の値をもとに、予想売上のリストを作成しましょう。ここでは、内包表記（ないほうひょうき）という記法でリストをつくります。

内包表記は、**for文を1行で記述して、リストを作成する記法**のこと。既存のリストから新たなリストを生成する際によく使われます。リストaの各要素をもとに、リストbを作るときなどに便利です。

内包表記の書き方

```
[リストに追加する値 for リストから取り出した要素 in 処理するリスト]
```

試しに、リストaの各要素を10倍した値を要素とするリストbを作ってみましょう。JupyterLabで新しいセルを作成し、次のコードを入力・実行してください。

セル15　内包表記でリストを作成する

```
a = [1, 2, 3, 4, 5]
b = [_a*10 for _a in a]
b
```
内包表記でリストbを作成

出力結果

```
[10, 20, 30, 40, 50]
```

　なんだか難しく見えますが、実は、次のfor文と同じ処理をしているだけなのです。

セル16　for文で新しいリストを作成する

```
a = [1, 2, 3, 4, 5]
b = []
for _a in a:
    b.append(_a*10)
b
```

出力結果

```
[10, 20, 30, 40, 50]
```

　セル16のfor文の意味は、わかりやすいのではないでしょうか？　このfor文と内包表記での書き方を比較すると、意味がわかりやすくなると思います。次の図を見てください。

```
for 文
b = []
for _a in a :
    b.append(_a*10)
```

```
内包表記
b = [ _a*10 for _a in a]
```

for文では、リスト a から要素を1つずつ取り出して変数 _a に代入、その _a を10倍した値を append() メソッドでリスト b に追加しています。この処理を内包表記では1行で書いているわけですね。内容表記は、後ろから読むとわかりやすいかもしれません。「リスト a から取得した要素 _a に対して、10倍した値を要素として持つリストを生成する」という意味です。

for 文と同じなら、for 文で書けばよいのでは？　内包表記にはどんなメリットがあるんですか？

やはり、「新しいリストを作る」ということが明確にわかる点が大きなメリットかな。for 文だと、どのリストを操作しているか、しっかり読まないとわからないから。
あと、コードが短いから、処理時間の短縮にも効果的なんだ。

なるほど〜。それでは、リストをつくるときはなるべく内包表記を使ったほうがいいんですか？

ケースバイケースだよ。複雑な処理の場合、内包表記は逆に読みづらくなってしまうんだ。簡単な処理ですむ場合に限定して、ぼくは内包表記を使うようにしているよ。

　この内包表記と先ほど生成した広告宣伝費のリスト data_ad_cost を使って、予想売上のリスト data_earnings を作りましょう。JupyterLabで新しいセルを作成し、次のコードを入力・実行してください。

セル17 予想売上のリストを作成する

```
data_earnings = [calc_earnings(ad_cost*1.0E+04)
                 for ad_cost in data_ad_cost]
data_earnings[:5]
```

出力結果

```
[18589345, 18618030, 18646687, 18675316, 18703916]
```

約1,858万円、1,861万円、1,864万円……と、しっかりと予想売上が入っています
ね。内包表記の部分は先ほどより複雑になっていますが、行っている処理自体は同
じです。

図を使いながら、コードの意味を説明していきます。

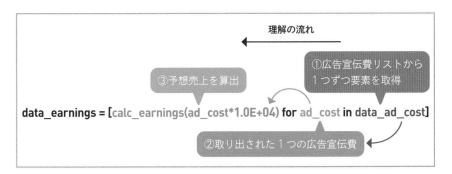

まず、①広告宣伝費が入っているリストdata_ad_costから1つの要素を取り出し、
②ad_costに代入します。次に、③1つひとつの広告宣伝費ad_costに1万（1.0E+04）
を掛けた上で、予想売上を算出するcalc_earnings()関数に引数として渡して
います。算出されたすべての値が内包表記でリスト化され、最終的に変数data_
earningsに代入されます。

> 1万を掛けるのは、**ad_cost の値が 1,000 ～ 9,000** となっているから
> でしたね。この数値を実際の大きさに戻すため、**1 万を掛けてから引数**
> として渡しています。

☑ 予想利益のリストを準備

広告宣伝費のリストdata_ad_cost、予想売上のリストdata_earningsの2つを用
いて、予想利益のリストdata_profitを準備しましょう。ここでは**zip()**関数とfor文
の組み合わせについて理解しておくのがポイントです。

1 zip関数を用いたfor文を理解する

zip()は、複数のリストから要素を1つずつ取り出せる関数で、2つのリストをfor
文で同時に操作したいときに使います。具体例を見てみましょう。

a、bというリストを用意し、それぞれのリストから1つずつ要素を取り出します。

取り出した値をそれぞれ_a、_bに代入し、掛け算した値をリストcに追加する、という処理です。JupyterLabで新しいセルを作成し、次のコードを入力・実行しましょう。

セル18 zip()関数で2つのリストを同時に操作する

```
a = [1, 2, 3]
b = [4, 5, 6]
c = []
for _a, _b in zip(a, b):
    c.append(_a*_b)
c
```

出力結果

```
[4, 10, 18]
```

これは、次のような結果になっています。

- c[0]　aとbの1要素目である1、4を掛けて4
- c[1]　aとbの2要素目である2、5を掛けて10
- c[2]　aとbの3要素目である3、6を掛けて18

```
a=[1, 2, 3]
b=[4, 5, 6]
c=[4,10,18]
```

2 費用と売上のリストをもとに利益を計算する

　利益は、費用と売上がないと計算できません。つまり、data_ad_costとdata_earningsからそれぞれ値を取得してこないといけないため、zip()の出番となるわけです。

　では、内包表記を使って、予想利益のリストを作成するコードを記述してみます。

セル19 内包表記で利益のリストを作成する

```
data_profit = [calc_profit(earnings, ad_cost*1.0E+04+fixed_cost)
            for earnings, ad_cost
            in zip(data_earnings, data_ad_cost)]
data_profit[:5]
```

```
[-1410655, -1391970, -1373313, -1354684, -1336084]
```

　data_earningsとdata_ad_costから1つずつ要素を取り出し、earnings、ad_
costに代入しています。この2つの値を、利益を算出するための関数calc_profit
の引数に指定しているのですが、ad_costは広告宣伝費であって、全体の費用ではあ
りません。そのため、ad_costを1万倍（1.0E+04）した値に、その他固定費fixed_
costを足した結果を引数に指定しています。
　実際にコードを書いて確かめてみましょう。JupyterLabで新しいセルを作成し、
上記のコードを作成・入力します。この結果を見てみると、-141万円、-139万円、
-137万円と利益がマイナス、つまり赤字になっています。つまり、広告宣伝費が1,000
万円ちょっとくらいでは赤字になってしまうことがわかりますね。試しに1,000番
目の値を確認してみましょう。

セル20 1,000番目の利益を確認する

```
data_profit[1000]
```

出力結果

```
8482669
```

　こちらは848万円の予想利益となることがわかりますね。ひとまずこれで、data_
profitには予想利益の値が格納されていることを確認できました。

☑ 確認のためデータをプロットしてみる

　広告宣伝費、予想売上、予想利益のリストを準備できましたが、リストに入った
ままだとなんだかイメージしにくいですよね。そこで、Webアプリ化の前にいった
ん、データをグラフ化してくれる**matplotlib**ライブラリでデータを可視化してみま
しょう。

セル21 matplotlibライブラリをインストールする（Windowsの場合）

```
!pip install matplotlib
```

```
!pip3 install matplotlib
```

セル23 matplotlibライブラリで予想売上・利益をグラフで可視化する

```
import matplotlib.pyplot as plt
plt.plot(data_ad_cost, data_earnings, color='blue')
plt.plot(data_ad_cost, data_profit, color='green')
plt.show()
```

予想売上を青色の折れ線グラフにする

予想利益を緑色の折れ線グラフにする

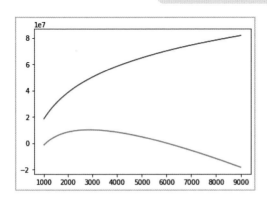

　今回は確認のためのグラフですので、細かな設定はいったん置いておきましょう。グラフの横軸は広告宣伝費（data_ad_cost）、縦軸は予想売上と予想利益を表しています。

　予想売上を示す青色の折れ線グラフは、広告宣伝費が増加するにつれて増加する傾向にありますね。それに対し、予想利益を示す緑色の折れ線グラフは、広告宣伝費が2,000万円を少し超えたところまでは増加しますが、それ以降は下降していることがわかりますね。つまり、**広告宣伝費が2,000万円を少し超えたところで、最大利益に達している**ことが見て取れます。

　リストの中身をグラフとして可視化することで、イメージがわきやすくなったのではないでしょうか？　最終的には、このグラフをさらに見やすくしたものをWebアプリ上に表示します。

☑ 予想最大利益と最適な広告宣伝費の算出

このままWebアプリの作成に入っていきたいところですが、その前に予想最大利益を算出しておきましょう。この処理は簡単です。予想利益が入っているリストdata_profitの中から最大値を取得すればよいのです。リストの要素から最大値を取得するには、**max()関数**を使います。

JupyterLabで新しいセルを作成し、次のコードを入力・実行してみましょう。

セル24 max()関数で最大値を取り出す

```python
max_profit = max(data_profit)
max_profit
```

出力結果

```
10148100
```

利益の最大値10,148,100円が抽出されました。

では、この最大利益を出すために必要な広告宣伝費はいくらになるのでしょうか？これを求めるためにはまず、予想最大利益の値がdata_profitの何番目の要素にあたるのかを調べる必要があります。その要素番号を取得し、広告宣伝費のリスト（data_ad_cost）のインデックス番号として指定することで、最適な広告宣伝費を導くことが可能になります。

特定の値が入っているインデックス番号を取得するには、リストの**index()メソッド**を使います。次のコードを入力・実行し、最大利益の要素番号を取得しましょう。

セル25 index()メソッドで最大値の要素番号を取得する

```python
data_profit.index(max_profit)
```

出力結果

```
1870
```

リストdata_profitから、値がmax_profit（予想利益の最大値）である要素番号を取得した結果、1870という値が返ってきているということは、リストdata_ad_costの要素番号1870が最適な広告宣伝費であることがわかります。

では、JupyterLabの新しいセルで次のコードを入力・実行し、最適な広告宣伝費を取り出してみましょう。

```
best_ad_cost = data_ad_cost[data_profit.index(max_profit)]
best_ad_cost
```

出力結果

```
2870
```

これで2,870万円が最適な広告宣伝費であることがわかりました。先ほどのグラフを見ても、たしかに3,000万円手前で最大利益に達しているので、納得できる結果ですよね。

これで必要なデータはすべて準備できたので、あとは見た目を整えていくだけです。これらの計算結果と、Streamlitを用いてWebアプリを開発していきます。

その前に、必要なコードをまとめておきましょう。これまで入力してきたセルをマージして、次のように調整します。

セル27 必要なコードをまとめる

```
import math

ad_cost = 2000*1.0E+4
fixed_cost = 1000*1.0E+04
cost = ad_cost+fixed_cost

def calc_earnings(ad_cost):
    earnings = 2.87E+07*math.log(ad_cost)-4.44E+08
    # 計算結果に小数が含まれるため、小数点以下を切り捨てる
    return int(earnings)

def calc_profit(earnings, cost):
    profit = earnings-cost
    # int型で返す
    return int(profit)

earnings = calc_earnings(ad_cost)
```

```python
profit = calc_profit(earnings, cost)
profit_ratio = int((profit/earnings)*100)


data_ad_cost = list(range(1000, 9001, 1))
data_earnings = [calc_earnings(ad_cost*1.0E+04)
                 for ad_cost in data_ad_cost]
data_profit = [calc_profit(earnings, ad_cost*1.0E+04+fixed_cost)
               for earnings, ad_cost
               in zip(data_earnings, data_ad_cost)]


max_profit = max(data_profit)
best_ad_cost = data_ad_cost[data_profit.index(max_profit)]
```

Streamlitの基本を押さえよう

✔ Streamlitの基本的な使い方

　ここまでに準備できたデータを使ってWebアプリを開発していく前に、Streamlit の基本的な使い方を軽く押さえておきましょう。これ以降は、すべてPythonファイル (.py) にコードを書き進めていきます。まずは、Streamlitをインストールしましょう。

✔ Streamlitのインストール

　Macの場合はターミナル、Windowsの場合はPowerShellで以下のコマンドを実行しましょう。

> **セル28**　Streamlitをインストール（Windowsの場合）

```
> pip install streamlit
```

> **セル29**　Streamlitをインストール（Macの場合）

```
$ pip3 install streamlit
```

　インストールが完了したら、次ページの手順を参考にJupyterLab上で「sample. py」を作成し、「sample.py」の編集画面とターミナルを開きましょう。JupyterLab の画面左上にある　＋　をクリックしてLauncher画面を開き、「Python File」を クリックするとPythonファイルの編集画面が、「Terminal」をクリックするとター ミナル画面が表示されます。

① JupyterLab で ＋ をクリック

② 「Python File」を
クリック

次の図のように上下2分割の画面構成にしたい場合は、ターミナルのウィンドウを下側にドラッグすればOKです。

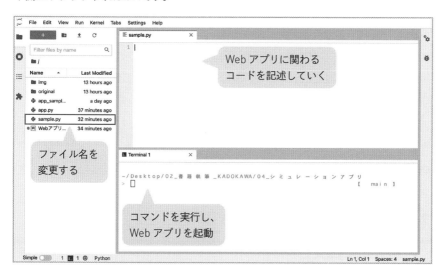

Web アプリに関わる
コードを記述していく

ファイル名を
変更する

コマンドを実行し、
Web アプリを起動

✔ まずはWebアプリにタイトルを表示してみる

「sample.py」にコードを記述しながら、Streamlitの基本的な使い方を学んでいきましょう。まずは、Streamlitをstとしてインポートします。次に、st.title('Webアプリ開発')と記述しましょう。**st.title()**は、Streamlitでタイトルを作成したいときに使用するメソッドです。

```python
# Streamlitをstとしてimport
import streamlit as st
# タイトルを作成
st.title('Webアプリ開発')
```

　JupyterLabのターミナルで次のコマンドを実行し、Webアプリを立ち上げてみましょう。これは、StreamlitのWebアプリを起動するための命令です。最後の部分は実行したいファイル名になることを覚えておきましょう。今回は「sample.py」に記述したコードを実行するため、streamlit run sample.pyと記述しています。

```
$ streamlit run sample.py
```

　上記のコマンドを実行すると、自動でChromeやSafariなどのブラウザで新しいタブが開き、Webページが表示されます。Webページが表示されない場合は、コマンドを実行後に出力されたLocal URL、もしくはNetwork URLをコピーしてブラウザに貼り付けましょう。

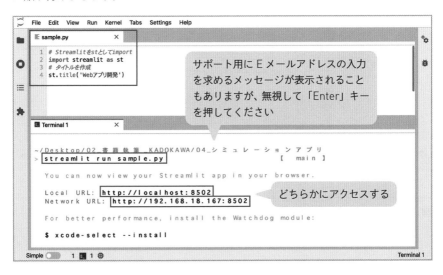

ファイヤーウォールによる通信の確認画面が表示された場合は、通信を
許可してください。

すると、ブラウザに次のような画面が表示されます。

Webアプリ開発

st.title('Web アプリ開発 ') の出力結果

Made with Streamlit

「Webアプリ開発」と大きく表示されていたら成功です。この表示されているテキ
ストは、st.title()の引数に指定した値と同じですね。試しにst.title()の引数
を変えてからファイルを保存し、ブラウザをリロード（再読み込み）してみてくださ
い。変更後のタイトル名が反映されているはずです。

タイトルを書き換えてみたのですが、なぜか反映されません……。

ファイルが上書き保存されていないからかもしれないよ。
Windows の場合は「Ctrl」+「S」キー、Mac の場合は「command」+「S」
キーで変更を保存してから、ブラウザをリロードしてみよう。

☑ テキストを表示

　タイトルの次は、通常のテキストを表示させてみましょう。st.title()の下に、
次のコードを追記してください。

Pythonファイル ▶ `sample.py`：通常のテキストを表示する

```
st.write('こちらは通常のテキストです。')
```

コード追加後、ファイルをしっかりと保存し、ブラウザをリロードしてみましょう。

> ブラウザのリロードもショートカットキーで操作できるようになると
> 効率的に作業できますよ。**Windows**の場合は「**Ctrl**」＋「**R**」キー、
> **Mac**の場合は「**command**」＋「**R**」キーでリロードできます。

st.write()は、引数に指定した文字列を表示するメソッドです。`st.title()`は、その名の通りタイトル（大きめのテキスト）を表示するメソッドでしたが、`st.write()`は、テキスト全般を表示する際に用います。上記で指定したような通常の文字列だけでなく、**Markdown**と呼ばれる文書を記述するためのマークアップ言語を用いることも可能です。

次のコードでは、マークダウンで箇条書きを記述しています。行頭にハイフンと半角スペースを入れ、続けてテキストを記述すると箇条書きの扱いとなります。試しに「sample.py」に次のコードを入力してみましょう。

Pythonファイル ▶ `sample.py`：マークダウンで箇条書きを記述する

```
st.write('''ここに箇条書きを表すマークダウンを書きます。
- 箇条書き1
- 箇条書き2
- 箇条書き3
```

''')

追記したコードを保存し、ブラウザをリロードすると、次のように出力されます。

Webアプリ開発

ここに箇条書きを表すマークダウンを書きます

- 箇条書き1
- 箇条書き2
- 箇条書き3

　しっかりと箇条書きで表示されていますね。このように、Streamlitではマークダウンと呼ばれる書き方も扱うことができます。

マークダウンってたまに聞きますが、**Word** や **Google** ドキュメントと何が違うんですか？

Word では上部のメニューバーから見出しスタイルを選択したり、箇条書きボタンを押したりするよね？　マークダウンでは、「#」で見出し、「-」で箇条書きを表せるので、キーボード入力だけでほぼすべての作業を完結できてしまうんだ。

マウス操作がいらないから、効率的に作業できるわけですね！もっと積極的に活用してみます。

☑ 折れ線グラフを出力する

　ここまでテキストの表示方法をお伝えしてきましたが、Streamlitは基本的にすべてst.○○という書き方でさまざまな要素を簡単に出力してくれます。基本的な使い方の最後に、折れ線グラフも表示してみましょう。まずはコードを見てみます。

```python
import streamlit as st
st.title('Webアプリ開発')
st.write('# 折れ線グラフ')
a = [1, 5, 2 ,4, 10]
st.line_chart(a)
```

見出しを表示

表示するデータをリストで用意

折れ線グラフを表示

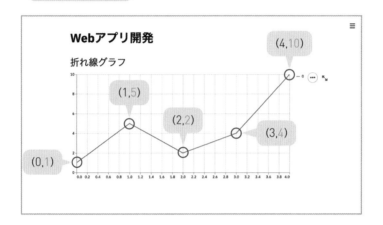

Streamlitで折れ線グラフを表示したいときは、**st.line_chart()**を使います。引数には可視化したいデータを配列で入力します。

上記のコードで引数に指定した1, 5, 2, 4, 10という5つの数値は、グラフの縦軸（y軸）に採用されています。横軸の値は今回特に指定していませんが、要素番号が使われていることがわかります。要素番号0の値1、要素番号1の値5……と5つの数値をグラフ上にプロットし、各点を線でつなぐことで折れ線グラフとなっています。

もっと細かな数値を引数に設定すれば、よりなめらかなグラフを表現することも可能です。今回は5つの値しか用いませんでしたが、よかったら練習のために、リストの要素数や値を変更して、どのようなグラフができあがるかを確認してみてください。

✔ Streamlitをもっと活用するために

タイトル、テキスト、グラフ、どれも簡単に作れましたね。これがStreamlitの素晴らしさです。

ほとんどのパーツが1行で表現されているだけでなく、各コードが何を表している
のかも非常にわかりやすいですよね。`st.title()`というコードを見たら、「タイト
ルを出力しているんだな」と意図や内容が一目瞭然です。ここで紹介したもの以外に
も、セレクトボックスやラジオボタン、ファイルアップロード機能や日付選択機能、
画像表示など、Webアプリ開発に必要なさまざまな要素を簡単に実装できます。

　どんなものが作れるのか気になった方は、ぜひ公式ドキュメントをのぞいてみてく
ださい。英語で書かれてはいますが、とてもわかりやすくまとまっています。

> 英語が苦手な方は、ブラウザの翻訳機能を活用してみましょう。最近の
> 自動翻訳は優秀で、けっこうわかりやすい日本語にしてくれますよ。

Streamlitのドキュメント：https://docs.streamlit.io

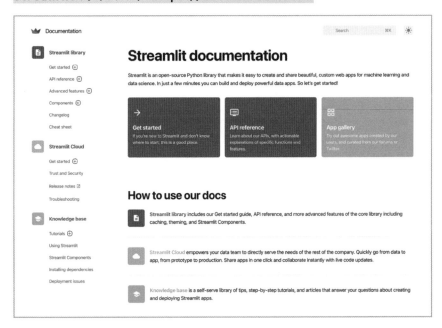

✓ 開発前のコード移行

　Webアプリの見た目の部分の開発に移る前に、先ほどまとめたセル27のコード
（P.224）をPythonファイルに転記しておきましょう。JupyterLabで新しいPython
ファイルを作り、名前を「app.py」に変更します。このファイルにコピーしたコー

ドを貼り付けます。この際に、`import streamlit as st`も記述しておきましょう。これで「app.py」に`streamlit`がインポートされ、`st`として利用できるようになります。

Pythonファイル app.py：JupyterLabのコードを移植する

```python
import math
import streamlit as st    ◀ 追記

ad_cost = 2000*1.0E+4
fixed_cost = 1000*1.0E+04
cost = ad_cost+fixed_cost

def calc_earnings(ad_cost):
    earnings = 2.87E+07*math.log(ad_cost)-4.44E+08
    return int(earnings)

def calc_profit(earnings, cost):
    profit = earnings-cost
    return int(profit)

earnings = calc_earnings(ad_cost)
profit = calc_profit(earnings, cost)
profit_ratio = int((profit/earnings)*100)

data_ad_cost = list(range(1000, 9001, 1))
data_earnings = [calc_earnings(ad_cost*1.0E+04)
                 for ad_cost in data_ad_cost]
data_profit = [calc_profit(earnings, ad_cost*1.0E+04+fixed_cost)
               for earnings, ad_cost
               in zip(data_earnings, data_ad_cost)]

max_profit = max(data_profit)
best_ad_cost = data_ad_cost[data_profit.index(max_profit)]
```

このあと書き進めていくStreamlitによるコードは、上記コードの最下部にどんどん追加していきます。ただし、ライブラリやモジュールのインポートに関してはファイルの冒頭に記述するように注意してください。

5 サイドバーにあるスライダーを作成しよう

✔ Webアプリにサイドバーを追加する

　SECTION 3で準備した費用・予想売上・予想利益のデータを使って、シミュレーションWebアプリを開発していきましょう。

　まずは、サイドバーに表示されるスライダーを作成します。Streamlitでサイドバーに何らかの要素を配置したい場合には、**st.sidebar**を用います。stはStreamlitの短縮名です。コードは下記のようになります。

サイドバーを作成する

```
st.sidebar.○○
```
○○はサイドバーに追加したい要素

　サイドバーにまずは「入力フォーム」というテキストを見出し2（##）の大きさで表示してみましょう。「app.py」の末尾に次のコードを追記し、保存します。

Pythonファイル app.py：末尾にコードを追記する

```
st.sidebar.write('## 入力フォーム')
```
マークダウンで見出し2を表現

　ターミナル画面で次のコマンドを実行し、「app.py」を起動してみましょう。sample.pyのプログラムがまだ実行中の場合は、「Ctrl」＋「C」キー（Macの場合は「Control」＋「C」キー）を押して中断してから、次のコマンドを実行してください。

ターミナル app.pyを起動する

```
$ streamlit run app.py
```

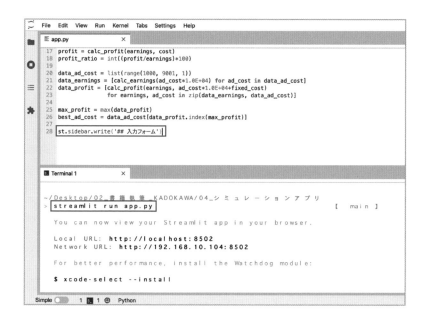

すると、ブラウザで新しいタブが開き、次の図のようにWebアプリの画面が表示されます。

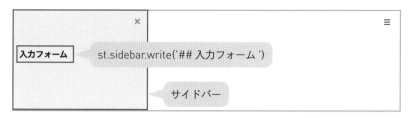

無事にサイドバーに「入力フォーム」というテキストが表示されているのを確認できました。この下に、広告宣伝費を調整するスライダーを設定しましょう。

✓ スライダーの設置

Streamlitでスライダーを表示するには、次のように記述します。先ほどと同じく、stはstreamlitの短縮名です。

🐱 サイドバーにスライダーを表示する

```
st.sidebar.slider(ラベル名, 最小値, 最大値)
```

今回、スライダーで調整する値は広告宣伝費であり、範囲は1,000 〜 9,000万円でしたね。そのため、次のように記述します。

Pythonファイル app.py：広告宣伝費のスライダーを作成する

```
st.sidebar.slider('広告宣伝費（万円）', 1000, 9000)
```

　単位は万円である、という前提で進めていきます。実際の大きさである1000*1.0E+04 を引数に指定すると、スライダーの値が非常に見にくくなってしまうのと、全体感がわかりにくいため、1,000、9,000を引数に指定しています。
　「app.py」に上記のコードを追記し、Webアプリ上で確認してみましょう。

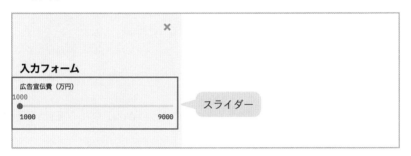

　スライダーが追加されていますね。ですが、このままではスライダーで入力された値がどの変数にも格納されていない状態です。次のようにコードを変更する必要があります。

スライダーの選択値を変数ad_costに代入する

```
ad_cost = st.sidebar.slider('広告宣伝費（万円）', 1000, 9000)*1.0E+04
```

　スライダーで取得できる値は1,000 〜 9,000であり、実際の値と桁が異なります。そこで、1万（1.0E+04）を掛けて、元の桁に戻した値を広告宣伝費ad_costに代入しています。
　このコードを「app.py」に追記しましょう。次のように編集・保存します。

Pythonファイル app.py：スライダーの選択値を変数ad_costに代入する

```
import math
import streamlit as st
```

```
# 追記&編集
st.sidebar.write('## 入力フォーム')
ad_cost = st.sidebar.slider('広告宣伝費（万円）', 1000, 9000)*1.0E+04     ← 代入文を変更
fixed_cost = 1000*1.0E+04
cost = ad_cost+fixed_cost     ← 代入文を変更

# ad_cost確認用
st.write(f'広告宣伝費：{ad_cost}')     ← 追記
```

　スライダーの値をad_costに代入するコードは、「app.py」のいちばん下ではなく、もともとad_costが定義されていた場所に記述してください。そうしないと、「ad_costが定義されていない！」というエラーが発生してしまいますからね。この際に、順番が逆にならないようst.sidebar.write('## 入力フォーム')もad_costの上に移動しましょう。

　この際にad_costにスライダーの値が入っているかどうかを確認するため、st.write(f'広告宣伝費：{ad_cost}')というコードも追加しておきます。これで、スライダーの動き値に合わせて、表示されるテキストが変わるはずです。ファイルを保存してから、ブラウザをリロードし、スライダーを動かしてみましょう。

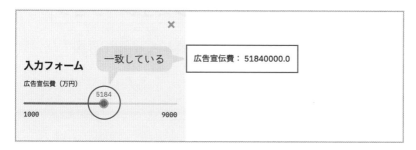

f' テキスト { 変数名 }' のように記述する文字列のことを f-strings といい、{ } の中に記述した変数を文字列の中に埋め込むことができます。ここでは変数 **ad_cost** が文字列に埋め込まれています。

　前ページと上の画像を見ればわかりますが、スライダーの値と、st.write(f'広告宣伝費：{ad_cost}')で表示した値が一致していますね。ここから、スライダー

で指定した値が、他の場所にも影響を与えていることがわかります。

しっかりとad_costに値が入っていることが確認できたので、確認用のコードst.write(f'広告宣伝費：{ad_cost}')は消しておきましょう。

ひとまずこれでサイドバーの作成は完了ですが、今回のアプリ名として「予想利益シミュレーション」というタイトルをつけてから次にいきましょう。「app.py」を次のように編集・保存します。

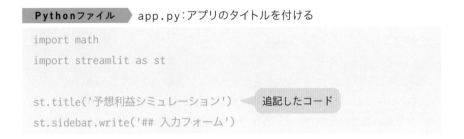

Pythonファイル　`app.py`：アプリのタイトルを付ける

```python
import math
import streamlit as st


st.title('予想利益シミュレーション')  ← 追記したコード
st.sidebar.write('## 入力フォーム')
```

ブラウザをリロードし、次のようにタイトルが反映されていればOKです。次に進みましょう。

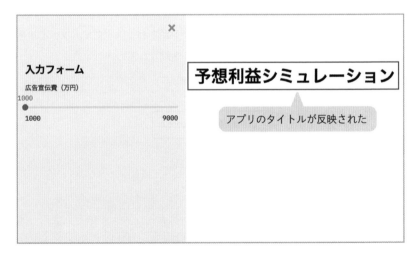

SECTION 6

画面の中央に
5つの指標を表示しよう

✔ 縦3列のレイアウトを作る

　続いて、中央に表示されている5つの指標を作りましょう。こちらは、赤い枠で示したように縦3列のレイアウトで構成されています。

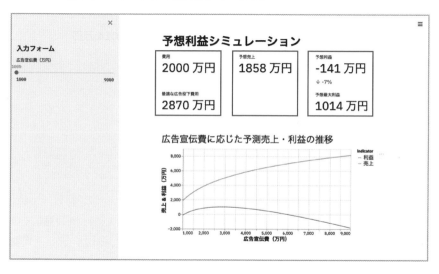

　この3つに分かれている状態を**3カラム**で構成されている、と呼ぶことにしましょう。こうしたカラムの構成も、Streamlitなら簡単に実装できます。3つのカラムに指標を表示するコードは、次のようにわずか6行で完了するわけですから。このコードを「app.py」のいちばん下に追記してください。

Pythonファイル　app.py：最下部にコードを追記する

```
col1, col2, col3 = st.columns(3)
col1.metric('費用', f'{int(cost/1.0E+04)} 万円')
col1.metric('最適な広告投下費用', f'{best_ad_cost} 万円')
col2.metric('予想売上', f'{int(earnings/1.0E+04)} 万円')
```

```
col3.metric('予想利益', f'{int(profit/1.0E+04)} 万円',
            f'{profit_ratio}%')
col3.metric('予想最大利益', f'{int(max_profit/1.0E+04)} 万円')
```

追記し終わったら、ファイルを保存し、ブラウザをリロードしましょう。次のように5つの指標が表示されます。

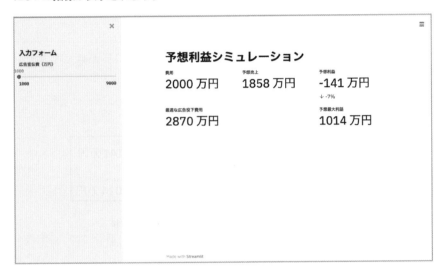

コードについて、上から順に確認していきます。まずコードの1行目、col1, col2, col3 = st.columns(3)で、3つのカラム（st.columns(3)）を用意しています。その用意したカラムを区別するため、左から順に、col1、col2、col3と定義しているのです。

 カラムを 2 つだけ用意したい場合は、**col1, col2 = st.columns(2)** とすればいいんですか？

そのとおり！ **Streamlit** の使い方がわかってきたね！

いちばん左のカラム（col1）に要素を追加したい場合は、次のように記述します。

col1.○○   ○○には追加したい要素を入れる

　これを踏まえると、次のコードは、「いちばん左のカラム（col1）にmetric（指標を表す要素）を表示する」という意味になりますね。

col1に指標を表示する

```
col1.metric('費用', f'{int(cost/1.0E+04)} 万円')
col1.metric('最適な広告投下費用', f'{best_ad_cost} 万円')
```

　metric()を用いると、指標を見やすく表示することができます。metric()の引数には、**第1引数・指標名**と**第2引数・指標の値**を指定します。Webアプリの画面左上に小さく表示されているのが指標名、大きく表示されているのがその指標に関する値です。

指標名

費用
2000 万円   **col1.metric(**'費用',**f'{int(cost/1.0E+0.4)} 万円')**

最適な広告投下費用
2870 万円   **col1.metric(**'最適な広告投下費用',**f'{best_ad_cost} 万円')**

　費用costに関しては、元の桁数のままでは見にくくなってしまうため、また見栄えを整える意味でも、cost/1.0E+04で桁数を小さくし、int()を用いてint型（整数型）に変換しています（割ったときにfloat型になってしまうため）。

　また、f-stringsを用いることで、「○○万円」というわかりやすい表示にしています。一見、難しく感じるかもしれませんが、1つひとつ順に見ていけば、今まで積み重ねてきた知識を使っているだけであることがわかりますね。

　最適な広告投下費用は、best_ad_costにint型で入っているので、そのまま割り算することなく表示しています。

　他の3行も基本的には同様です。

col2、col3に指標を表示する

```
col2.metric('予想売上', f'{int(earnings/1.0E+04)} 万円')
```

LESSON 4
Webアプリ作成

```
col3.metric('予想利益', f'{int(profit/1.0E+04)} 万円',
            f'{profit_ratio}%')
col3.metric('予想最大利益', f'{int(max_profit/1.0E+04)} 万円')
```

　追加する要素がそれぞれ、中央のカラム（col2）なのか、右のカラム（col3）なのかの違いです。

　1つ違うのは予想利益を表す指標だけ、3つ目の引数を入れてます。これは、差分や変化を表す際に用いる引数で、「〇〇%増加・減少」や「〇〇円増加・減少」といった内容を表す際に指定します。ここでは、利益率profit_ratioを入れることで、アプリ画面に「↓-7%」と表示させています。

各要素が基本的に1行で出来上がってしまいましたね。本当に簡単ですごいですね、Streamlit！

```
```

7 推移グラフで データの変化を可視化しよう

☑ Streamlitによるグラフの作成方法

　最後に、広告宣伝費ごとの予想売上・予想利益を表現するグラフを作りましょう。グラフの完成形は次のようになります。

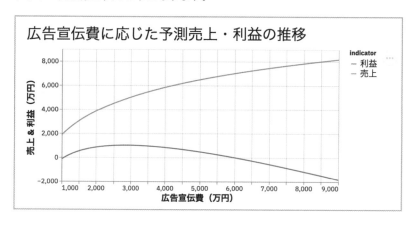

　今回は、先ほどのStreamlitの基本的な使い方で紹介したst.line_chart()ではなく、**st.altair_chart()** というメソッドを使用します。これは、Altairというstreamlitの中に組み込まれているデータ可視化ライブラリのメソッドです。st.line_chart()でも折れ線グラフを作成できるのですが、カスタマイズ性に乏しく、見栄えにこだわりたいときには機能不足が否めません。今回は、グラフの体裁もある程度整えていきたいので、st.altair_chart()を使います。

> ひとまず可視化したい！　シンプルなグラフでいい！　という場合は、実装が楽な **st.line_chart()** がおすすめです。

✔ 必要なライブラリのインストール

まずは必要なライブラリのインストールとインポートを行いましょう。JupyterLab のターミナル画面（もしくはターミナルやPowerShellなど）で、次のコマンドを実行します。「app.py」を実行中の場合は、一時中断するか、新しいターミナル画面を立ち上げてコマンドを実行してください。

> **ターミナル** Altairのインストール(Windowsの場合)

```
> pip install altair
```

> **ターミナル** Altairのインストール(macの場合)

```
$ pip3 install altair
```

インストールが完了したら、Altairとデータの準備に必要なpandasを「app.py」にインポートしましょう。

> **Pythonファイル** app.py:altairとpandasをインポートする

```
import math
import streamlit as st
import pandas as pd          ┐
import altair as alt         ┘  import 文を追記
# 以下、コードは続く
```

これで必要なライブラリを読み込むことができました。

✔ Altairで可視化するためのデータについて

Altairが読み取ってくれるデータの形はやや複雑です。最初に用意した広告宣伝費のリストdata_ad_cost、予想売上のリストdata_earnings、予想利益のリストdata_profitでは読み込んでくれず、次のようなデータフレームの形式に加工しないといけません。

	ad_cost	value	indicator
0	1000	1858.9345	売上
1	1001	1861.8030	売上
2	1002	1864.6687	売上
...	...	...	...
7998	8998	-1833.6688	利益
7999	8999	-1834.3499	利益
8000	9000	-1835.0310	利益

横軸（x軸）を表す広告宣伝費のカラムad_cost、縦軸（y軸）の予想売上・予想利益の値を表すvalue、各valueが予想売上・予想利益のどちらを表しているかを示すindicatorのカラムを用意しなければいけません。

つまり、予想売上、予想利益のデータをバラバラに用意するのではなく、上記のようにすべての値をまとめてvalueに格納し、それぞれが何の値であるかをラベル付けする形式にする必要があるのです。

このpandasのデータフレームを用意するには、予想売上のデータフレーム（df_earnings）、予想利益のデータフレーム（df_profit）をそれぞれ作成してから、その2つを結合するような流れで進めていくのがベストです。

✓ 予想売上のデータフレーム（df_earnings）を作成する

まず、予想売上のデータフレーム（df_earnings）を作成しましょう。先にコードを確認します。「app.py」末尾に、次のコードを追加しましょう。

Pythonファイル　app.py:df_earnings(予想売上)のデータフレームを作成する

```python
df_earnings = pd.DataFrame()
df_earnings['ad_cost'] = data_ad_cost
df_earnings['value'] = data_earnings
df_earnings['indicator'] = '売上'
```

コードの説明をしていきます。1行目の`df_earnings = pd.DataFrame()`で、`df_earnings`という空のデータフレームを作成し、次の3つのデータを挿入しています。

① `ad_cost`カラムに「広告宣伝費」のリスト`data_ad_cost`
② `value`カラムに「予想売上」のリスト`data_earnings`
③ `indicator`カラムに「売上」という文字列

JupyterLabで前記のコードを実行し、変数`df_earnings`の内容を確認すると、次のように表示されます。P.247の表の上半分と同じようなデータになりましたね。`value`の数値は実際の値の1万倍になっていますが、これは後ほど処理します。

	ad_cost	value	indicator
0	1000	18589345	売上
1	1001	18618030	売上
2	1002	18646687	売上
...	...	...	...
7998	8998	81643312	売上
7999	8999	81646501	売上
8000	9000	81649690	売上

✓ 予想利益のデータフレーム(df_profit)を作成する

次に、同じ流れで予想利益のデータフレーム(`df_profit`)を作成しましょう。先にコードを確認します。次のコードを「app.py」の末尾に追加しましょう。

Pythonファイル ▶ app.py:df_profit(予想利益)のデータフレームを作成する

```python
df_profit = pd.DataFrame()
df_profit['ad_cost'] = data_ad_cost
df_profit['value'] = data_profit
df_profit['indicator'] = '利益'
```

先ほどのdf_earningsと基本的には同じ処理を行っています。valueカラムに予想利益のリストdata_profitを入れ、indicatorカラムに「利益」という文字列を挿入したところだけが異なりますね。

	ad_cost	value	indicator
0	1000	-1410655	利益
1	1001	-1391970	利益
2	1002	-1373313	利益
...	...	...	...
7998	8998	-18336688	利益
7999	8999	-18343499	利益
8000	9000	-18350310	利益

☑ 2つのデータフレームを結合する

作成したdf_earningsとdf_profitを縦に結合しましょう。pandasのデータフレームを縦に結合したい場合は、**pd.concat()**を用います（pdはpandasの省略形）。コードを見てみましょう。「app.py」の末尾に、次のコードを追記します。

Pythonファイル ▶ app.py:df_earnings、df_profitを縦に結合する

```
df = pd.concat([df_earnings, df_profit])
df['value'] = df['value']/1.0E+04
```

pd.concat()の引数は、結合したいデータフレームのdf_earnings、df_profitを[ ]の中に指定しています。結合後のデータフレームは、変数dfに代入しています。

その後、結合してできあがったdfのvalueカラムを1万（1.0E+04）で割っています。元のデータは80000000のような数値になっており、グラフで表示するには桁数が大きすぎます。1万（1.0E+04）で割って、8000（万円）というみなさんが理解しやすい桁数に変換しましょう。この処理は、広告宣伝費を表すad_costの桁数に合わせるためでもあります。

✓ Altairによるグラフの設定

必要なデータを準備できたので、Altairでグラフ化していきます。完成形のコードから見てみましょう。

Pythonファイル ▶ app.py:Altairでデータをグラフ化する

```python
# Altairによるグラフの設定
chart = alt.Chart(df).mark_line().encode(
    alt.X('ad_cost', title='広告宣伝費 (万円)'),
    alt.Y('value', title='売上 & 利益 (万円)'),
    color='indicator'
).configure_axis(
    labelFontSize=12,
    titleFontSize=16,
).configure_legend(
    titleFontSize=12,
    labelFontSize=16,
)
```

何やら難しく感じますが、順を追って説明していきますね。まずは、このコードから見ていきましょう。

Altairでデータをグラフ化する（1つ目のパート）

```python
chart = alt.Chart(df).mark_line().encode(
    alt.X('ad_cost', title='広告宣伝費 (万円)'),
    alt.Y('value', title='売上 & 利益 (万円)'),
    color='indicator'
)
```

先ほど`import altair as alt`でインポートした`alt`ライブラリの中に**Chart()**というグラフを作成するクラスがあります。この引数に、可視化したいデータ`df`を指定します。これでデータのセットが完了です。

次に、折れ線グラフを使用することを明示する`.mark_line()`をつなげて記述

し、.encode()も書きます。**.encode()**は、x軸やy軸に使用する列や、色に関する指定を行う関数です。具体的には、次の3つの処理となります。

① `alt.X('ad_cost', title='広告宣伝費(万円)')`

x軸（横軸）に広告宣伝費`ad_cost`を使用することを明示し、その横軸のタイトル（`title`）に「広告宣伝費（万円)」を設定しています。

② `alt.Y('value', title='売上 & 利益(万円)')`

同様に、y軸（縦軸）に予想売上・予想利益の値が入っている`value`を指定し、縦軸のタイトルを「売上 & 利益（万円)」に設定しています。

③ `color='indicator'`

3つ目の引数で、`indicator`ラベルに入っている値をもとに色分けしたグラフを表示しています。

こうして中身を順に読み取っていくと、そこまで難しくないですよね。
では、次はこちらのコードです。

Altairでデータをグラフ化する（2つ目のパート）

```
.configure_axis(
    labelFontSize=12,
    titleFontSize=16,
)
```

先頭にピリオド.があるので、先ほどの.encode()につなげて記述していることになります。**.configure_axis()**はその名の通り、軸（アクシス axis）の設定（コンフィギュア configure）を行うメソッドです。ここでは、グラフの「1,000」「2,000」などのラベルのフォントサイズ（`labelFontSize`）を12、軸のタイトルのフォントサイズ（`titleFontSize`）を16に設定しています。

Altairでデータをグラフ化する（3つ目のパート）

```
.configure_legend(
    titleFontSize=12,
```

```
        labelFontSize=16,
    )
```

.configure_legend()は凡例(legend)の設定(configure)を行うメソッドです。
下図の青い四角形で囲んだ部分が凡例で、ここでは、「indicator」というタイトルの
フォントサイズ(titleFontSize)を12、「利益」などのラベルのフォントサイズ
(labelFontSize)を16に設定しています。

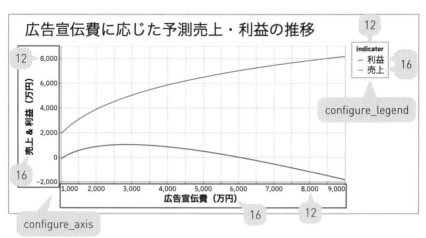

以上がAltairによるグラフの設定です。設定したグラフは変数chartに代入されて
いるので、このchartを用いてStreamlit上にグラフを表示します。

☑ AltairのグラフをStreamlitで表示する

グラフの設定はすでに完了しているので、あと数行記述するだけでグラフを可視化
できます。次のコードを「app.py」の末尾に追記しましょう。

Pythonファイル app.py:AltairのグラフをStreamlitで表示する

```
# タイトルも追加
st.write('## 広告宣伝費に応じた予測売上・利益の推移')
st.altair_chart(chart, use_container_width=True)
```

シンプルで理解しやすいですね。グラフを表示するメソッド**st.altair_chart()**を

記述し、1つ目の引数にAltairでつくったグラフchartを指定します。また、2つ目の引数にuse_container_width=Trueを指定することで、グラフの横幅を列の幅に合わせてくれます。これで完成です。

Pythonファイル app.py:完成したコード

```python
import math
import streamlit as st
import pandas as pd
import altair as alt

st.title('予想利益シミュレーション')
st.sidebar.write('## 入力フォーム')
ad_cost = st.sidebar.slider('広告宣伝費（万円）', 1000, 9000)*1.0E+04
fixed_cost = 1000*1.0E+04
cost = ad_cost+fixed_cost

def calc_earnings(ad_cost):
    earnings = 2.87E+07*math.log(ad_cost)-4.44E+08
    return int(earnings)

def calc_profit(earnings, cost):
    profit = earnings-cost
    return int(profit)

earnings = calc_earnings(ad_cost)
profit = calc_profit(earnings, cost)
profit_ratio = int((profit/earnings)*100)

data_ad_cost = list(range(1000, 9001, 1))
data_earnings = [calc_earnings(ad_cost*1.0E+04)
                 for ad_cost in data_ad_cost]
data_profit = [calc_profit(earnings, ad_cost*1.0E+04+fixed_cost)
               for earnings, ad_cost
```

```
                 in zip(data_earnings, data_ad_cost)]

max_profit = max(data_profit)
best_ad_cost = data_ad_cost[data_profit.index(max_profit)]


col1, col2, col3 = st.columns(3)
col1.metric('費用', f'{int(cost/1.0E+04)} 万円')
col1.metric('最適な広告投下費用', f'{best_ad_cost} 万円')
col2.metric('予想売上', f'{int(earnings/1.0E+04)} 万円')
col3.metric('予想利益', f'{int(profit/1.0E+04)} 万円',
            f'{profit_ratio}%')
col3.metric('予想最大利益', f'{int(max_profit/1.0E+04)} 万円')


df_earnings = pd.DataFrame()
df_earnings['ad_cost'] = data_ad_cost
df_earnings['value'] = data_earnings
df_earnings['indicator'] = '売上'


df_profit = pd.DataFrame()
df_profit['ad_cost'] = data_ad_cost
df_profit['value'] = data_profit
df_profit['indicator'] = '利益'


df = pd.concat([df_earnings, df_profit])
df['value'] = df['value']/1.0E+04


chart = alt.Chart(df).mark_line().encode(
    alt.X('ad_cost', title='広告宣伝費 (万円) '),
    alt.Y('value', title='売上 & 利益 (万円) '),
    color='indicator'
).configure_axis(
    labelFontSize=12,
    titleFontSize=16,
```

```
).configure_legend(
    titleFontSize=12,
    labelFontSize=16,
)

st.write('## 広告宣伝費に応じた予測売上・利益の推移')
st.altair_chart(chart, use_container_width=True)
```

コードの入力が完了したら、ターミナルで次のコマンドを実行しましょう。

ターミナル アプリを実行する

```
$ streamlit run app.py
```

ブラウザでWebアプリが表示されるので、「入力フォーム」のポインタを操作して
みましょう。選択した広告宣伝費にあわせて、右側の「予想利益シミュレーション」
が変化します。

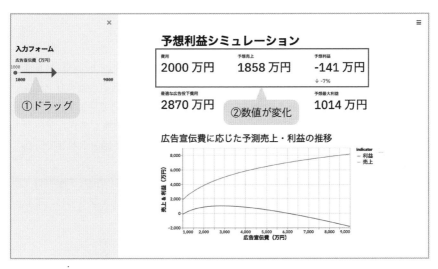

しっかりと表示され、動かせましたか？　これで予想利益シミュレーションWeb
アプリを開発することができました！

もうできちゃった！　私、前に HTML、CSS を使ってサイトを作成し
ようとしたことがあるんですけど、HTML だけでももっと長い行数の
コードを書く必要があった記憶があります……。

そうなんだよね、本来必要な HTML、CSS を記述すると時間がかかる
し、コードの行数も長くなる。もちろん覚えることも増えるから、プロ
グラミング初学者には、ハードルが高いんだ。

まさに私の今回のようなケースには Streamlit がぴったりですね！
これで明日のプレゼンもバッチリ成功させられそうです！

それはよかった！
Streamlit が提供する Streamlit Cloud（https://streamlit.io/cloud）
を使えば、簡単に Web 上にアプリを公開することまでできちゃうから、
今度ぜひ試してみてね。

POINT こんなふうに応用しよう

　Streamlitで作ったWebアプリでは、さまざまなデータを可視化・分析できま
す。営業数値を可視化し、部署やチームごと、各人の日次や月次成績をリアルタ
イムで表示し、必要な情報を瞬時に把握することも簡単に実現できます。

　Webスクレイピングと組み合わせることで、Web上から収集してきたデータ
を、自分の好きな形式に整えた上で可視化したり、Web APIと組み合わせてSNS
データの分析ツールを開発したりすることもできます。

　また、アップロードした画像から特定の物やテキストを検出したり、アップロー
ドしたテキストファイルを翻訳したりする、ちょっとしたWebアプリも作れてし
まうんですよ。ぜひ、いろいろチャレンジしてみましょう。

LESSON

5

API活用で
重要情報を収集・分析、
ビジネスに活かす！

本LESSONでは、Web APIを活用してインターネットから必要なデータを
効率的に収集する方法と、Pythonが得意とするデータ分析を
組み合わせたデータ活用テクニックを紹介します。
特にWeb APIはプログラミングの可能性を大きく広げてくれます。
本書の仕上げに、しっかり使えるようになっておきましょう。

う〜ん
どこに出店するのが
いいのかな〜

また悩んでるみたいですね〜
今日はどうされたんですか？

あっ
いまにゅさん！

実はクライアントが新規事業で飲食店を始めるのですが
どこに出店するべきか、候補地を絞り切れなくて

決定する根拠づけにできるように、
**目星をつけた各地域の飲食店情報を
Web からコピペしながらまとめている**
ところなんです

コピペですか！
それは大変ですね

API とは？
Application Programming Interface の略。企業等が提供する
サービス内の情報や機能を扱えるようにするしくみのこと

SECTION 1

APIについて
理解を深めよう

✔ APIとはそもそもどんなもの？

　実装に入る前に、まず**API**とはどういうものなのかを理解しましょう！

　APIとは、**Application Programming Interface**の略であり、企業や公共団体等が提供するサービス内の情報や機能を扱えるようにするしくみのことをいいます。日本でも政府がAPIの公開や活用を推進しており、今後ますますその有用性が高まっていくと見られています。

> 開発現場では、**API** を利用して **Web** サービスの機能を利用することを、「**API をたたく**」とよく表しています。

　たとえば、情報をたくわえているサーバーがあるとします。このサーバーに「○○の情報が欲しい」とリクエストを送ると、サーバーはレスポンス（答えとなる情報）を返してくれます。これがAPIを利用する大まかな流れです。

APIとは？

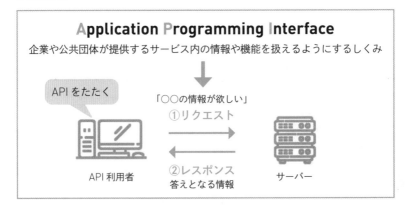

Application Programming Interface
企業や公共団体が提供するサービス内の情報や機能を扱えるようにするしくみ

API をたたく

「○○の情報が欲しい」
①リクエスト
②レスポンス
答えとなる情報

API 利用者　　　　　サーバー

　もう少し具体的に考えてみましょう。「ホットペッパーグルメ」という、飲食店の

情報を集めた検索・予約サイトはご存じでしょうか？　このサイトでは「グルメサーチAPI」という、サービス内の情報や機能を扱えるようにするしくみ（API）を提供しています。つまり、グルメサーチAPIを使用すると、ホットペッパーグルメに掲載されている情報をプログラミングで簡単に取得し、活用することができるのです。

「新宿駅付近のレストラン情報が欲しい」場合なら、「グルメサーチAPI」に「新宿駅」という情報をリクエストとして送信すると、新宿駅付近のレストラン情報をレスポンスとして返してくれます。

グルメサーチAPIのしくみ

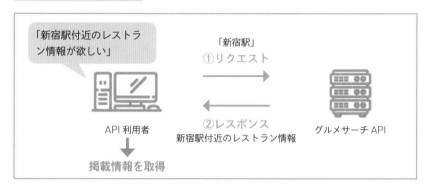

ほかにも、たとえばLINE株式会社が提供するAPIもあります。このAPIでは、「LINE Notify」という、LINEアカウントから通知を送るしくみを提供しています。この場合、情報ではなく機能を扱えるようにしてくれているわけですね。

APIはこれらだけではありません。本LESSONでお伝えするもの以外にも、世の中ではたくさんのAPIが使われているのです。

✔ Web APIとは？

本書では、APIの中でも**Web API**を活用してアプリを作成します。Web APIとは、HTTP/HTTPSベースで実現するAPIです。もっとシンプルにいうと、「**Web（インターネット）を介して使用するAPI**」だと思っていただければ大丈夫です。

正直私自身、Web APIしか使ったことがありません。近年の流れからしても、通常、API＝Web APIだと思っていただいて問題ないでしょう。

Web API以外のAPIとしては、プラットフォーム系サービスの開発企業が単独で規定した「独自API」というものがあります。独自APIの代表例としては、マイクロソ

フトが定めたWindows用の「Win32」やCTI（コンピュータ電話統合）用の「TAPI（Telephony API)」などが挙げられます。

Web APIとは?

- ・HTTP/HTTPS ベースで実現する
- ・Web を介して使用する

API ≒ Web API

Web API

Win32：マイクロソフトが定めた Windows 用の API
TAPI（Telephony API)：コンピュータ電話統合用の API

独自 API

✔ API活用には3つのメリットがある

　APIを活用するメリットは大きく分けて3つあります。1つ目は、開発の効率化・コスト削減です。すべての機能を自前でゼロから用意する必要がなくなるため、開発にかかる時間・コストを削減できます。また、特定の領域に特化した企業や団体がAPIを提供している場合がほとんどのため、クオリティの高い機能を実装できます。

API活用のメリット①

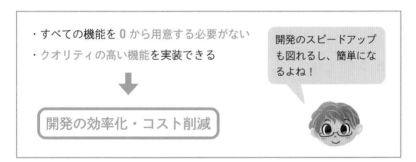

- ・すべての機能を 0 から用意する必要がない
- ・クオリティの高い機能を実装できる

↓

開発の効率化・コスト削減

開発のスピードアップも図れるし、簡単になるよね！

　2つ目は、セキュリティ・顧客満足度の向上です。APIを利用することで、さまざまなデータや機能を自社で保有することなく活用でき、セキュリティ面の向上を図ることができます。また、すべての機能を自社で用意する必要がないため、低コストで

機能を実装でき、価格を抑えたサービス提供が可能になります。

このメリットを体現している好例が、最近ECサイトでの利用が増えている Amazon Payです。Amazon Payを使用することで、ユーザー側はわざわざ住所や、クレジットカード情報を入力しなくても、Amazonにログインするだけで、決済をすませることができます。

企業側にとっては、「クレジットカードや住所などの個人情報を保持する必要がない」というセキュリティ面のメリットがあるのはもちろんのこと、ユーザーの入力の手間を省けるため、コンバージョン率の向上も期待できます。

> コンバージョン率とは、商品購入などに至る割合、いわば成約率のこと。たとえば **EC** サイトで「訪問者数のうち、どれくらいが商品購入などの収益に結びついたか」を表す割合を指すよ。

API活用のメリット②

- ・情報を自社で保有する<u>リスクを軽減</u>できる
- ・<u>低コスト</u>で実装できる

個人情報を保持するのは企業にとってリスクもあるし、コストもかかるよね。

↓

セキュリティ・顧客満足度の向上

Amazon Payの例

個人情報の保持が不要・入力の手間が軽減
=
コンバージョン率の向上

3つ目は、**システム変更による影響を最小化できる**点です。APIを使わずに自社で
さまざまな機能を実装していると、何かの仕様変更がきっかけで、コードの大部分を
書き換えなければいけない、といったケースも出てきます。特に、Webスクレイピ
ングを用いた機能実装を行っている場合などは、そうなりやすいといえますね。

　私自身、ECサイトからWebスクレイピングを行って、サービスを作り上げた経験
がありますが、情報を収集する対象のECサイトの仕様が変わるたびにコードを書き
換えていました。取得したい情報がいつのまにかなくなっていたり、場所が変わって
いたり、といったことも珍しくありません。APIを利用すれば、こういった変更によ
る影響を小さくすることができます。

API活用のメリット③

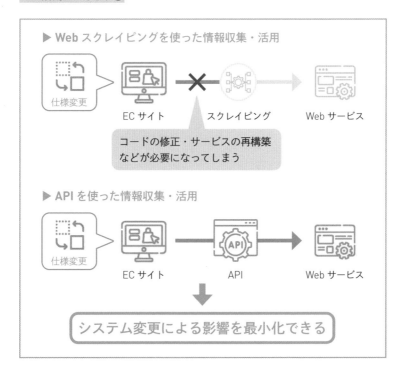

☑ APIを利用する上で気をつけたいこと

　APIはこのようにとても便利なものなのですが、少し注意したい点もあります。そ
れは、「API提供サービスに依存してしまう」ということです。

たとえば、料金体系の変更やAPI提供の中止によってサービスが成り立たなくなってしまう……ということもあり得ます。そこまではいかなくても、APIの仕様変更などでプログラムに不具合が生じたり、APIサーバーに障害が発生したりすることで、一時的に自社のサービスが提供できなくなるといったトラブルも考えられるでしょう。

　とはいえ、実際にはAPIの活用によって得られる恩恵のほうがはるかに大きいため、多くの企業がAPIを活用していく**APIエコノミー**が急速に広がっています。

✓ APIエコノミーとは？

　APIエコノミーとは、APIを活用して広がる経済圏のことをいいます。APIの公開・活用により、他社サービスとの連携が促進され、自社サービスの商圏（経済圏）がどんどん広がっていくのです。

　たとえば、マネーフォワードやMoneytree、Zaimといった家計簿アプリは、その身近な具体例といえるでしょう。これらのサービスは、個人の口座情報を提供している銀行APIを活用することで成り立っています。

　また、先ほど例に挙げたAmazon Pay、StripeやPAY.JPなどのオンライン決済サービスも、APIエコノミーの代表例です。最近のECサイトって、似たような決済システム・決済画面が増えていると思いませんか？　これは各サービスが共通のオンライン決済APIを使用しているからです。

　これらのサービスを利用することで、代金を支払うユーザー側は、決済業者のWebページにわざわざ移動しなくてよいため、決済処理時の画面遷移が減って操作がシンプルになります。また、よく見かける決済画面（決済API）だと、利用者の安心感も増しますよね。

　それに対し、サービス提供側は、決済システムを自社で用意する必要がなく、非常にシンプルな記述、つまり少ない行数のプログラムで決済を実装することが可能になります。また、APIを介して決済をやりとりするため、保持するリスクが高い口座情報等の個人情報を自社で持ち合わせる必要がなくなるのも大きなメリットです。

　ほかにもたくさんのAPI活用例がありますので、身の回りのサービスがどのように成り立っているのかに注目すると面白い発見ができたり、仕事のヒントが得られたりすると思います。

> **API について大まかに理解できたところで、いよいよプログラムの実装に挑戦しましょう。**

2 APIを使って有用な情報を大量収集しよう

✔ APIを利用する上で必要な情報

　APIを利用するには、①**APIに接続するための情報**と②**APIに送信する情報**が必要です。①を取得するためには、サービスに接続するためのURLであるAPIエンドポイント、接続に使うAPIキーが必要となります。 これらは、APIに利用登録を行うタイミングで手に入ります。②は、大きく分けると次の3つです。

HTTPメソッド：主にPOSTかGET（P.267）を使用します。
ヘッダー：データの種類や、API キーなどの認証情報を記載します。
ボディ：送受信したい情報をJSON形式で記載します。

APIを利用するために必要な2つの情報

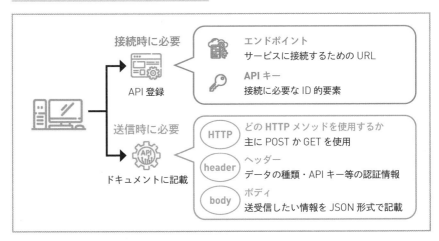

接続時に必要
API 登録

エンドポイント
サービスに接続するための URL

API キー
接続に必要な ID 的要素

送信時に必要
ドキュメントに記載

HTTP　どの HTTP メソッドを使用するか
主に POST か GET を使用

header　ヘッダー
データの種類・API キー等の認証情報

body　ボディ
送受信したい情報を JSON 形式で記載

なじみのない用語が多くて最初は難しく感じるかもしれませんね。でも慣れれば、スクレイピングよりも **API 活用のほう**が簡単なんですよ。

✔ HTTPメソッドについて

　HTTPメソッドには、クライアント（**API使用者／ユーザー**）が行いたい処理をサーバー（**API側**）に伝えるという役割があります。一口に「サーバーにアクセスする」といっても、データを取得したいのか、作成したいのか、削除したいのかなど、さまざまな処理が考えられます。その目的を明確にするのがHTTPメソッドです。

　よく使用するHTTPメソッドは4つしかありません。データを取得する**GET**、作成する**POST**、更新する**PUT**、削除する**DELETE**です。

HTTPメソッドについて

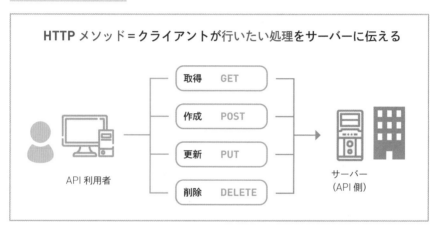

　これらのHTTPメソッドは、APIを使用する場合以外でも活用されています。各メソッドの一般的な用途について、簡単に頭に入れておきましょう。

用途	メソッド	例
データの取得	**GET**	Web ページや API からのデータ取得、css ファイルや JavaScript ファイルといったデータの取得に使われる。
データの送信	**POST**	フォームからデータを送信したり、新規のアカウントやデータを作成したりする際に使われる。
データの更新	**PUT**	アカウントや SNS での投稿といった既存のデータを更新する際に使われる。
データの削除	**DELETE**	アカウントやブログ記事、そのほかさまざまなデータを削除する際に使われる。

3 アカウントを登録し、APIキーを取得しよう

SECTION

☑ リクルートWEBサービスに新規登録する

　コードを書く前に、APIを使用するための準備をしましょう。今回は、**飲食店検索・予約サイト「ホットペッパーグルメ」のAPI**を使って、店舗情報を取得していきます。「ホットペッパーグルメ」のAPIの中には、「店名サーチAPI」「検索用ディナー予算マスタAPI」など、用途に応じたAPIがいくつか用意されています。今回は、店舗情報の取得に最適な「グルメサーチAPI」を使います。

　このAPIは、株式会社リクルートが提供する「リクルートWEBサービス」内で公開されています。APIを使用するため、まずはリクルートWEBサービスに新規登録しましょう。Webブラウザで「https://webservice.recruit.co.jp/」にアクセスし、画面左上の「新規登録」ボタンをクリックして登録を行います。

　「プライバシーポリシー」と「利用規約」を確認し、問題なければ「同意する」にチェックを入れましょう。ご自身のメールアドレスを入力後、「送信」ボタンをクリックしてください。

送信後、入力したメールアドレス宛に下記のようなメールが届きます。中央付近に記載されている「URL」をクリックして、メールアドレスの承認をすませましょう。

承認後、もう1通、「APIキー発行完了のお知らせ」というメールが届きます。このメールに「APIキー」が記載されているので、大切に保管しておきましょう。実装の際に用います。

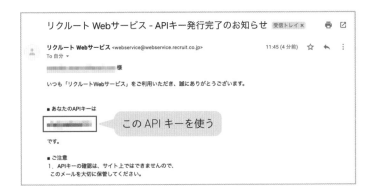

✔ APIのドキュメントを理解しよう

　APIを活用するプログラミングでは、「使用するAPIがどのようなものか」を理解してから実装することが大切です。これには、そのAPIを公開している企業のAPIドキュメント（リファレンス）を確認するのがもっとも効率的です。

サクラさんは、**API** ドキュメントを読んだことはある？

 ありますけど……ドキュメントって難しくないですか？　特に英語で書かれていたりすると難しく感じてしまって……。

ぼくも最初の頃はそうだったから、わかるよ。
でも、公式ドキュメントって、使い方やアップデート情報など、必要なことがしっかり網羅されているんだ。だから、読み方のコツさえつかんでしまえば、とても便利なものなんだよ。
公式ドキュメントを避けて、一般の方がわかりやすく書いたブログ記事を参考にする人もいるけど、更新されることを想定せずに書かれていることが多いから、実際にはプログラミングで使えない、動作しないというのもよくある話なんだよね。

 なるほど……。新しいバージョンだと仕様が変わってエラーが発生することもありますもんね。

そうそう。だから、ここでしっかり「ドキュメントを読む力」を身につけていこう！ APIドキュメントは、実は似た内容が書かれていることが多いから、思っているよりも、とっつきやすいと思うよ。

リクルートWEBサービスの公式ドキュメント（https://webservice.recruit.co.jp/doc/hotpepper/reference.html）にアクセスし、いくつかあるAPIドキュメントの中から「グルメサーチAPI」をクリックしましょう。

「グルメサーチAPI」のドキュメントに移ると、次のページにあるように、「リクエストURL」「検索クエリ」という情報が見つかりますね。

　リクエストURLはエンドポイントのことを指しており、「どこにAPIのリクエストを送ればいいか」を示すURLになります。検索クエリはリクエストクエリのことを意味しており、リクエストを送る際に、「どんな条件のデータがほしいか」を、API側に知らせるための情報になります。今回のサクラさんのケースであれば、「東京駅付近」「予算」「評価」等の検索したい条件を検索クエリで指定します。

1 グルメサーチAPI

▶ リクエストURL

http://webservice.recruit.co.jp/hotpepper/gourmet/v1/

⋀TOP

▶ 検索クエリ

パラメータ	項目名	説明	必須	値
key	APIキー	APIを利用するために割り当てられたキーを設定します。	○	
id	お店ID	お店に割り当てられた番号で検索します。	*1	(例) J999999999 20個まで指定可。*2
name	掲載店名	お店の名前で検索(部分一致)します。		
name_kana	掲載店名かな	お店の読みかなで検索(部分一致)します。		
name_any	掲載店名 OR かな	お店の名前または読みかな両方をOR検索(部分一致)します。		
tel	電話番号	お店の電話番号で検索します。半角数字(ハイフンなし)		(例) 035550000
address	住所	お店の住所で検索(部分一致)します。		

　パラメータの中で重要なのは一番上の「key」です。このkeyパラメータがAPIキーを指しています。もう1つ重要な点となるのが「必須」列に「*1」がついているパラメータです。これらは、検索クエリ最下部に「*1　いずれか最低1つが必要」と記載されているとおり、1つは指定しなければいけないパラメータです。APIキーだけでは、何の情報を返したらいいかサーバー側が判断できませんからね。

　下へスクロールしていくと、「サンプルクエリ」「レスポンスフィールド」という2つの情報が見つかりますね。サンプルクエリには、具体的なAPIのたたき方(リクエストの送り方)が大まかに記載されています。「取得したご自身のAPIキーをGETパラメータに加えて」との補足説明から、GETメソッドと先ほど取得したAPIキーを使用することがわかりますね!

　レスポンスフィールドとは、リクエストした結果、つまりリレスポンスの中身を意味しています。「レスポンスの中に入っている情報にはこんなものがありますよ」という項目(フィールド)が記載されています。重要な項目は実装時に確認します。

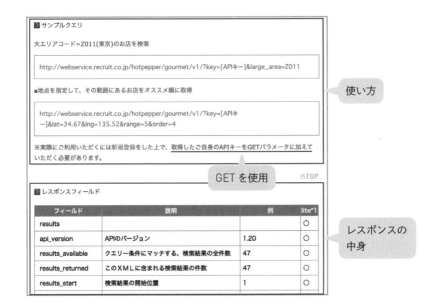

最後にもう1つ確認すべき情報が、「エラー時のレスポンス」です。TOPに戻り、「13 エラー時のレスポンス」をクリックしましょう。

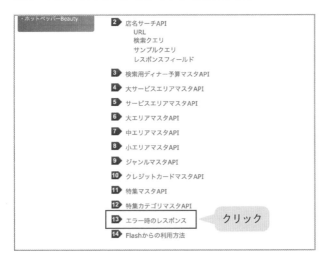

クリックすると、「エラー時のレスポンス」項目にジャンプします。この項目では、リクエストが失敗し、エラーが返ってきたときのレスポンスの内容を確認できます。ここをチェックすることで、エラー原因を突き止めることができます。

たとえば、1000という値が返ってきたら「サーバー障害」のエラーを意味するので、API提供側のサーバーが回復するのを待つしかなさそうです。

　2000という値が帰ってきた場合、APIキーの認証エラーが原因となるため、認証されていないAPIキーを用いているか、単なるスペルミスが原因かもしれません。

　3000の場合は「パラメータ不正エラー」で、リクエストを送った際に指定したパラメータが間違っている可能性があります。数字で指定すべきところを文字列で指定したり、リスト形式で指定すべきところを文字列で指定したりと、想定外のパラメータをリクエストしてしまったことが原因であると考えられます。

　このように、エラーが出てしまってもドキュメントの内容をしっかり理解しておけば冷静に対処していくことができます。

> ほかのドキュメントでは、「レスポンスステータスコード」という項目名で用意されていることも多く、レスポンス（結果）のステータス（状況）を表すコード（値）が記載されています。

　これで、ドキュメントで確認すべき事項は読み終えました。実装の際にドキュメントを読みながら進めていく部分はもちろんありますが、ひとまず実装に入っていくことにしましょう。

4 Pythonで APIにリクエストを送ろう

✔ requestsモジュールでリクエストを送信する

PythonでAPIにリクエストを送る場合、**requests**というモジュールがよく使われています。LESSON 2のWebスクレイピングでも使いましたよね。まずはこのモジュールをインポートしましょう。JupyterLabで新しいノートブックを開いてセルを作成し、次のコードを入力・実行します。

セル1 ▶ requestsモジュールをインポートする

```
import requests
```

次に、リクエストを送るのに必要な情報を定義しておきましょう。まずは、エンドポイントを変数urlに代入します。このエンドポイントは、先ほど確認したドキュメントの「リクエストURL」部分に記載されていたものです（P.272）。

セル2 ▶ 変数urlにエンドポイントを代入する

```
# エンドポイント
url = 'http://webservice.recruit.co.jp/hotpepper/gourmet/v1/'
```

次に、リクエストパラメータ、つまり検索条件等を用意しましょう。ドキュメント内「必須」列に*1がついていたパラメータのうち、**keyword**パラメータを使います。これは、ドキュメントの説明に「店名かな、店名、住所、駅名、お店ジャンルキャッチ、キャッチのフリーワード検索（部分一致）が可能です」と書かれているので、GoogleやYahoo!のキーワード検索と同じように使えるものといえそうです。

> 今回は、どのエリアを候補に出店リサーチをしているんですか？

今のところ考えているのは、東京駅、池袋駅、新宿駅、渋谷駅、恵比寿駅付近です！

なるほど。それではまず、東京駅を例に考えてみましょうか。

ということで、「東京駅」というキーワード（keyword）で検索します。

また、最後にもう1つ指定します。それが、**format**パラメータです。これを指定しなくてもレスポンスを受け取ることはできるのですが、何も指定しないデフォルトの状態だと、XMLという形式でデータが返ってきます。**JSON**という形式のほうが扱いやすいため、今回はformatにjsonを指定します。

この2つに、先ほど取得したAPIキーを加えた3つのパラメータをparamsという辞書型で用意しましょう。JupyterLabで新しいセルを作成し、次のコードを入力してください。

セル3 3つのパラメータを辞書型で用意する

```
params = {
    'key': 'YOUR API KEY',    ← ここに取得した API キーを入力する
    'keyword': '東京駅',
    'format': 'json'
}
```

'YOUR API KEY'には、登録した際のメールに記載されていたAPIキーを入力してください。このリクエストパラメータ（params）とエンドポイント（url）を用いてAPIをたたきます。 HTTPメソッドは、ドキュメントにも記載があったようにGETメソッドを使います。

JupyterLabで新しいセルを作成し、次のコードを入力・実行しましょう。

セル4 変数resにリクエストの結果を代入する

```
res = requests.get(url, params)
```

この1行だけでAPIにリクエストを送ることができました。エンドポイント（url）に対して、リクエストパラメータ（params）を付与し、リクエスト（requests）を

GETメソッド（get()）で送り、返ってきたレスポンスを変数resで受け取っています。とても簡単ですよね。

変数resの中に何が入っているのか見てみましょう。

セル5 変数resの内容を確認する

```
res
```

出力結果

```
<Response [200]>
```

200と書かれたオブジェクトが表示されていますね。**200は「レスポンスステータスコード」**を意味し、リクエストが成功したことを表す値です。

レスポンス結果も見てみましょう。レスポンス結果はJSON形式で返ってきているので、**res.json()** と記述すると中身を確認できます（ここでは各店舗の具体的な情報についてぼかしをかけています）。

セル6 レスポンスの結果を確認する

```
res.json()
```

```
{'results': {'api_version': '1.26',
 'results_available': 161,
 'results_returned': '10',
 'results_start': 1,
 'shop': [{'access': 'ＪＲ東京駅八重洲中央口より          /都営浅草線，東京メトロ日本橋(東京)駅
Ｂ１出口より徒歩約4分',
    'address': '東京都中央区日本橋          ',
    'band': '不可',
    'barrier_free': 'なし',
    'budget': {'average': '3000円～', 'code': 'B003', 'name': '3001～4000円'},
    'budget_memo': 'お通し代          ',
    'capacity': 30,
    'card': '利用可',
    'catch': '                    ',
    'charter': '貸切不可',
    'child': 'お子様連れ歓迎',
    'close': '不定休日あり',
    'coupon_urls': {'pc': 'https://www.hotpepper.jp/          
```

ずらーっと値が入っていますね。よく見てみると、店名や住所などの情報が入って

LESSON 5 ＡＰＩによる情報収集・活用

います。また、最初にドキュメントで確認したレスポンスフィールドの値がちらほら確認できますね。JSON形式で取得しましたが、Pythonで扱う際は基本的に辞書型（dict）だと思っていただいて大丈夫です。ドキュメントを確認してみると、「shop」というフィールド内に店舗情報などが格納されていそうなので、キーを指定して確認してみましょう。

▶ レスポンスフィールド

フィールド	説明	例	lite*1
results			○
api_version	APIのバージョン	1.20	○
results_available	クエリー条件にマッチする、検索結果の全件数	47	○
results_returned	このXMLに含まれる検索結果の件数	47	○
results_start	検索結果の開始位置	1	○
shop	[複数要素]		○
├ id	お店ID	J999999999	○
├ name	掲載店名	居酒屋 ホットペッパー	○
├ logo_image	ロゴ画像	URL	-
├ name_kana	掲載店名かな	いざかや　ほっとぺっぱー	-
├ address	住所	東京都中央区銀座 ▓ ▓▓▓	○

店舗情報

ところが、取り出すキーにshopを指定すると、次のようになぜかエラーが出てしまいます。

セル7 レスポンスのshopフィールドを確認する

```
res.json()['shop']
```

出力結果

```
KeyError                              Traceback (most recent
call last)

Input In [51], in <module>
----> 1 res.json()['shop']
```

```
KeyError: 'shop'
```

JupyterLabでもう一度`res.json()`を出力して、中身を確認してみましょう。

セル8 レスポンスのJSONデータを確認する

```
res.json()
```

出力結果

```
{'results': {'api_version': '1.26',
 'results_available': 161,
 'results_returned': '10',
 'results_start': 1,
 'shop': [{'access': 'ＪＲ東京駅八重洲中央口より▩▩▩▩▩/都営浅草線，東京メトロ日本橋(東京)駅
▩▩▩▩▩▩▩',
   'address': '東京都中央区日本橋▩▩▩▩',
   'band': '不可',
   'barrier_free': 'なし',
   'budget': {'average': '3000円～', 'code': 'B003', 'name': '3001～4000円'},
   'budget_memo': '▩▩▩▩',
   'capacity': 30,
```

　確認してみると、実は`shop`のデータは`results`の中に入っていることがわかります。こういったデータ構造の細かな部分は、ドキュメントを一読しただけではわかりにくいもの。ドキュメントを読んでは出力することを繰り返していくことで、レスポンスの中身がはっきりしていきます。

　では、今度こそ`shop`フィールドの中身を確認しましょう。JupyterLabで先ほどのセルを編集し、次のコードに書き換えてから実行します。

セル9 レスポンスのshopフィールドを確認する

```
res.json()['results']['shop']
```

出力結果

```
In [8]:

 1 res.json()['results']['shop']

Out[8]:

[{'access': '東京駅八重洲口▩▩▩・和食個室居酒屋',
 'address': '東京都中央区八重洲▩▩▩ ▩▩▩▩▩▩',
 'band': '不可',
 'barrier_free': 'なし ：なし',
```

```
  'budget': {'average': '3500円 (██████████████コース3500円より)',
  'code': '█████',
  'name': '3001〜4000円'},
                ⋮
                ⋮
```

　リスト形式で店舗情報を取得できました。res.json()['results']['shop']は、店舗情報を複数格納しているため、変数shopsに代入しておきましょう。セル9を編集し、コードを次のように書き直して実行します。

セル10 店舗情報の一覧を変数shopsに代入する

```python
shops = res.json()['results']['shop']
# 先頭3行だけ表示
shops[:3]
```

出力結果

```
In [1]:
 1 shops = res.json()['results']['shop']
 2 # 先頭3行だけ表示
 3 shops[:3]

Out[1]:
[{'access': '東京駅八重洲口██████・和食個室居酒屋',
  'address': '東京都中央区八重洲 ████████ ██████████████ ',
  'band': '不可',
  'barrier_free': 'なし ：なし',
  'budget': {'average': '3500円 (███████████コース3500円より)',
  'code': '█████',
  'name': '3001〜4000円'},
                ⋮
                ⋮
```

　ここで一度、いくつの店舗情報が得られたのか、len()関数を使って確認してみましょう。

セル11 shopsに格納されている店舗数を確認する

```python
# 店舗数の確認
len(shops)
```

```
10
```

これでもう **10 店舗分**の情報を取得できちゃうんですね！

早かったでしょ？　信頼できる最新情報を簡単に収集できるのが **API** 活用の素晴らしさの **1** つだよね。使えるようになると、新しいサービスや商品のアイデアもわきやすくなると思うよ！

　今回は、keywordに「東京駅」を指定しただけでしたが、nameパラメータで店名の部分一致検索、addressパラメータで住所の部分一致検索、lat ／ lng ／ range パラメータで緯度／経度／検索範囲など、詳細な検索条件を指定することも可能です。

☑ JSONについて理解を深めよう

　ここで、JSONというフォーマットについて簡単に説明しておきたいと思います。すでに知っている方は、ここはスキップして次のステップに進んでください。

　APIでリクエストを送る際やレスポンスで返ってきたデータを扱う際は、基本的に **JSON**フォーマットでのやり取りが前提となります。プログラミングを学んだことがある方、特にJavaScript経験者からするとなじみ深いフォーマットではありますが、今一度、JSONについて理解した上で本書を読み進めていきましょう。

　JSONとは、JavaScript Object Notationの略で、**JavaScript**のオブジェクトの表記方法をもとにしたデータフォーマットです。XMLなどと同様のテキストベースのデータフォーマットになります。

　データのやりとりを行う上で、JSONは現在の主流なデータフォーマットとなっていますが、以前はXMLという形式が一般的でした。なぜ、主流がXMLからJSONに変化していったのでしょうか？　それには次のような理由があります。

　XMLでは、HTML同様に**タグを用いてデータ構造を表現**します。XMLでデータを表現した例が以下です。基本的には、開始タグ（<data>など）と終了タグ（</data>など）が対になった表記方法になります。

IDと氏名をXMLで表現する

```xml
<?xml version="2.0" encoding="utf-8"?>
<data>
  <item>
    <id>1</id>
    <name>Suzuki</name>
  </item>
  <item>
    <id>2</id>
    <name>Tanaka</name>
  </item>
</data>
```

　いかがでしょう、このデータ構造をパッと見て理解できますか？　中身はシンプルなはずなのに、タグが多く、難しく感じてしまいますよね。この直感的に理解しにくい点がXMLの難点でした。

　それに対し、同じデータ構造をJSONで表現すると次のようになります。

IDと氏名をJSONで表現する

```json
[
  {"id" : "1", "name" : "Suzuki"},
  {"id" : "2", "name" : "Tanaka"}
]
```

　すごくスッキリしましたよね。見やすさが変わっただけではなく、1文字1バイトだとした場合、XMLは179バイト、JSONは75バイトと、同じデータを扱っているにもかかわらず情報量にも大きな違いが出ています。これを見ると、XMLからJSONに変わっていったのも納得できますよね。

　上記の通り、JSONは {} の中にキーとバリューをコロンで区切って記述します。Pythonの辞書型と同じですよね。ただし、**キーは必ずダブルクォーテーションで囲む必要があります**。シングルクォーテーションにするとエラーになってしまうので注意が必要です。

私もよくシングルクォーテーションで書いてしまって、データをうまく
読み込めなかったりします……。

　APIを扱うプログラミングでは、今回に限らずJSONを頻繁に使用します。今後も
よく登場するデータ形式なので、この機会にぜひ覚えておきましょう。

5

もっとたくさんの データを取得しよう

⇒動画もチェック

✓ 10件以上のデータを取得するには

先ほど len(shops) でリストの長さ、つまり店舗数を確認しましたが、これってもしかして東京駅付近を検索した結果、**10 店舗**しかヒットしなかったってことですか？

もちろん、東京駅周辺にはもっとお店があるはずだよね。サクラさんが探している答えは、ちゃんと **JSON** 形式で返ってきているよ。先ほど（**P.278**）見たように、API ドキュメントの中にレスポンスフィールドがあるよね。その中の **results** パラメータの **results_available** を見てみて。

161 って書いてありますね。何のパラメータなのか、API ドキュメント（**P.270**）で確認してみます……。あっ！「クエリー条件にマッチする、検索結果の全件数」って書いてあります！

results_available	クエリー条件にマッチする、検索結果の全件数	47	○

そう！　つまり、**JSON** のデータを見直してみると、検索結果に合致した件数は全部で **161** 件ということになるね。

```
In [6]:
  1  res.json()
Out[6]:
{'results': {'api_version': '1.26',
  'results_available': 161 ,
  'results_returned': '10',
  'results_start': 1,
  'shop': [{'access': 'ＪＲ東京駅八重洲中央口より　　　　　　/都営浅草線，東京メトロ日本橋(東京)駅
　　　　　　　　',
```

なるほど〜。でも、なぜヒットしたのは **10** 件だけだったんですか？

それもドキュメントにちゃんと書かれているよ。「検索クエリ」（リクエストパラメータ）の **count** のところを見てみて。

どれどれ。**count** は、「検索結果の最大出力データ数」を指定するパラメーターで……初期値が「**10**」になっている！ これですね！

count	1ページあ たりの取得 数	検索結果の最大出力データ数を指定しま す。	初期値：10、最 小1、最大100

そのとおり！ リクエストを送る際に「最大何件取得するか」を **count** パラメータで指定するんだ。ただし、最大値は **100** 件までだから、1 回のリクエストでは、**100** 件までしか取ってこられない。では、残りの **50** 件、つまり、**101** 件目から **161** 件目までのデータはどのように取得すればいいと思う？

start ですね！ この **start** に検索開始位置を指定すればいいんじゃないですか？

start	検索の開始 位置	検索結果の何件目から出力するかを指定し ます。	初期値:1

バッチリだね！ ちなみに検索結果の数字は随時更新されていて、数ヶ月後などに実行するともっと増えているかもしれない。
では、実際にコードを書いてみようか。

もっと多くの検索結果を取得できるように、APIにリクエストを送信するコードを書き直しましょう。検索開始位置を示すstart、取得件数を示すcountという変数を定義し、これらをリクエストパラメータに追加した上でリクエストを行います。

```
start = 1
count = 100
params = {
    'key': 'YOUR API KEY',     取得した API キーを入力
    'keyword': '東京駅',
    'start': start, # 追加
    'count': count, # 追加
    'format': 'json'
}
res = requests.get(url, params)
shops = res.json()['results']['shop']
shops[:3]
```

出力結果

```
Out[1]:

[{'access': '東京駅八重洲口▓▓▓▓▓・和食個室居酒屋',
  'address': '東京都中央区八重洲 ▓▓▓▓▓ ▓▓▓▓▓▓ ▓▓▓▓▓▓',
  'band': '不可',
  'barrier_free': 'なし ：なし',
  'budget': {'average': '3500円 (▓▓▓▓▓▓ コース3500円より) ',
   'code': ▓▓▓▓,
   'name': '3001〜4000円'},
     ⋮
```

しっかりと取得できていそうですね。

では、店舗件数を確認してみましょう。新しいセルを作成し、次のコードを入力・実行します。

セル13　店舗の取得件数を確認する

```
len(shops)
```

出力結果

```
100
```

こちらのように複数の店舗情報が格納されたリストshopsの長さを取得する方法、もしくは、results_returnedパラメータで件数を確認できます。新しいセルを作成し、次のコードを入力・実行します。

セル14 results_returnedパラメータで件数を確認する

```
res.json()['results']['results_returned']
```

出力結果

```
'100'
```

　リクエストパラメータで指定した件数分を取得できていますね。では、残りの61件も取得してみましょう。先ほどと区別するために、代入する変数名はres2、shops2とします。

セル15 101件目以降の店舗情報を取得する

```
start = 101 # 101件目から取得
count = 100 # 最大取得件数なのでこのままでもOK
params = {
    'key': 'YOUR API KEY',
    'keyword': '東京駅',
    'start': start,
    'count': count,
    'format': 'json'
}
res2 = requests.get(url, params)
res2.json()
```

出力結果

```
Out[4]:
{'results': {'api_version': '1.26',
  'results_available': 161,
  'results_returned': '61',
  'results_start': 101,
  'shop': [{'access': '東京駅丸の内南口██████/銀座駅C1出口███/有楽町駅出口█████/日比谷駅███/
JR新橋駅銀座口██/霞が関b2出口████',
```

```
          'address': '東京都中央区銀座███ ████████',
          'band': '可',
          'barrier_free': 'あり　：店内もお手洗い（車椅子のまま入ること可能）もバリアフリーです\u3000エ
     レベーター有（要：事前連絡でご案内）',
          'budget': {'average': '2622円（食事平均）/4822円（宴会平均）\u3000下見試食無料です',
          'code': '████████',
          'name': '4001〜5000円'},
                         •
                         •
                         •
```

　先ほどとは異なるお店の情報が抽出されていますね。先ほど取得したデータと区別するために、店舗情報の一覧を変数shops2に代入しておきましょう。

セル16　101件目以降の店舗情報をshops2に代入する

```
shops2 = res2.json()['results']['shop']
# 取得件数
len(shops2)
```

出力結果

```
61
```

　61件取得できていることが確認できましたね。取得開始番号も、念のために確認しておきましょう。results_startパラメータを確認します。

セル17　店舗情報の取得開始番号を確認する

```
res2.json()['results']['results_start']
```

出力結果

```
101
```

　101件目から問題なく取得できていました。これでshopsに100件、shops2に61件の店舗情報が取得できました。shopsのリストにshops2を結合して、161件分のデータをまとめましょう。リストの結合は、数値と同じように+=演算子を使えばOKです。新しいセルを作成し、次のコードを入力・実行しましょう。

```
shops += shops2
```

　上記のコードを書くだけで、shopsにshop2を結合してくれるんです。shopsの長さが161になっているかを確認しましょう。新しいセルを作成し、次のコードを入力・実行します。

セル19　結合後の変数shopsの要素数を確認する

```
len(shops)
```

出力結果

```
161
```

　しっかりと結合されていることがわかりますね。これで161件分のデータをまとめることができました。

SECTION 6

APIで取得したデータを加工しよう

☑ 必要なデータを抽出して整形する

　APIでもWebスクレイピングでも、データを抽出するだけでは仕事とはいえません。データを見やすく扱いやすい形に変えるところまで行うことで、価値ある情報となるのです。今回も変数shopsの中身から必要なデータのみを抽出し、データを整形しましょう。

　今回、使用したい情報は次の7つです。

① name　掲載店名
② address　住所
③ capacity　総席数
④ access　交通アクセス
⑤ urls > pc　店舗URL（パソコン向けURL）
⑥ open　営業時間
⑦ budget > name　ディナー予算（検索用ディナー予算）

　では、どのように取得していくのか見ていきましょう。各項目の詳細については、APIドキュメントの「レスポンスフィールド」を確認してみてください。

☑ 1店舗のデータから必要な情報のみを取り出す

　まずは1店舗のデータから必要な項目を抜き出し、その後に残り160店舗分のデータも抽出します。

　リスト変数shopsから1店舗目を取り出し、新しい変数shopに代入しましょう。JupyterLabで新しいセルを作成し、次のコードを入力・実行します。

```
shop = shops[0]
```

shopから必要な情報のみを取り出し、新しい辞書型の変数datumに格納しましょう。新しいセルを作成し、次のコードを入力・実行します。

セル21 shopの必要な情報を辞書にまとめる

```
datum = {
    'name': shop['name'],
    'address': shop['address'],
    'capacity': shop['capacity'],
    'access': shop['access'],
    'urls': shop['urls']['pc'],
    'open': shop['open'],
    'budget': shop['budget']['name']
}
datum
```

出力結果

```
Out[13]:
{'name': '███████████████████████',
 'address': '東京都中央区八重洲 ████████████████████',
 'capacity': 52,
 'access': '東京駅八重洲口████████████████',
 'urls': 'https://www.hotpepper.jp/█████████████',
 'open': '月〜土、祝日、祝前日: 16:00〜23:30 （料理L.O. 22:30 ドリンクL.O. 23:00)',
 'budget': '3001〜4000円'}
```

> APIは、実行した時点の最新情報を取得するため、後で実行すると結果が変わることがあります。その場合も、プログラムの流れ自体に変わりはありません。気にせず進めていきましょう。

✓ 全店舗のデータから必要な情報のみを取り出す

欲しい情報のみを取り出すことができましたね。ほかの店舗情報も同様に取り出し、161件の新しいデータをリスト変数dataに格納しましょう。先ほど作ったセルを編

集し、次のコードに書き換えてから実行してください。

セル22 全店舗のデータを変数dataに格納する

```
# 新しいデータを格納するリストを空で定義
data = []
# 1店舗ずつ取り出し、shopに代入
for shop in shops:
    datum = {
        'name': shop['name'],
        'address': shop['address'],
        'capacity': shop['capacity'],
        'access': shop['access'],
        'urls': shop['urls']['pc'],
        'open': shop['open'],
        'budget': shop['budget']['name']
    }
    # 必要な情報のみを取り出したdatumをdataに追加
    data.append(datum)
```

最初に新しいデータを格納するためのリストdataを空で定義します。その下に、for文で161件分の店舗情報が入っているshopsから1店舗ずつ取り出してshopに代入。そのshopから必要なデータのみを取り出し、datumに代入。最後に、datumをdataに追加する、という流れです。

これでdataの中には必要な情報のみが入った161件分の店舗情報が格納されています。先頭5件のみ確認してみましょう。新しいセルを作成し、次のコードを入力・実行してください。

セル23 変数dataから先頭5件を取り出す

```
# 先頭5件
data[:5]
```

```
[{'name': '███████████████ ██████ ████████',
 'address': '東京都中央区八重洲 ██████ ████████████',
 'capacity': 52,
 'access': '東京駅八重洲口█████ ████████',
 'urls': 'https://www.hotpepper.jp/████ ███████████████',
 'open': '月～土、祝日、祝前日: 16:00～23:30　（料理L.O. 22:30 ドリンクL.O. 23:00)',
 'budget': '3001～4000円'},
 {'name': '████████████ █████ ███████',
 'address': '東京都中央区日本橋████ █████',
 'capacity': 100,
 'access': '東京駅3分・日本橋駅1分████ █████████████',
 'urls': 'https://www.hotpepper.jp/████ ███████████████',
 'open': '月～土、祝日、祝前日: 16:00～翌0:00　（料理L.O. 23:00 ドリンクL.O. 23:30)',
 'budget': '3001～4000円'},
 {'name': '█████████ ██████ ██████',
 'address': '東京都中央区八重洲 ████ ██████ █████',
 'capacity': 120,
 'access': 'JR 東京駅八重洲 █████ █████ ／地下鉄 日本橋駅 █████ █████',
 'urls': 'https://www.hotpepper.jp/███████████████',
 'open': '月～日、祝日、祝前日: 14:00～23:45　（料理L.O. 23:00 ドリンクL.O. 23:00)',
 'budget': '3001～4000円'},
```

　どの店舗情報も、先ほど抽出した値しか格納されていませんね。また、len()関数でリスト変数dataの要素を数えてみると、どうなっているでしょうか？

セル24 変数dataの要素を数える

```
len(data)
```

```
161
```

　店舗数も、きちんと161件分となっていますね。これで必要な情報のみをうまく抽出することができました。

7 pandasのDataFrame型に変換して分析しよう

✔ リストのデータをpandasに読み込ませる

　Pythonでデータを扱う、ということは最終的にpandasのDataFrame型に変換するのがお決まりのパターンです。pandasをインポートし、リストdataをDataFrame型に変換しましょう。

> **DataFrame型**は、複数のデータを**Excel**のような表形式で扱うためのデータ型です。条件を指定して行をフィルタリングしたり、特定の列の合計や平均を求めたりするといったことが、**Python**上で簡単に行えます。

　JupyterLabで新しいセルを作成し、次のコードを入力・実行します。

セル25 ▶ pandasでリストをDataFrame型に変換する

```
import pandas as pd
# リスト -> DataFrame
df = pd.DataFrame(data)
```

　先頭から5つの要素を抜き出せるhead()メソッドを使って、先頭5件のみ表示してみます。新しいセルを作成し、次のコードを入力・実行してください。

セル26 ▶ 先頭5件のみを出力する

```
df.head()
```

	name	address	capacity	access	urls	open	budget
0	▨▨▨	東京都中央区八重洲 ▨▨▨	52	東京駅八重洲口 ▨▨▨	https://www.hotpepper.jp/s...	月〜土、祝日、祝前日: 16:00〜 23:30 (料...	3001〜 4000円
1	▨▨▨	東京都中央区日本橋 ▨▨▨	100	東京駅▨・日本橋駅◆	https://www.hotpepper.jp/s...	月〜土、祝日、祝前日: 16:00〜翌 0:00 (料...	3001〜 4000円
2	▨▨▨	東京都中央区八重洲 ▨▨▨	120	JR東京駅八重洲北口 ▨／地下鉄 日本橋駅 ...	https://www.hotpepper.jp/s...	月〜日、祝日、祝前日: 14:00〜 23:45 (料...	3001〜 4000円
3	▨▨▨	東京都中央区日本橋 ▨▨▨	30	ＪＲ東京駅八重洲中央口▨／都営浅草線、 ...	https://www.hotpepper.jp/s...	月〜日、祝日、祝前日: 11:00〜翌 0:00 (料...	3001〜 4000円
4	▨▨▨	東京都中央区日本橋 ▨▨▨	28	地下鉄東西線 日本橋駅 ▨▨／JR ...	https://www.hotpepper.jp/s...	月〜日、祝日、祝前日: 11:00〜翌 0:00 (料...	3001〜 4000円

しっかりと見やすい形式で取得できていますね！

 すごい！ 欲しかったデータが **100 件以上**まとまっています！

 でも、予算の **budget** 部分は文字列じゃなくて数値だと完璧だったんだけどなぁ。

それなら、文字列処理でうまく数値部分だけ取り出せばいいよ。文字列処理はデータを扱う上でよく出てくるので、やってみよう。**budget** の値から、予算の下限と上限を取り出していこうか。

☑ 文字列から必要な情報のみを抽出

　予算が入っているbudgetカラムに対して、文字列処理を行い、予算の下限、上限を数値（int型）で取り出しましょう。予算の下限をlower_budgetカラム、上限をupper_budgetカラムに入れていきます。

　まずは、budgetカラムの1つ目のデータを取り出し、_budgetという変数に代入します。

budgetカラムの1つ目のデータを取り出す

```
_budget = df['budget'][0]
_budget
```

出力結果

```
'3001 ～ 4000 円 '
```

'3001 ～ 4000円'という文字列の値を取得できましたね。ここから3001と4000を取り出します。

✓ 下限の金額を取り出す

数値を取り出す方法はいくつかありますが、いちばんわかりやすいのが文字列のsplit()メソッドを使う方法です。3001という下限を表す値は、必ず「～」の前にありますよね。そこで、「～」を境に文字列を分割し、前の要素のみを取り出します。split()メソッドは、**文字列.split(区切り文字)** という形式で記述します。

新しいセルを作成し、次のコードを入力・実行してください。

セル28 「～」を境に文字列を分割する

```
_budget.split(' ～ ')
```

出力結果

```
['3001', '4000 円 ']
```

しっかりと「～」を境に、2つの要素に分割されたリストが生成されました。

もし分割されてない場合は、「～」がきちんと入力できているか確認してみましょう。半角になっていたりシングルクォーテーションが入っていなかったりと、少しでも違う引数になっているとうまく分割されません。

分割して生成されたリストの0番目の要素に下限の値'3001'が入っていますね。0番目を取り出し、文字列からint型へ変換しましょう。新しいセルを作成し、次のコードを入力・実行します。

下限の値を int 型に変更する

```
int(_budget.split(' ～ ')[0])
```

出力結果

```
3001
```

これで下限の金額を取得できましたね！

✔ 上限の金額を取り出す

上限の金額も取り出しましょう。先ほど分割したリストの1番目の要素を取り出すと、'4000円'という文字列が取得できますね。新しいセルを作成し、次のコードを入力・実行してみましょう。

セル30 文字列を分割したリストの1番目の要素を取り出す

```
_budget.split(' ～ ')[1]
```

出力結果

```
'4000 円 '
```

「円」は不要なので、除去しましょう。これも方法はいくつかありますが、**replace()** メソッドがいちばん簡単でわかりやすいと思います。replace()はその名の通り、文字列を置換するメソッドです。**文字列.replace('対象となる文字列', '置換後')** のように用います。今回の場合、対象となる文字列を'円'、置換後は空文字の' 'にします。
先ほどのセルを次のように書き換えて実行しましょう。

セル31 replace()メソッドで'円'を取り除く

```
_budget.split(' ～ ')[1].replace('円', '')
```

出力結果

```
'4000'
```

'円'という文字列を空文字に置換、つまり、削除することができました。あとは

int型に変換すればOKです。セルを再度編集し、次のように更新して実行します。

セル32 文字列をint型に変換する

```
int(_budget.split(' ～ ')[1].replace('円', ''))
```

出力結果

```
4000
```

これで予算budgetから下限と上限の値を取ってこられたので、すべての値に対しても同様の処理を施し、新たなカラムlower_budget、upper_budgetに格納します。DataFrame型の変数dfに新しいカラムを設ける前に、予算の下限を格納するリストlower_budgetsと、予算の上限を格納するリストupper_budgetsに値をいったん格納していきましょう。

新しいセルを作成し、次のコードを入力して実行しましょう。これまで作ったセルを適宜コピーして編集しても、もちろんかまいません。

セル33 予算の下限・上限を抽出してリストにまとめる

```
# 空のリストを定義
lower_budgets = []
upper_budgets = []
# budgetカラムにある各値を順に_budgetに代入
for _budget in df['budget']:
    # _budgetに空文字が入っている場合を避けるために、if文を入れる
    if _budget != '':
        lower_budget = int(_budget.split(' ～ ')[0])
        upper_budget = int(_budget.split(' ～ ')[1].replace('円', ''))
    else:
        lower_budget = 0
        upper_budget = 0

    lower_budgets.append(lower_budget)
    upper_budgets.append(upper_budget)
```

順番に見ていきます。まず空のリストとして`lower_budgets`、`upper_budgets`を定義します。次に、変数dfのbudgetカラムに入っているデータをfor文で1つずつ取り出し、_budgetに代入します。

for文冒頭にif文を設けていますが、これは、_budgetに空文字が入っていた場合にエラーが出てしまうのを避けるためです。試していただくとわかるのですが、このif文を書かずに実行するとエラーがでてしまうのです。`if _budget != '':`の中には_budgetが空文字ではなかった場合の処理、`else:`以降には_budgetが空文字だった場合の処理を書いています。空文字ではなかった場合の処理は、先ほどと同じ処理なので大丈夫でしょう。もし_budgetが空文字だった場合は、`lower_budget`、`upper_budget`にそれぞれ0を代入します。

最後に、下限のリスト変数`lower_budgets`に`lower_budget`を、上限のリスト変数`upper_budgets`に`upper_budget`を追加することで、リストが完成します。

このリストを変数dfの新しいカラムに挿入しましょう。新しいセルを作成し、次のコードを入力・実行します。

セル34 変数dfに予算下限・上限を記す新しいカラムを作成する

```
df['lower_budget'] = lower_budgets    ← 予算下限
df['upper_budget'] = upper_budgets
```

予算上限

これで予算の下限、上限を数値で保持したカラムができあがりました。head()メソッドで先頭5行を確認してみましょう。

セル35 変数dfの先頭5行を確認する

```
df.head()
```

出力結果

	name	address	capacity	access	urls	open	budget	lower_budget	upper_budget
0	▮▮▮	東京都中央区八重洲 ▮▮▮	52	東京駅八重洲口徒歩 ▮▮▮	https://www.hotpepper.jp/s...	月〜土、祝日、祝前日：16:00〜23:30（料...	3001〜4000円	3001	4000
1	▮▮▮	東京都中央区日本橋 ▮▮▮	100	東京駅 ▮▮▮・日本橋駅 ▮▮▮	https://www.hotpepper.jp/s...	月〜土、祝日、祝前日：16:00〜翌0:00（料...	3001〜4000円	3001	4000

2	■■■ ■■	東京都中央区八重洲 ■ ■■■■■■ ■■	120	JR 東京駅八重洲北口 徒歩■■／地下鉄 日本橋駅 ...	https://www.hotpepper.jp/s...	月～日、祝日、祝前日 14:00～23:45（料...	3001～4000円	3001	4000
3	■■■■■ ■■■	東京都中央区日本橋■■	30	ＪＲ東京駅八重洲中央口 ■■■■■／都営浅草線 ...	https://www.hotpepper.jp/s...	月～日、祝日、祝前日 11:00～翌0:00（料...	3001～4000円	3001	4000
4	■■ ■■■	東京都中央区日本橋■■ ■■ ■■■	28	地下鉄東西線 日本橋駅 ■■■■■■■／JR ...	https://www.hotpepper.jp/s...	月～日、祝日、祝前日 11:00～翌0:00（料...	3001～4000円	3001	4000

lower_budget、upper_budgetカラムが作成され、上限と下限の金額が入力されていることがわかります。これで完了です。

Python、すごすぎですね！
ちなみに、予算上限で条件検索することもできますか？　たとえば、予算上限 4,000 円以下の店舗のみを取り出すとか？

もちろん、できるよ！　じゃあ、最後にデータの絞り込みに挑戦してみようか。

8 条件を指定して 必要なデータを抽出する

✔ pandasならデータの抽出も簡単！

　最後に、予算上限（upper_budget）4,000円以下の店舗のみを条件抽出してみましょう。条件抽出の方法も非常に簡単です。

　まずは、コードを入力してみましょう。新しいセルを作成し、次のように条件式を入力・実行します。

セル36　予算の上限が4,000円以下の店舗を抽出する

```
df['upper_budget'] <= 4000
```

出力結果

```
0        True
1        True
2        True
3        True
4        True
          ...
156      True
157      False
158      True
159      True
160      False
Name: upper_budget, Length: 161, dtype: bool
```

　これは、dfのupper_budgetカラムの値で4,000円以下（<=）であるかどうか、という条件になります。これに当てはまっている値はTrue、当てはまっていない場合は、Falseと表示されています。157行目がFalseになっていますね。実際の値を確認してみましょう。新しいセルを作成し、次のコードを入力・実行します。

```
df['upper_budget'][157]
```

出力結果

```
5000
```

　157番目の値は、予算上限が5,000円であることがわかりました。これは先ほどの条件式に当てはまっていないので、Falseになっていたわけです。これで条件式が成り立っているかを確認できたので、あとは df[] で囲ってあげるだけで終わりです。**df[条件式]** のように書き、条件抽出後のデータを df_filtered に代入しましょう。

セル38 予算の上限が4,000円以下の店舗を変数 df_filtered に代入する

```
df_filtered = df[df['upper_budget'] <= 4000]
df_filtered.head()
```

出力結果

	name	address	capacity	access	urls	open	budget	lower_budget	upper_budget
0		東京都中央区八重洲	52	東京駅八重洲口徒歩	https://www.hotpepper.jp/s...	月〜土、祝日、祝前日：16:00〜23:30（料...	3001〜4000円	3001	4000
1		東京都中央区日本橋	100	東京駅・日本橋駅	https://www.hotpepper.jp/s...	月〜土、祝日、祝前日：16:00〜翌0:00（料...	3001〜4000円	3001	4000
2		東京都中央区八重洲	120	JR 東京駅八重洲北口 徒歩／地下鉄 日本橋駅 ...	https://www.hotpepper.jp/s...	月〜日、祝日、祝前日：14:00〜23:45（料...	3001〜4000円	3001	4000
3		東京都中央区日本橋	30	ＪＲ東京駅八重洲中央口／都営浅草線、...	https://www.hotpepper.jp/s...	月〜日、祝日、祝前日：11:00〜翌0:00（料...	3001〜4000円	3001	4000
4		東京都中央区日本橋	28	地下鉄東西線 日本橋駅／JR ...	https://www.hotpepper.jp/s...	月〜日、祝日、祝前日：11:00〜翌0:00（料...	3001〜4000円	3001	4000

　中身を確認してみると、upper_budget が4,000円を超えているデータはなさそうですね。念のため、データの数に変化があったのか、データの長さを確認してみましょう。データの長さは .shape 属性で取得できます。新しいセルを作成し、次のコー

ドを入力・実行しましょう。

セル39 .shape属性で抽出したデータフレームのサイズを確認する

```
df_filtered.shape
```

出力結果

```
(111, 9)
```

111行9列となっています。もともとは161行あったので、50行分のデータが条件に合致しなかったことがわかりますね。以上で、条件抽出が完了しました！

 終わったー！　あっという間でしたね。

思っていたより簡単だったでしょ？

 はい！　集めたデータは大事に活かして、クライアントにはもちろん、多くのお客さんに喜ばれる出店を考えたいと思います！

 POINT　こんなふうに応用しよう

APIを駆使すると、大量の信頼できる有用な情報を簡単に収集できます。たとえば、本LESSONで扱う店舗情報のほか、天気やSNSの投稿、各商品・サービスの情報などです。SNSの投稿データを取得しテキスト分析を行えば、「いいね！」がついて伸びる投稿や拡散されやすい投稿の傾向をつかむことだって可能です。

また、AI・機械学習領域でのAPI活用の広がりには、すさまじいものがあります。AmazonやGoogleが提供しているWeb APIを用いることで、高精度な翻訳機能、画像認識機能、音声認識機能も簡単に使えてしまうのです。議事録のテキストデータを自動で翻訳したり、今までの売上データを読み込んで将来の値を予測したりといったことも、APIを使えばサクッと実装できてしまいます。

※なお、本書の出版は株式会社リクルートの認可を得たものではなく、株式会社リクルートがスポンサーとして関わっているものでもありません。

PART 2

入門
編

1

Pythonの
プログラミング環境を
準備しよう

本LESSONでは
PythonおよびJupyterLabの環境を構築していく
方法について紹介していきます。
まずPythonをインストールしますが、
MacとWindowsで手順が異なるので注意してください。
Pythonの環境が整いましたら、JupyterLabのインストールや
使い方について学んでいきます。

1

MacにPythonを
インストールしよう

✓ Pythonのインストール前に事前準備が必要

まずMacでPython環境を構築する方法について紹介します。MacでPythonをインストールするには、**Homebrew**（ホームブルー）というツールが必要なのですが、Homebrewをインストールするには**Xcode**（エックスコード）というツールも必要になります。

> 聞いたことのないツールばかりで不安になるかもしれませんが、インストール自体はそれほど難しくありません。1つずつ確実に進めていきましょう！

✓ Xcodeのインストール

最初にAppleが提供する開発者向けツールXcodeをダウンロードしましょう。Apple公式のツールということもあり、「App Store」から簡単に入手することができます。App StoreはLaunchpadから起動してもよいですし、Spotlight（検索バー）でアプリ名を入力・検索して起動することもできます。

① 「command」+「スペース」キーで「Spotlight（検索バー）」を起動

② 「App Store.app」を検索し、「App Store.app」をクリック

App Storeを起動したら、画面左上にある検索バーに「Xcode」と入力し、検索してみましょう。アプリが表示されるので、こちらからインストールします。

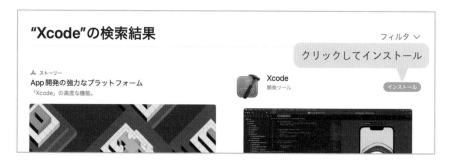

ただし、Xcodeは開発者向けのツールということもあって大容量となっており、すべてをインストールするのは時間がかかってしまいます。

Homebrewのインストールに必要な機能はXcode内の「CommandLineTools for Xcode」だけなので、これだけインストールすれば時間を短縮でき、データ容量も減らせます。「CommandLineTools for Xcode」をインストールするには、ターミナルを起動し、次のコマンドを実行します。

ターミナル CommandLineTools for Xcodeをインストールする

```
$ xcode-select --install
```

「$」は入力不要

ターミナルは、「command」＋「スペース」キーを押してSpotlightを表示し、アプリ名で検索するとかんたんに起動できます。

ターミナルが起動したら、上記のコマンドを実行しましょう。

コマンドの先頭にある「$」は入力不要です（自動で表示されます）。
「xcode」から入力してください。

　インストール中にポップアップが表示される場合は、すべて「OK」や「インストール」をクリックすればOKです。インストールが完了したら、念のためもう一度、先ほどと同じコマンドを実行してみましょう。インストールできている場合は、次のように表示されるはずです。

`ターミナル` CommandLineTools for Xcodeがインストールされているか確認する

```
$ xcode-select --install
```

`出力結果`

```
xcode-select: error: command line tools are already installed,
use "Software Update" to install updates
```

「〜 already installed（すでにインストールされています）」と表示されていますね。以上でXcodeのインストールは完了です。続いてHomebrewをインストールしましょう。

✓ Homebrewをインストールする

　HomebrewはMacにおけるパッケージ管理システムです。パッケージとは、それこそPythonをはじめとするMac上で動くプログラムのことを指します。
　Homebrewをインストールするには、右ページの図にあるように公式ページ（https://brew.sh/index_ja）からインストールコマンドをコピーしたあとターミナルを起動し、コマンドをペーストして実行しましょう。
　なお、このコマンドは変わる場合があります。みなさんがインストールするタイミングでは、本書記載のコマンドとは異なる可能性があるので、注意してください。

`ターミナル` ターミナルでHomebrewをインストールする

```
$ /bin/bash -c "$(curl -fsSL https://raw.githubusercontent.com/
Homebrew/install/HEAD/install.sh)"
```

インストールコマンドを実行すると、途中でターミナルに「Press RETURN to continue or any other key to abort」と表示されます。ここで処理が止まってしまうので、「return」キーを押してインストールを再開してください。

また、インストール中にパスワードの入力が求められる場合は、ご自身がMacで設定しているログインパスワードを入力してください。文字を入力しても反応がないように見えますが、実はちゃんと入力されているので安心してください。正しいパスワードを入力すると、次の処理に進みます。

インストールが完了したら、ターミナルで次のコマンドを入力してみましょう。「Your system is ready to brew.」と結果が返ってくれば、準備は完了です。

ターミナル ターミナルでHomebrewの状態を確かめる

```
$ brew doctor
```

```
Your system is ready to brew.
```

これでMacにPythonをインストールするために必要な準備が整いました。

✔ HomebrewでPythonをインストールする

次に、Homebrewを使ってPythonをMacにインストールしましょう。

インストール方法からなんとなく想像できると思いますが、Homebrewはターミナル上で使用するツールです。次のようにコマンドを実行することで、さまざまなソフトウェアを簡単にインストールすることができます。

ターミナル Homebrewでソフトウェアをインストールする

```
$ brew install ソフトウェア名
```

Pythonの場合は、次のコマンドをターミナルで実行すればOKです。

ターミナル HomebrewでPythonをインストールする

```
$ brew install python3
```

インストールが完了したら、python3 -Vもしくはpython3 -versionのコマンドを実行し、Pythonのバージョンを確認してみましょう。Pythonが利用できる状態になっていれば、「3.X.X」とバージョンが表示されます。

ターミナル Pythonのバージョンを確認する

```
$ python3 -V
```

出力結果

```
Python 3.6.5
```

2 WindowsにPythonを インストールしよう

✓ Pythonをインストールする

　ここでは、WindowsでPython環境を構築する方法を解説します。まずはPython を自分のパソコンで使えるようにインストールしましょう。Webブラウザのアドレ スバーに「python.org」と入力し、Pythonの公式ページにアクセスします。

　Windowsの場合は、公式ページからWindows向けのインストーラーをダウンロー ドします。「Downloads」にマウスポインターを合わせ、「Python 3.X.X」のボタン をクリックします。

　インストーラーのダウンロードが完了したら、ファイルをダブルクリックして起動 します。「Add Python 3.X to PATH」にチェックを入れた状態で「Install Now」を クリックしてPythonをインストールしましょう。

② 「Install Now」を
クリック

① 「Add Python 3.X to PATH」をチェック

「Setup was successful」と表示されると、Windows環境へのインストールが完了します。「Close」をクリックしてインストーラーを終了しましょう。

次に、実際にPythonが起動するかどうかの動作確認を行いましょう。タスクバーの検索ボックスから「Windows Terminal」もしくは「Windows PowerShell」を起動してください。

① 「Windows Terminal」と検索

②アプリをクリックで起動

Terminal（またはPowerShell）が起動したら、Pythonのバージョンを確認する
コマンドpython -Vを入力し、実行してみましょう。次のように表示されたら、無
事Pythonがインストールされていることになります。

ターミナル ▶ ターミナルでPythonが利用できるか確認する

```
PS C:¥Users¥ユーザー名> python -V       先頭の「>」までは入力不要です
```

出力結果

```
Python 3.X.X
```

ここでは **Windows 11** で動作を確認しているため、黒い画面の
Windows ターミナルが表示されています。**Windows 10** では、青い画
面の **PowerShell** を使うことになりますが、同じコマンドで **Python**
のバージョンを確認できます。

「**python -V**」の **V** を間違えて小文字で入力したら、よくわからないメッ
セージがたくさん表示されてしまいました……。コマンドを入力し直し
たいのですが、どうしたらいいですか？

あわてなくても大丈夫だよ。こういうときは exit() と入力して実行す
れば、もとの状態に戻せるんだ（exit コマンドというよ）。コマンドが
うまく実行できないときは、ターミナルを起動し直してみよう。

LESSON 1

3 pandasとopenpyxlを インストールしよう

✔ Pythonのライブラリをインストールする

　本書では、Pythonのプログラミングに取り組む上で、**pandas**と**openpyxl**という
2つのライブラリを活用します。ライブラリとは、プログラムを作る上で便利な機能
の集合体で、Pythonにも最初から多くのライブラリがインストールされています。
pandasとopenpyxlは、これら標準のライブラリには含まれていないため、自身で
インストールする必要があります。

　Pythonライブラリのインストール方法は簡単で、ターミナルで次のコマンドを実
行します。

 **ターミナル** Pythonライブラリをインストールするコマンド（Windows）

```
> pip install ライブラリ名
```

 ターミナル Pythonライブラリをインストールするコマンド（Mac）

```
$ pip3 install ライブラリ名
```

　pip、pip3はPythonライブラリのインストールをサポートするツールで、Python
と一緒にインストールされます。ライブラリ名にpandasやopenpyxlと指定する
ことで、対象のライブラリをインターネットからダウンロードしてきてインストール
します。次のコマンドのように、スペース区切りで複数のライブラリを同時にインス
トールすることもできます。

ターミナル pandasとopenpyxlをインストールする（Windows）

```
> pip install pandas openpyxl
```

ターミナル pandasとopenpyxlをインストールする（Mac）

```
$ pip3 install pandas openpyxl
```

「pip list」コマンドで、インストールしたライブラリの一覧を確認できます

インストールに成功すると、「Successfully installed …」と表示されます

　macOSのバージョンによっては、古いPython 2.7が最初からインストールされており、pipコマンドを使うとPython 2.7向けにライブラリがインストールされることがあります。そのため、Macではバージョン名の3をつけたpip3コマンドでライブラリをインストールすることをおすすめします。

　なお、「**Requirement already satisfied:**」と表示される場合は、ライブラリがすでにインストールされています。再度インストールし直す必要はないので、次のステップに進みましょう。

4 JupyterLabの使い方を学ぼう

⇒動画もチェック

✔ JupyterLabをインストールしよう

本書では基本的にJupyterLab上にPythonプログラムを書いて実行していきます。**JupyterLabは、Web**ブラウザ上でコードを書いて実行し、その結果を確かめられる開発環境です。プログラミング用のテキストエディタよりも、手軽に実行・確認しながらコードを書くことができます。

JupyterLabを使うには、次の2つのツールをインストールする必要があります。

- **Jupyter**

  JupyterLabのコアとなる部分
- **JupyterLab**

  Webブラウザ上でプログラムを開発するための環境

こちらの2つのツールはpipもしくはpip3コマンドでインストールすることが可能です。ターミナルで次のコマンドを実行すればOKです。

> **ターミナル** MacでJupyterとJupyterLabをインストールする

```
$ pip3 install jupyter jupyterlab
```

Macでは上記のように両方のツールをインストールする必要がありますが、Windowsのほうはは JupyterLabをインストールすると自動的にJupyterもインストールされます。こちらは「Windows Terminal」もしくは「PowerShell」で実行します。

> **ターミナル** WindowsでJupyterLabをインストールする

```
> pip install jupyterlab
```

✔ **JupyterLabとは**

あらためてJupyterLabについて説明しましょう。**JupyterLab**とは、セルごとに
コードを入力でき、その場で実行して結果を確かめられるプログラム開発ツールです。
こちらの機能をマークダウンと呼ばれるテキスト編集の記法と組み合わせ、1つのド
キュメントとして整理することができます。このドキュメントのことをノートブック
もしくはJupyter Notebookと呼びます。主にPythonで使われていますが、他のプロ
グラミング言語でも同じように利用できます。ファイルを管理する、ターミナルか
らコマンドを実行するなど、開発に必要な機能を一通り備えており、Webブラウザ
の1つのタブ内で使えるのが大きな特徴です。

ここでは、JupyterLabで利用できる代表的な機能について、順に説明していきま
す。

1 **ノートブック（Jupyter Notebook）の編集**

2 **ファイルやフォルダの管理・編集**

- ファイルやフォルダの作成
- Pythonファイル、マークダウンなどの編集
- アップロード

3 **ターミナルでのコマンドの実行**

✔ **①ノートブックの編集**

JuptyerLabでPythonプログラムを作成する上で、メインで使うことになるのが、
ノートブックの編集機能です。ノートブックでは、コードの実行だけでなく、マーク
ダウン記法を使ったドキュメント編集ができ、さらにコード上で扱うリスト型のデー
タを表にしてわかりやすく可視化したり、解析した結果をグラフとして表示したりす
ることが可能です（次ページの図はノートブックでPythonを使用した例です）。

これにより、直感的にコードを理解できますし、レポートなどにも活用できるので、
学術・研究分野でも広く使われています。

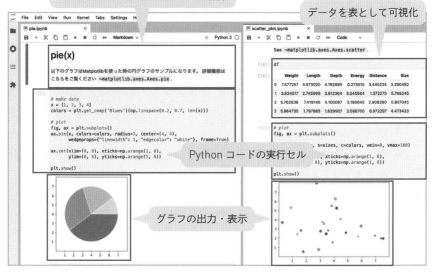

✓ ②ファイルやフォルダの管理・編集

　JupyterLabでは、ファイル・フォルダの管理・編集も可能です。起動や操作の方法はP.320から説明していきますが、JupyterLabを起動すると、右上のような画面が表示され、右側に「Launcher」と呼ばれるタブが表示されます。青い ＋ ボタンを押すと、別の「Launcher」が起動します。この青いボタンの右にあるボタン（ ＋ ）で新規フォルダの作成、その隣のボタン（ ⬆ ）でファイル・フォルダのアップロード、サイドバーで右クリックし「New File」をクリックすることで新規ファイルを作成できます。また、不要なファイルやフォルダは、そのアイコンを右クリックして「Delete」を選択すると削除できます。

　このあたりの操作に関しては基本的にMacの「Finder」やWindowsの「ファイルエクスプローラー」と似ている部分がほとんどなので、いろいろと試してどんな機能が使えるか確認しておきましょう。

ダウンロードしてきた解析用のファイルを移動したり、フォルダを作って、増えたノートブックを整理したりといった細かな作業をするのに、いちいち **Finder** やエクスプローラーに切り替えるのは面倒ですよね。そんなときはこの機能を活用してみてください。

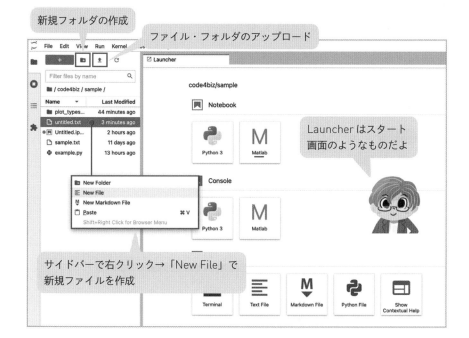

新規フォルダの作成

ファイル・フォルダのアップロード

Launcher はスタート画面のようなものだよ

サイドバーで右クリック→「New File」で新規ファイルを作成

✓ ③ターミナルでのコマンドの実行

ここまでPythonを実行する際などに使っていた「ターミナル（Mac）」「Windows PowerShell」を JupyterLab内で起動することも可能です。起動方法などについては、「JupyterLab上でターミナルを起動する」（P.327）を見てください。

JupyterLab上でターミナルを起動し、Pythonファイルを実行したときの画面

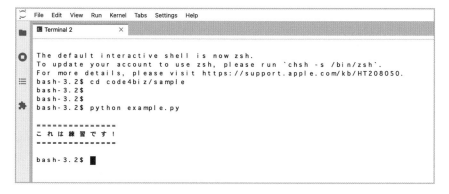

✔ JupyterLabを起動する

では、JupyterLabを起動してみましょう。MacとWindows、どちらの環境でも同じコマンドjupyter-labを使います。ターミナルに次のコマンドを入力して実行してみましょう。

JupyterLabを起動するコマンド（Mac）

```
$ jupyter-lab
```

しばらくすると自動的に既定のWebブラウザが起動し、次のようにJupyterLabのページが表示されます。アドレスバーには「localhost:8888/*****」という形で、自身のコンピュータ内を指すURLが表示されます。

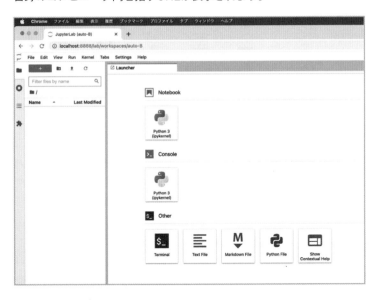

これでJupyterLabの起動は完了です。

✔ JupyterLabでノートブックを作り、セルを実行してみよう

実際にJupyterLab内で、Jupyter Notebookを使ってPythonのコードを実行していきましょう。次の図のように「Notebook」の下にある「Python 3」というアイコンをクリックして起動します。

　すると、次のような画面が表示されます。この右側のスペースはプログラムを書くための作業領域で、「ノートブック」と呼ばれています。

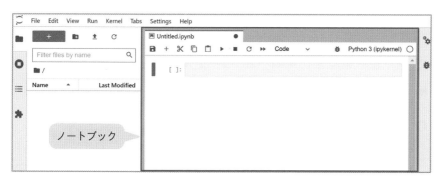

　左側のファイルが表示されているサイドバーは邪魔なので閉じておきましょう。**Mac**では「**command**」+「**B**」、**Windows**では「**Ctrl**」+「**B**」のショートカットキーで閉じることができます（サイドバーを使いたいときはもう一度、同じショートカットキーを押します）。

　このようにして「ノートブック」を作成すると、自動で1つ目のセルが作成されます。セルとは、**プログラムを実行するブロック**のことです。次ページの図で青色でハイライトされているエリアが、現在選択されているセルとなります。ここにPythonのコードを入力していきます。

Pythonのプログラミング環境を準備しよう

先頭が[ ]となっているとPython用のセル、何もないとマークダウン用のセル

Pythonコードをここに書く

練習として、「みなさん、こんにちは。」と表示される処理を書いてみましょう。

セル1 文字列を表示する処理

```
print('みなさん、こんにちは。')
```

入力が完了したら、「**Shift**」＋「**Enter**」キーもしくは「**Control**」＋「**Enter**」キーを押すと、そのセルに書かれているPythonのコードを実行することができます。「Shift」＋「Enter」キーを押した場合は、実行後に新しいセルが作成されます（次のセルがすでに作成されている場合は、そのセルが選択されます）。

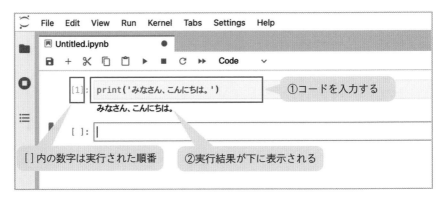

①コードを入力する

[ ]内の数字は実行された順番

②実行結果が下に表示される

✓ セルを追加・編集する

まずセルを追加する方法ですが、次の図のようにノートブック上部の「+」ボタンを押すことで、現在選択しているセルの下に新しく追加できます。

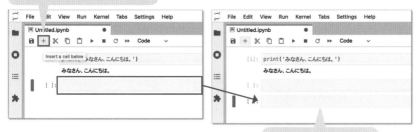

「+」ボタンをクリックすると

セルが1つ追加される

また、ショートカットキーとして、コマンド（**Command**）モードで「**B**」キーを押しても同じ結果になります。コマンドモードでは、セルがグレーになります。

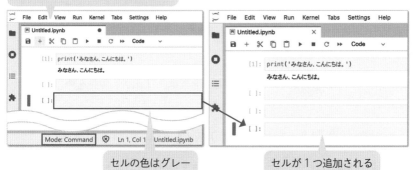

コマンドモードで「B」キーを押す

セルの色はグレー

セルが1つ追加される

編集（**Edit**）モードになっていると「B」キーを押してもただ「b」という文字が入力されてしまうので、注意が必要です。「Esc」キーを押してコマンドモードに切り替えてから、「B」キーを押しましょう。

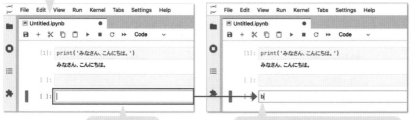

編集モードで「B」キーを押す

セルの色は白

「b」という文字が入力されるだけ

また、コマンドモードで「**A**」キーを押すと、選択しているセルの1つ上に新しいセルを追加できます。

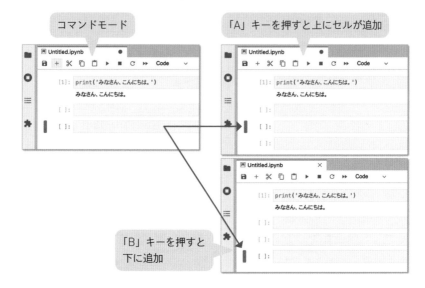

コマンドモードから編集モードに戻りたいときは、「Enter」キーを押します。

✓ セルの切り取り・コピー・貼り付け

セルの順番を入れ替えたいときは、Wordや Excelと同じように、切り取りと貼り付けを駆使します。

作成したセルを切り取りたい場合は、対象のセルの左側をクリックして選択します。選択すると青くハイライトされるので、その状態で、セル追加ボタン「+」の横にある「ハサミ」ボタンをクリック、またはコマンドモードで「**X**」キーを押します。

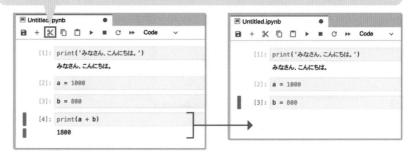

複数のセルを選択しておけば、セルをまとめて切り取ることもできます。まず、コマンドモードに切り替えた状態で、選択したい範囲の開始位置に当たるセルをクリックします。そして、「**Shift**」キーを押した状態で終了位置のセルをクリックすると、水色にハイライトされた状態になり、複数のセルが選択されます。この状態で「ハサミ」ボタンをクリック、またはコマンドモードで「**X**」キーを押すと、まとめてセルを切り取ることができます。

① [2] セルをクリック　　② 「Shift」キーを押したまま [3] セルをクリック

③「ハサミ」ボタンをクリック
または「X」キーで切り取り

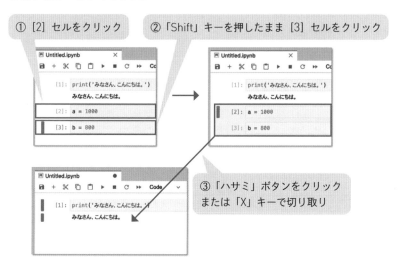

　セルの貼り付けは、コマンドモードで「**V**」キーを押します。現在選択しているセルの直下に、切り取ったセルを貼り付けられます。

コマンドモードで「V」キーを押す

1回目

2回目

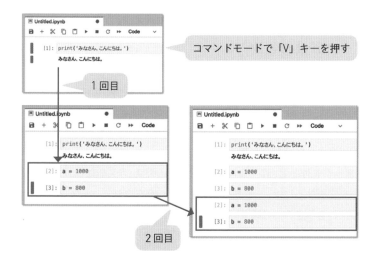

セルをコピーしたいときは、対象のセルを選択した状態で「C」キーを押します。貼り付け方は、切り取りのときと同じです。

✓ 操作の取り消し

　間違ってセルの切り取りや貼り付けなどをしてしまい、操作を元に戻したいときは、コマンドモードで「Z」キーを押します。以下の図では、先ほどの貼り付けの操作を2回さかのぼって取り消しています。

コマンドモードで「Z」キーを押す

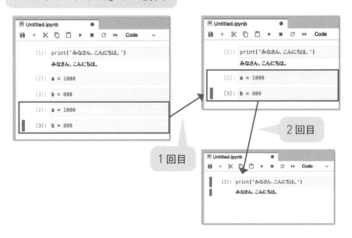

✓ ノートブックの保存と終了

　編集したノートブックは保存しておきましょう。**Mac**では「**command**」+「**S**」キー、**Windows**では「**Ctrl**」+「**S**」キーを押すと、変更を保存できます。右ページの図のようにファイル名の横に「×」と表示されていれば変更が保存されている状態、「●」であれば変更が保存されていない状態になります。

　なお、ノートブックを作ると、最初は「untitled.jpynb」という名前になります。ノートブックの名称を変更するには、サイドバーでファイルを右クリックして「Rename」を選択し、付けたい名称を入力します。

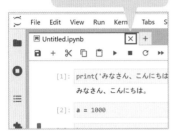
上書き保存されている

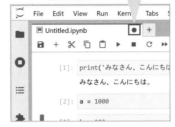
変更が保存されていない

　ノートブックでPythonのコードを実行するには、カーネルが起動している必要があります。ノートブックの編集を終えるには単に全体を上書き保存するだけではなく、このカーネルを閉じる（シャットダウン）する操作も行います。

> カーネルとは、**JupyterLab** の裏で **Python** の実行をつかさどっている機能のことです。

　やり方は簡単で、メニューバーの「Kernel」→「Shut Down Kernel」をクリックします。次にノートブックのファイル名横の「×」をクリックしてタブを閉じればOKです。

① 「Kernel」タブをクリック

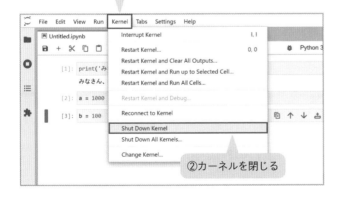

②カーネルを閉じる

∨ JupyterLab上でターミナルを起動する

　JupyterLabでは、ウィンドウ内にターミナルを表示し、各種コマンドを実行する

こともできます。コードの入力と実行が一箇所に集約されているため、別途「ターミナル」や「Windows PowerShell」を起動して煩雑になる状態を回避できる便利な機能です。

ターミナルを起動するには、次の図のように「Launcher」ウィンドウで「Terminal」をクリックします。

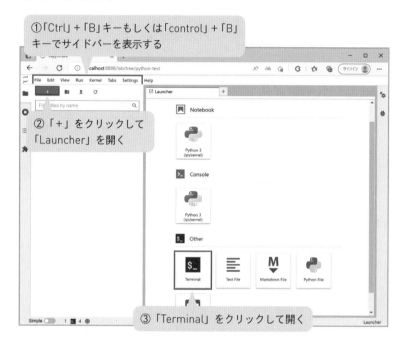

✓ Pythonファイルの実行

次にJupyteLabでPythonファイルを実行しましょう。ターミナルでPythonファイルを実行するためには、以下の2つを行う必要があります。

1 Pythonファイル（○○.py）の作成・用意

2 ターミナルから「python」コマンドでPythonファイルを実行

まずは「example.py」というPythonファイルを用意しましょう。Launcher画面をもう一度開き、「Python File」のアイコン（🐍）をクリックし、次の図の①のコードを入力後、「command」+「S」キー（Mac）もしくは「Ctrl」+「S」キー（Windows）

を押して保存してください。また、サイドバーのPythonファイルを右クリックして「Rename」を選択し、ファイル名を「example.py」に変更しておきましょう。

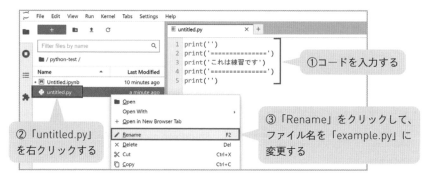

続いて、このPythonファイルをターミナルから実行します。

ターミナル Macの場合

```
$ python3 example.py
```

ターミナル Windowsの場合

```
> python example.py
```

きちんと実行できていますね。作成したPythonファイルをJupyterLabで確認・編集したいときは、サイドバーでファイルをダブルクリックしてください。

> プログラムの内容によっては、ノートブックで実行するより **Python**
> ファイルを使うほうが便利な場合もあります。そのあたりの使い分けは、
> **Part 1** の **LESSON 3** で身につけることができますよ。

✔ JupyterLabを停止する

JupyterLabを停止したいときは、メニューバーの「File」→「Shut Down」をクリックします。確認用のポップアップが表示されるので、「Shut Down」をクリックすればOKです。

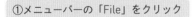
①メニューバーの「File」をクリック

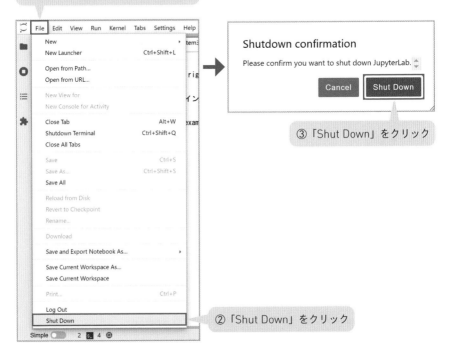

③「Shut Down」をクリック

②「Shut Down」をクリック

以上が **JupyterLab** の基本的な使い方です。本書を学ぶ上で必要な環境構築は完了しました。次の **LESSON 2** では **JupyterLab** を活用して、コードを動かしながら **Python** の書き方を学んでいきましょう。

2

プログラミングに必要な基本を身につけよう

ここでは、Pythonを活用する上で欠かせない
プログラミングの基礎的な知識を学びます。
Pythonにはさまざまな機能がありますが、
ここではプログラムを動かす上で必要な基本に絞っています。
ひととおり目を通して身につけたら、
実践の場でスキルを磨き上げていきましょう。

LESSON 2

Pythonで基本的な
四則演算をしてみよう

　最初に、プログラミングの基本中の基本である四則演算について解説します。業務効率化・自動化でも、売上や時間といった数値の計算なども行うため、計算の知識は不可欠です。

✔ Pythonで足し算・引き算をしてみよう

　数学の記号と同様に足し算には+、引き算には-を使用します。注意点として、プログラミングでは基本的にすべてのアルファベット、記号には半角を使います。全角を使うとエラーが起きてしまうので注意してください。

　JupyterLabで新しいノートブックを作成し、セルに次のコードを入力してみましょう。入力が終わったら、「**Shift**」+「**Enter**」キーを押してコードを実行してください。

セル1 足し算をする1

```
4 + 7
```

出力結果

```
11
```

セル2 足し算をする2

```
1560 + 21453
```

出力結果

```
23013
```

セル3 引き算をする1

```
18 - 3
```

15

引き算をする2

```
10 - 100
```

出力結果

-90

Pythonで掛け算・割り算をしてみよう

掛け算、割り算について見ていきましょう。先ほどまでと違い、数学とは異なる記号を使います。掛け算は*（アスタリスク）、割り算は / （スラッシュ）です。

セル5 掛け算をする1

```
10 * 10
```

出力結果

100

小数の計算をしたいときは、小数点には . （ドット）を使います。

セル6 掛け算をする2

```
1.24 * 10
```

出力結果

12.4

セル7 割り算をする

```
1800 / 100
```

出力結果

18.0

✔ ( ) で計算の優先順位を調整する

　算数や数学では、計算の種類によって優先順位が変わるのでしたね。複数の計算の種類が入り混じる式では、掛け算・割り算が優先され、その後に足し算・引き算が実行されます。

セル8 ( ) なしで計算する

```
300 + 100 / 4
```

出力結果

```
325.0
```

　この計算の順番を調整するには( )を使います。数学と同様、プログラミングでも( )内の計算が優先的に行われるのです。

セル9 ( ) で計算の優先順位を変更する

```
(300 + 100) / 4
```

出力結果

```
100.0
```

✔ 除算時の整数部と剰余

　ここまでの例で示した除算 (割り算) はすべて割り切れるものでしたが、計算によっては小数（余り）が出てきます。

　その際に小数点を含む形より、「整数と余り」に分けたほうが都合のいい場合があります。たとえば、2で割った余りが0の場合は偶数、2で割った余りが0でない場合は奇数、というように、プログラミングでは余りを1つの判断基準に用いることもあるのです。

1 整数部

割り算で整数部を出したいときには、*//*を使います。

セル10 割り算の整数部を計算する

```
12 // 5
```

出力結果

```
2
```

12÷5=2…2なので、整数部は2です。

2 剰余

余りを求める際には、**%**を使います。

セル11 割り算の余りを計算する1

```
10 % 5
```

出力結果

```
0
```

10÷5=2…0なので、余りは0です。

セル12 割り算の余りを計算する2

```
10 % 8
```

出力結果

```
2
```

10÷8=1…2なので、余りは2になりますね。

2 変数の考え方・使い方を知ろう

✓ 変数は値を格納する箱

　変数とは、計算結果を格納したり頻繁に使ったりする値を格納する箱のようなものといえます。前項でお伝えした四則演算はシンプルな計算でしたが、実際のプログラミングではより複雑で難しい計算を行う場合があります。

　それらの計算結果をいちいち記述するのは大変なので、変数と呼ばれる箱に格納、つまり保存しておくことで、簡単に利用できるようにするのです。また、よく使う数値やテキスト（文字列）などを毎回記述するのは面倒です。変数に格納しておけば、その都度その変数を呼び出せばいいので、手間を軽減できます。

変数とは?

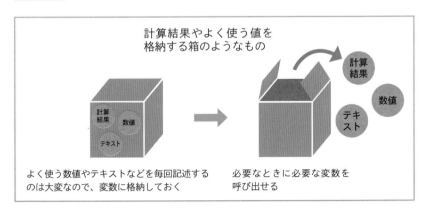

計算結果やよく使う値を
格納する箱のようなもの

よく使う数値やテキストなどを毎回記述する
のは大変なので、変数に格納しておく

必要なときに必要な変数を
呼び出せる

　抽象的で少しイメージしづらいかもしれませんね。もう少し具体的に解説しましょう。たとえば変数aという箱があり、この箱の中に3という数字を入れておけば、必要なときにその変数を呼び出せるようになります。この場合なら、変数a、つまりaという名前がついた箱を呼び出せば、3という値を取り出せます。

　変数は「変わる数」と書くだけあって、3だけではなく、0.4や-2といった数値や、テキスト（文字列）などのデータを格納することもできます。

変数の例

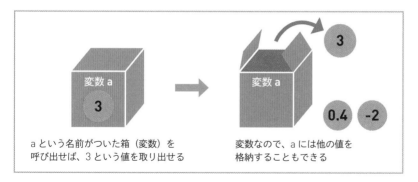

aという名前がついた箱（変数）を
呼び出せば、3という値を取り出せる

変数なので、aには他の値を
格納することもできる

✔ 変数の操作

今度は実際にコードを動かしながら確認してみましょう。「変数aに3を入れる」を
コードで表現すると、次のようになります。JupyterLabで新しいノートブックを作
成し、次のコードを入力・実行してみましょう。

セル13 変数aに3を入れる

```
a = 3
```

このように、変数に値を入れる場合は＝を使います。この＝は「等しい」ことを意
味するわけではなく、代入（変数に数値や文字列などのデータを入れる操作）を意味
します。つまり、a = 3は「**aという変数に3を代入する**」という意味になります。

aの中身を確認する場合は、JupyterLab上で単にaと打つか、print(a)と記述す
ることで確認できます。

セル14 変数aの値を出力する1

```
a
```

出力結果

```
3
```

セル15 変数aの値を出力する2

```
print(a)
```

```
3
```

print( ) は( )内に記述した変数や値を表示するPythonの機能です。Pythonには、このようにあらかじめ用意された機能（組み込み関数）がたくさんあります。

組み込み関数は暗記しておく必要はありません。実際にコードを書いていく中で覚えていきましょう。

他の変数も書いてみましょう。変数bに10を代入します。

セル16 変数bに10に代入する

```
b = 10
b
```

出力結果

```
10
```

✓ 変数に適切な名前をつける

実際のプログラムでは、変数に意味のある名前をつけるのが一般的です。たとえば、1,000円の本を購入するとしましょう。購入時には消費税10%が加えられるので、実際は1,100円になります。これを計算してくれるプログラムを書くと、どうなるでしょうか？　答えは、次のようになります。

意味のある変数名をつける例

```
# 価格
price = 1000    価格を変数 price に入れる
# 消費税
tax = 1.1    消費税率を変数 tax に入れる
# 税込価格
price * tax
```

```
1100.0
```

価格の変数名を price、消費税率の変数名を tax とするのは、問題設定と合致していてイメージしやすいですよね。このように、**変数名は「その変数に何が入っているか」がわかるようにつけるのがポイント**です。他の人が自分のコードを見たときにも、「この変数には○○の値が入っているんだな」と理解してもらえますよね。

✓ コメントでコードの情報を補足する

また、前記のコードには#の後ろに文字列が記述されています。この**#で始まる行の文字列すべてはコードとして認識されません**。つまり、プログラムの実行に影響をしない部分になります。この#に続く部分を「**コメント**」と呼びます。コメントは、他の人がコードを読む際にコード中の変数や処理の意味を伝えるためによく使われます。

> 開発しているときに、「この部分のコードを除いて実行したらどうなるのか、確認したい」「この処理をいったん行わないようにしたいけれど、後から戻せるようにしておきたい」といったように、一時的にコードを無効化したいときは、該当部分のコードの頭に「**#**」をつけてコメント化します。これを「**コメントアウトする**」といいます。

✓ 正しい変数名のつけ方と命名規則

変数の名前のつけ方には、以下の3つの注意点があります。

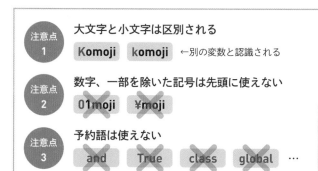

注意点1 大文字と小文字は区別される
Komoji **komoji** ←別の変数と認識される

注意点2 数字、一部を除いた記号は先頭に使えない
01moji **¥moji**

注意点3 予約語は使えない
and **True** **class** **global** …

予約語とは？
Python 内で、すでに特定の用途で使用することが決まっている用語

1 大文字と小文字は区別される

同じ読み方でも大文字と小文字は区別されます。

セル17 大文字と小文字の変数を比較する

```
Name = 'imanyu'
name = 'いまにゅ'
Name == name
```

= は代入、== は数学的な
意味のイコールを表すよ

出力結果

```
False
```

後ほど比較演算子の項でもお伝えしますが、上記の==は左辺と右辺が等しいかどうかを判断する記号です。結果は「False」（誤り）となっているので、「Nameとnameは等しくない」、つまり別の値として区別されていることがわかります。

セル18 変数Nameとnameを出力する

```
print(Name, name)
```

出力結果

```
imanyu いまにゅ
```

2 数字、一部を除いた記号は先頭に使えない

Pythonでは、変数名にアルファベット（a ～ z、A ～ Z）、数字（0 ～ 9）、アンダースコア（ _ ）を組み合わせて使うことができます。$や%などの記号は変数名に使えないので、注意してください。また、変数名の先頭には数字は使用できません。

不適切な文字から始まる変数名を定義すると、次のようなエラーが起きてしまいます。

セル19 変数名の先頭に数字を使うとエラーになる

```
1name = 'imanyu'
```

```
    File "<ipython-input-423-98337a8f193f>", line 1
      1name = 'imanyu'
          ^
SyntaxError: invalid syntax
```

セル20 変数名に_以外の記号は使えない

```
/name = 'imanyu'
```

出力結果

```
    File "<ipython-input-428-6bffcd8cb813>", line 1
      name(=, 'imanyu')
          ^
SyntaxError: invalid syntax
```

「SyntaxError: invalid syntax」というエラーが発生していますね。これは「文法が間違っている」という意味になります。

3 予約語は使えない

予約語とは、Python内で、すでに特定の用途で使用することが決まっている単語のことを指します。すでに役割が決まっているため、変数名として使用することができません。予約語には次のような単語があります。

• False	• class	• except	• import	• raise
• None	• continue	• finally	• in	• return
• True	• def	• for	• is	• try
• and	• del	• from	• not	• while
• as	• elif	• global	• or	• with
• break	• else	• if	• pass	

試しに、returnという予約語を変数として宣言してみましょう。

```
return = 1
```

```
  File "<ipython-input-42-99a3b896cd2f>", line 1
    return = 1
           ^
SyntaxError: invalid syntax
```

予想通りエラーになってしまいましたね。

JupyterLab で予約語を使用すると、文字が緑色で強調されます。これなら、文字色を見れば変数として使えないことがわかるので、予約語をいちいち覚えておく必要もありませんね。

✔ 命名規則

Pythonで推奨されている変数名のつけ方は全小文字＋アンダースコア区切りです。たとえば、my_nameやfamous_cityのような形です。逆に、myNameやMY_NAMEのような名前のつけ方は、Pythonでは推奨されていません。こうしたルールを命名規則といいます。

推奨されている命名規則

全小文字＋アンダースコア区切りで名づける

> my_name

> famous_city

これを踏まえて変数名を決めると統一感があり、コードが読みやすくなります。

3

比較演算子を使って
2つの値を比べてみよう

✓ 比較演算子で2つの値を比較する

比較演算子はその名の通り、2つの値を比較する演算子です。日常業務においても、値を比較する機会は多いのではないでしょうか？ たとえば昨年度の売上は100億円、今年度の売上は150億円だとすると、今年度の売上は昨年度の売上より大きいですね。このような比較をPythonで行うときに比較演算子を使います。

比較演算子とは別に覚えておくべきものに、TrueとFalseがあります。詳しくは後述しますが、比較して正しい場合は**True**、間違っている場合は**False**という結果が出力されます。

まずは基本中の基本、数学の不等式でもおなじみの記号<や>を使ってみましょう。JupyterLabで新しいセルを作成し、次のコードを入力・実行します。

セル21 比較演算子「<」で2つの値を比較する

```
1 < 3
```

出力結果

```
True
```

上記の不等式は「1は3より小さい」ことを意味しており、不等式として正しいので、「True」という結果が返ってきています。

セル22 比較演算子「>」で2つの値を比較する

```
1 > 3
```

出力結果

```
False
```

前記の不等式は、「1は3より大きい」ことを意味しており、不等式として間違っているので、「False」という結果が返ってきています。

　大小の関係だけではなく、等しい、等しくないを比較することも可能です。等しいかどうかを比較する場合は **==**、等しくないかどうかを比較する場合は**!=**を使います。さっそく、見てみましょう。

セル23 比較演算子「==」で2つの値を比較する1

```
1 == 1
```

出力結果

```
True
```

　上記のコードは「1と1は等しい」ことを意味しており、正しいので結果は「True」となっています。

セル24 比較演算子「==」で2つの値を比較する2

```
1 == 2
```

出力結果

```
False
```

　上記のコードは「1と2は等しい」ことを意味しており、間違っているので「False」となっています。

セル25 比較演算子「!=」で2つの値を比較する

```
1 != 3
```

出力結果

```
True
```

　上記のコードは「1と3は等しくない」ことを意味しており、正しいので「True」となっています。

「以上」は >= 、「以下」は <= で表します。

| セル26 | 比較演算子「>=」で2つの値を比較する |

```
2 >= 1
```

出力結果

```
True
```

| セル27 | 比較演算子「<=」で2つの値を比較する |

```
2 >= 2
```

出力結果

```
True
```

上記はどちらも成り立っているので、「True」が返ってきています。
文字列に関しても、等しいかを確認することがよくあります。2つの文字列を比較して正しいか否かを判断するのです。

| セル28 | 比較演算子「==」で2つの値を比較する |

```
'いまにゅ' == 'いまにゅ'
```

出力結果

```
True
```

上記はまったく同じ文字列なので「True」が返ってきています。

```
'いまにゅ' == 'imanyu'
```

出力結果

```
False
```

左側はひらがなですが、右側はローマ字表記となっているため、「False」が返ってきています。

データが持つ特性
「データ型」について知ろう

✓ データ型って何？

コンピュータが扱っているデータには、いろいろな型があります。たとえば、日本語や英語は、大きなくくりでいうと「言語」になりますよね。この言語の中にも日本語や英語、ドイツ語、フランス語といったさまざまな「タイプ」（型）があります。同様に、データの中にも数値があったり文字があったり、さらに数値の中には整数があったり、小数があったりします。このように、データもひとくくりにできるわけではなく、いろいろなタイプ（型）があります。これをデータ型と呼びます。

✓ 数値型

まずは、数値について見ていきましょう。Pythonでは、整数型（int型）と浮動小数点数型（float型）の2つのデータ型がよく使われます。

1 整数型

Pythonでは整数のことをint（integer）と表現します。JupyterLabで変数aに300を代入し、その後、データ型を確かめてみましょう。新しいセルを作成し、次のコードを入力・実行します。

> **セル29** 変数aに整数300を代入する

```
a = 300
a
```

出力結果

```
300
```

データ型を確認したい際には**type()**を使います。（　）の中に値や変数を入れると、データ型を返します。新しいセルに次のコードを入力し、確かめてみましょう。

セル30 type()で変数aのデータ型を確認する

```
type(a)
```

出力結果

```
int
```

「int」と表示されました。ちゃんと整数のデータ型になっていますね。

2　浮動小数点数型

　浮動小数点数とは、いわゆる小数のことです。浮動小数点数は**float**と表現されます。整数同様に、type()でデータ型を確認してみましょう。

セル31 変数bに小数8.3を代入する

```
b = 8.3
b
```

出力結果

```
8.3
```

セル32 type()で変数bのデータ型を確認する

```
type(b)
```

出力結果

```
float
```

　数値型には、ほかに複素数というデータ型もありますが、使用頻度が少ないため本書では割愛します。

✓ 文字列型

文字列を扱うデータ型のことを**文字列型**といいます。Pythonでは**str（string）**
と表現されています。

文字列を定義する際は、''（シングルクォーテーション）もしくは""（ダブルクォーテーション）で囲います。たとえば、私の名前「いまにゅ」をnameという変数に代入すると、次のようになります。

セル33 変数nameに文字列を代入する

```
name = 'いまにゅ'
name
```

出力結果

```
'いまにゅ'
```

セル34 type()で変数nameのデータ型を確認する

```
type('いまにゅ')
```

出力結果

```
str
```

str型のデータ（文字列）は+記号で結合することができます。

セル35 文字列を+演算子で結合する

```
'私の名前は' + name + 'です。'
```

出力結果

```
'私の名前はいまにゅです。'
```

✓ f-stringsで文字列への変数の挿入が楽になる

今後、みなさんがコードを書くうえで便利な機能（Python 3.6より追加）の**f-strings（f文字列）**についても紹介しておきます。上記のコードでは、文字列の変

数と値を+演算子で結合していますが、読みづらく、最終的にどのような文字列ができあがるのかイメージしづらいですよね。それに'や+といった記号類の入力も面倒です。こうした場合は以下のようにすることでコードをスッキリさせられます。

```
f'私の名前は{name}です。'
```

```
'私の名前はいまにゅです。'
```

文字列としてくくる先頭のシングルクォーテーション'の前に**f**と書き、変数を差し込みたいところは**{変数名}**とすると、Python側で変数の情報を補ってくれます。コードがスマートになるので、ぜひ覚えてください。

✓ bool型

bool型はTrueとFalseの2つの値のみをとるデータ型です。ある条件が正しいか、正しくないかを判断する際に使います。

セル36 Trueを出力する

```
True
```

出力結果

```
True
```

セル37 type()でTrueのデータ型を確認する

```
type(True)
```

出力結果

```
bool
```

SECTION

LESSON 2

5 リストで複数のデータを上手に管理しよう

⇒動画もチェック

✓ 複数のデータを扱うデータ型「リスト」

　ここまでは1つの値のみを格納するデータ型についてお伝えしてきましたが、Pythonには複数の値を扱うデータ型も用意されています。

　ここでは、複数の値をまとめて扱いたい場合に便利なデータ型「リスト」について解説します。イベントで参加者3名の名前を扱いたい場合、5科目のテストの結果をまとめて扱いたい場合を例にして見てみましょう。

リストで扱うと便利な例

イベント参加者 3 名の名前	5 科目のテストの結果
リスト 〔 山田太郎 佐藤花子 鈴木二郎 〕	リスト 〔 国語 50 点 数学 80 点 英語 60 点 社会 70 点 理科 90 点 〕

　イベント参加者の名前を扱いたい場合、各参加者の名前にそれぞれ変数名を割り当てるのは参加者の数が多くなると大変です。そこで、まとめてnamesという変数名に格納するとしましょう。この際に登場するのがリスト型です。

　リスト型は、次のように格納したい値を[ ]内に,区切りで記述することで定義します。JupyterLabで新しいセルを作成し、次のコードを入力・実行してみましょう。

セル38 変数namesにリスト型のデータを代入する

```
names = ['山田太郎', '佐藤花子', '鈴木二郎']
names
```

['山田太郎', '佐藤花子', '鈴木二郎']

変数namesの中に、複数の値を格納することができました。

このnames（リスト型の変数名）に格納されている各値のことを要素と呼びます。今回の場合「山田太郎」、「佐藤花子」、「鈴木二郎」という3つの値がリストの要素にあたります。

それでは、定義したリストから各要素を抽出してみましょう。リストから要素を抽出することを「要素にアクセスする」と表現します。まずは、最初の要素である「山田太郎」にアクセスしましょう。プログラミングでは基本的に要素は**0スタート**で数えていくので、「山田太郎」はリストの0番目の要素になります。以下のように**変数名[要素番号]**で取り出すことができます。

セル39 リストの最初の要素にアクセスする

```
names[0]
```

出力結果

'山田太郎'

✓ リストの作成

リスト型は文字列だけではなく、数値を扱うことも可能です。例として、学校の3科目のテストの点数、国語50点、数学80点、英語60点の値をリストでまとめるとしましょう。テストの点数をまとめるので、変数名をscoresにします。JupyterLabで新しいセルを作成し、次のコードを入力・実行します。

セル40 変数scoresにリスト型のデータを代入する

```
scores = [50, 80, 60]
```

✓ 単一の要素の取り出し方

練習として、国語の点数を取り出してみましょう。先ほどと同じで、**変数名[要素**

番号]でアクセスすることができます。

セル41 リストの最初の要素にアクセスする

```
scores[0]
```

出力結果

```
50
```

次に、数学（要素番号1）、英語（要素番号2）の点数を取り出してみましょう。上記のコードから、要素番号を変えるだけで抽出する要素を変更できます。

セル42 リストの2番目の要素にアクセスする

```
scores[1]
```

出力結果

```
80
```

セル43 リストの3番目の要素にアクセスする

```
scores[2]
```

出力結果

```
60
```

✓ 最後の要素を取り出す

今回はリストの長さ（要素の数）が3しかありませんが、実際のプログラミングでは100や1,000を超えることも少なくありません。こうしたときに、いちいち順番を数えて最後の要素にアクセスするのは大変です。そこで便利なのが次の方法です。

セル44 リストの最後の要素にアクセスする

```
scores[-1]
```

```
60
```

　最後の要素である英語の点数、60点を取り出せました。このように、要素番号に
－（マイナス）をつけると、**順番を後ろから数えて要素を取得します。**つまり、要素
番号に「-1」を指定すると、「後ろから数えて1番目」の要素を取得することになり、
英語の点数にアクセスできたわけです。このように後ろからアクセスする方法はよく
使うので、覚えておきましょう。

　リスト内の要素とインデックス（番号）の関係を図示すると、次のようになります。

　Pythonでは、**インデックスは要素と要素の間に位置しており、指定したインデッ
クス番号のすぐ後ろにある要素が取得されます。**この考え方は、複数要素を取り出す
際にとても重要なので、理解しておいてください。

　同じやり方で、数学の点数を取り出してみましょう。

セル45 リストの後ろから2番目の要素にアクセスする

```
scores[-2]
```

出力結果

```
80
```

✓ 複数要素の取り出し方

変数名**[開始位置:終了位置の1つ後]**と記述することで、リストから複数の要素にアクセスすることもできます。変数scoresの最初の2要素である国語、数学の点数を取り出すには、次のように:を使って記述します。

セル46 リストの最初の2要素にアクセスする

```
scores[0:2]
```

出力結果

```
[50, 80]
```

リストの複数要素にアクセスすると、出力結果もリストとなります。

上記コードの[0:2]は、初めて見る記述方法ですね。複数の要素にアクセスする場合は、「○番目の要素から、△番目の要素までを取り出す」という○、△の2点を示す必要があります。

そうすると、[0:2] は「0番目から、2番目までを取り出す」という意味になりそうですが、実際には「0番目から、2番目の**1つ前の要素までを取り出す**」になります。したがって、0番目である50、2番目の1つ前、つまり1番目の80までを取り出すことを意味します。

Pythonのインデックスは下図のように分割されているのでしたね。この図を見ながら「0から2の要素を取り出す」と考えると、英語の60がなぜ対象外となるのか理解しやすいのではないでしょうか。

この取り出し方は慣れるまで少し難しく感じますが、何度か練習すればすぐにできるようになります。ちなみに、開始位置の要素番号が0である場合は、次のように省略することも可能です。

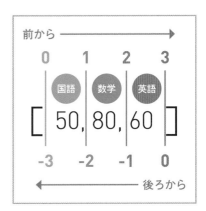

```
scores[:2]
```

出力結果

```
[50, 80]
```

以下も同じ要素の抽出方法になります。

セル48 開始位置の要素番号を省略する2

```
scores[:-1]
```

出力結果

```
[50, 80]
```

✓ 要素の追加

リストの作成後、別の要素を追加したい場合などもあります。今回は、scoresというリストに社会の点数70点を追加するとしましょう。

append()という、リストに備わっている機能（メソッド）を用いることで、要素を新たに追加することができます。**変数名.append(追加したい要素)** というふうに記述します。

実際に試してみましょう。JupyterLabで新しいセルを作成し、次のコードを実行します。

セル49 append()でリストに新しい要素を追加する

```
scores.append(70)
scores
```

LESSON 2 プログラミングに必要な基本を身につけよう

355

```
[50, 80, 60, 70]
```

変数scoresに70が追加されていることを確認できました。理科の点数90点も追加してみましょう。JupyterLabで新しいセルを作成し、次のコードを実行します。

セル50 append()でリストに新しい要素を追加する

```
scores.append(90)
scores
```

出力結果

```
[50, 80, 60, 70, 90]
```

きちんと追加されていますね。ただしappend()でリストに要素を追加するときは、1つずつ行う必要があります。変数scoresに[70, 90]という2つの要素を持つリストを連結する場合、次のようにappend()で追加すると、[]が二重になった入れ子構造になり、1つの要素として追加されてしまいます。

セル51 append()でリストを追加すると入れ子構造になる

```
scores.append([70, 90])
scores
```

出力結果

```
[50, 80, 60, 70, 90, [70, 90]]
```

2つのリストをつなげたい（連結したい）場合は、**+演算子**もしくは**extend()**を使います。JupyterLabで新しいセルを作成し、次のコードを実行してみましょう。

セル52 +演算子で2つのリストを結合する

```
scores = [50, 80, 60, 70, 90]
scores + [30, 20]
```

```
[50, 80, 60, 70, 90, 30, 20]
```

セル53 extend()で2つのリストを結合する

```
scores.extend([30, 20])
scores
```

出力結果

```
[50, 80, 60, 70, 90, 30, 20]
```

append()はリストの最後に要素が追加されますが、**insert()**では位置を指定して要素を追加できます。**リスト.insert(要素番号, 追加する要素)**のように記述し、1つ目の引数に要素番号を、2つ目の引数に追加する要素を指定します。JupyterLabで新しいセルを作成し、次のコードを実行してみましょう。

セル54 insert()でリストの先頭に要素を追加する

```
scores.insert(0, 40)
scores
```

出力結果

```
[40, 50, 80, 60, 70, 90, 30, 20]
```

✓ 要素の削除

リストに追加した要素を削除することもできます。要素の削除方法はいくつかありますが、ここでは**pop()**を使った方法について説明します。

実際にコードを書いて試してみましょう。JupyterLabで新しいセルを作成し、変数scoresを宣言してください。

セル55 変数scoresを宣言する

```
scores = [50, 80, 60, 70, 90]
scores
```

```
[50, 80, 60, 70, 90]
```

リスト**.pop**()と記述し、リストの要素を削除してみましょう。

セル56 pop()で変数scoresから要素を削除する

```
scores.pop()
```

出力結果

```
90
```

「90」という要素が取り出されました。新しいセルを作成し、変数scoresの要素を確認してみましょう。

セル57 変数scoresの要素を確認する

```
scores
```

出力結果

```
[50, 80, 60, 70]
```

単にscores.pop()と記述するだけで、変数scoresの最後の要素である「90」が削除されました。ただ実際には、要素番号を指定した次の方法で削除するのが一般的です。

セル58 pop()で変数scoresから最初の要素を削除する

```
scores.pop(0)
```

出力結果

```
50
```

リスト**.pop**(削除したい要素番号)で、最初（0番目）の要素を削除できました。pop()の動作を図示すると、次のようになります。

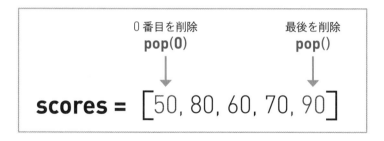

リストの中身を確認しておきましょう。

セル59 変数scoresの要素を確認する

```
scores
```

出力結果

```
[80, 60, 70]
```

要素の削除方法はこのほかにも、**clear**()、**remove**()、**del**などがあります。興味がある方はぜひ調べてみてください。

LESSON 2 プログラミングに必要な基本を身につけよう

キーと値をセットで管理する「辞書」を使いこなそう

⇒動画もチェック

✔ データにラベルをつけて保存できる辞書

前節で説明した5科目のテストの成績が入ったリスト変数scoresは、次のようになっていましたね。

5科目のテストの成績をリストで表現すると……

```
scores = [50, 80, 60, 70, 90]
```

リストの各要素が何の科目の点数を表しているか、わかるでしょうか?　難しいですよね。他の方と共有・協力しながらコードを作る場合に、このようなデータの扱い方では、他人からするとどの値がどの科目に対応しているのか判断できず、困りますよね。本人さえ、時間があいたら忘れてしまいそうです……。

このようなときに使いたいのが、「キー」と「値(バリュー)」をセットにしたデータ型である「辞書(ディクショナリ)」です。辞書型では値自体に加えて、ラベル(これを「キー」といいます)も保存されるので、何の値なのかがひと目でわかります。

辞書とリストのコードの違い

> リスト
>
> scores = [50, 80, 60, 70, 90]
>
> 各要素は5科目のテストの点数だが、それぞれが何の科目の点数か、わかりづらい
>
> 辞書 = キーと値を持った複数データ
>
> scores = {
>   '国語':50,
>   '数学':80,
>   '英語':60,
>   '理科':70,
>   '社会':90
> }
>
> キーと値をコロン「:」でペアにして表示する。
> 上記の場合は各科目がキー、各科目の点数が値

✓ 辞書型データの作成

　では、辞書型でデータを作成しましょう。テストの科目と対応させて書くと、次のようになります。まず{}（波カッコ）でくくり、:（コロン）を使って、キー（各科目の名前）と値（各科目の点数）を結びつけます。

　JupyterLabで新しいセルを作成し、次のコードを入力・実行してみましょう。

> セル60 　辞書型のデータを宣言する

```
scores = {
    '国語': 50,
    '数学': 80,
    '英語': 60,
    '理科': 70,
    '社会': 90
}
scores
```

> 出力結果

```
{'国語': 50, '数学': 80, '英語': 60, '理科': 70, '社会': 90}
```

✓ 要素の抽出

　辞書型のデータの要素にアクセスするには、**辞書データ[キー]**という形で記述します。要素の取り出し方はリストと似ていますが、**辞書型の場合はインデックス番号での指定には対応していません。**

　新しいセルを作成し、次のコードを実行して実際に試してみましょう。

> セル61 　辞書型のデータにインデックス番号でアクセスする

```
scores[0]
```

> 出力結果

```
KeyError                              Traceback (most recent
call last)
```

```
<ipython-input-365-26d7dd223748> in <module>
----> 1 scores[0]
KeyError: 0
```

　エラーになってしまいました。これは、辞書には「何番目」という考え方はないためです。辞書では、先ほど変数scoresを作る際に使った「キー」を使って要素（値）にアクセスします。国語のテスト結果が欲しい場合は、次のように実行します。

セル62 辞書からキー「国語」のデータを取り出す

```
scores['国語']
```

出力結果

```
50
```

他の科目のデータも取り出してみましょう。

セル63 辞書からキー「理科」のデータを取り出す

```
scores['理科']
```

出力結果

```
70
```

✔ 要素の追加

辞書型のデータに要素を追加したい場合には、次のように新しいキーと値を指定します。

セル64 辞書にキー「家庭科」のデータを追加する

```
scores['家庭科'] = 100
scores
```

出力結果

```
{'国語': 50, '数学': 80, '英語': 60, '理科': 70, '社会': 90,
'家庭科': 100}
```

複数の要素を追加したい場合は、辞書型のデータにあらかじめ組み込まれている関数**update()**を使います。美術85点と体育75点を追加してみましょう。最初にこの2つが入ったリストを作ります（変数名others）。

セル65 update()で辞書に複数の要素を追加する

```
others = {'美術': 85, '体育': 75}
scores.update(others)
scores
```

出力結果

```
{'国語': 50,
 '数学': 80,
 '英語': 60,
 '理科': 70,
 '社会': 90,
 '家庭科': 100,
 '美術': 85,
 '体育': 75}
```

✓ 要素の削除

　辞書型のデータから要素を削除したい場合には、リストと同じく**pop()**を使います。リストと同じように、取り出された要素の値が出力されます。この場合も、リストではインデックス番号を指定しますが、辞書型ではキーを指定します。

セル66 pop()で辞書から要素を削除する

```
scores.pop('体育')
```

出力結果

```
75
```

新しいセルで、変数scoresの内容を確認してみましょう。

セル67 変数scoresの内容を確認する

```
scores
```

```
{'国語': 50, '数学': 80, '英語': 60, '理科': 70, '社会': 90,
 '家庭科': 100, '美術': 85}
```

体育が消えていますね。

　状況によっては、複数の要素をまとめて削除したい場合もあると思います。こうした場合には**del**文を使います。

セル68 del文で複数の要素をまとめて削除する

```
del scores['家庭科'], scores['美術']
scores
```

出力結果

```
{'国語': 50, '数学': 80, '英語': 60, '理科': 70, '社会': 90}
```

複数のデータを扱うデータ型には、タプル型、集合(**set**)型もありますが、使う機会はそれほど多くないので、ここでは説明を割愛します。興味がある方は調べてみましょう。

7

if文で条件によって処理が変わるプログラムを作ろう

✓ 処理の場合分けに便利なif文

ここからは、これまで紹介してきたデータ型をもとにいろいろな処理を組み立てていくためのエッセンスを紹介していきます。本節では、**処理に条件をつけたいとき、場合分けを行いたいときに使うif文**について紹介します。

たとえば、「もし、体重が80kg以上になったら、ダイエットをする」という目標を立てた場合、「体重が80kg以上になる」が条件、「ダイエットをする」が処理になります。

もう1つ例を挙げます。「もし、テストで60点以上を取った場合、単位を取得できる。そうでなかった場合、単位を落とす」というルールがあるとすると、「テストで60点以上を取る」が条件であり、条件を満たした場合は「単位を取得」、条件を満たさなかった場合は「単位を落とす」というように、処理が分岐することになります。

このようなときに使うのがif文です。

if文とは?

▶特定の条件に従って処理を行いたい場合に使用する

例1:処理に条件をつける

体重が80kg以上になったら、
ダイエットをする

＝

条件
体重が**80kg**以上になる

処理
ダイエットをする

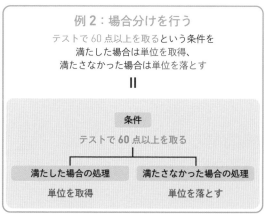

例2:場合分けを行う

テストで60点以上を取るという条件を
満たした場合は単位を取得、
満たさなかった場合は単位を落とす

＝

条件
テストで**60**点以上を取る

満たした場合の処理
単位を取得

満たさなかった場合の処理
単位を落とす

それでは、さっそく手を動かしながら理解を深めていきましょう。

if文では、次のように**if**の後ろに条件式を書き、次の行に半角スペース4つ分のインデントを入れて、条件が正しいときに行いたい処理を記述します。

if文の基本的な書き方

```
if 条件式:
    (条件が正しいときに行いたい処理)
```

このif文を使って、簡単な処理を書いてみましょう。次のコードでは、変数weightが80より大きい場合は「体重は80kgよりも大きいです！」と出力されます。JupyterLabで新しいセルを作成し、次のコードを実行してみましょう。

セル69 if文で基本的な処理を書く1

```
weight = 90
if weight > 80:
    print('体重は80kgよりも大きいです！')
```

出力結果

体重は80kgよりも大きいです！

次のコードは、変数nameが文字列'いまにゅ'と等しい場合は、指定した文字列を出力する処理となっています。こちらも新しいセルを作成し、コードを実行してみましょう。

セル70 if文で基本的な処理を書く2

```
name = 'いまにゅ'

if name == 'いまにゅ':
    print('変数nameの中身は「いまにゅ」です！')
```

出力結果

変数nameの中身は「いまにゅ」です！

if文の基本的な使い方がつかめたでしょうか？　次はさらに具体的なシチュエーションを例に、if文の処理を作ってみましょう。

✓ if文を使って数値の偶数・奇数を判定する

if文では基本的に、比較演算子のところでも紹介したbool型のTrue/Flaseで条件を振り分けていきます。たとえば、数値を持つ変数numが偶数か奇数かを判断したいとします。変数numを2で割ったときの余りが0であれば偶数、1であれば奇数となりますよね。このルールを比較演算子と組み合わせて、条件式を作ります。

コードを書きながら実際に確かめてみましょう。まず変数numを用意します。代入する値は2とします。

セル71 変数numを用意する

```
num = 2
```

変数numが偶数・奇数のどちらなのかを判定しましょう。偶数かどうかの判断は、余りを求める%演算子を使い、num % 2という計算式でできます。変数numが偶数なら余りの結果は0となるので、==演算子で0と比較すると出力結果は「True」となるはずです。

セル72 変数num(2)が偶数か判定する条件式

```
num % 2 == 0
```

出力結果

```
True
```

予想通り、「True」が表示されましたね。この条件式をif文に組み込んでみましょう。すると次のような結果が返ってきます。

セル73 if文で変数numが偶数かどうか判定する

```
if num % 2 == 0:
    print(f'{num}は偶数です')
```

出力結果

```
2 は偶数です
```

✔ 条件を満たさない場合の処理（else文）

変数numが奇数、たとえば5の場合に、同様の処理を行うとどうなるでしょうか？新しいセルを作成し、次のコードを実行してみましょう。

セル74 偶数を判定するif文で変数numが奇数の場合

```
num = 5


if num % 2 == 0:
    print(f'{num}は偶数です')
```

何も出力されませんね。これはnumの余りは0ではないから、言い換えると条件式が「False」を返すからです。新しいセルを作成し、条件式だけを取り出して実行・判定してみましょう。

セル75 変数num(5)が偶数か判定する条件式

```
num % 2 == 0
```

出力結果

```
False
```

では、偶数ではない場合の結果に対しても、何かメッセージが出力されるようにしましょう。

先ほどのif文に**else:**を書き足して、次の行に実行したい処理を記述します。これを**else文**といい、**if文の条件式が満たされないときに実行する処理**を記述します。

セル76 else文で条件が満たされないときの処理を記述する

```
if num % 2 == 0:
    print(f'{num}は偶数です')
else:
    print(f'{num}は偶数ではありません')
```

> 5 は偶数ではありません

　当然、5は偶数ではないので、こちらでOKですね。ただし、この条件式の答えには小数のような整数以外のケースも含まれるのでまだ十分とはいえません。次のステップで奇数になる場合にのみ「奇数だ」と表示されるようにコードを書き換えていきます。

✔ 条件を追加したい場合の処理（elif文）

　if文に条件式を追加して、場合分けの選択肢を増やしたいときはelif文を使います。
elif文はif文の後ろに記述し、if文と同じように条件式も記述します。if文の条件が満たされないときは、次のelif文の条件式が満たされるかどうかが判定され、「True」になる場合は次の行に指定した処理が実行されます。if文、elif文どちらの条件式も満たされないときは、最後に書いたelse文の処理が実行されます。else文は省略することも可能です。

　先ほどのif-else文にelif文を追加して、奇数を判定できるようにしましょう。セルを次のように編集し、実行してください。最後のelseのところは「変数numは整数ではありません」に変更してあります。

> **セル77**　elif文を追加して奇数を判定できるようにする

```
if num % 2 == 0:
    print(f'{num}は偶数です')
elif num % 2 == 1:
    print(f'{num}は奇数です')
else:
    print(f'{num}は整数ではありません')
```

出力結果

> 5 は奇数です

　このようにしておけば、変数numが偶数か奇数か、それ以外（整数以外）かが表示

されますね！　3.5のような小数でも、最後のelse文のところできちんと振り分けられます。変数numに3.5を代入して確かめてみましょう。

セル78　変数numに3.5を代入して処理を確かめる

```python
num = 3.5

if num % 2 == 0:
    print(f'{num}は偶数です')
elif num % 2 == 1:
    print(f'{num}は奇数です')
else:
    print(f'{num}は整数ではありません')
```

出力結果

3.5は整数ではありません

8

繰り返し行う処理を
for文で簡潔に書こう

✓ for文とは？

for文は、特定の条件を満たすまで繰り返し処理を行う場合に使用します。たとえば「あいさつを5回繰り返す」というプログラムでは、「5回まで」が条件であり、その条件を満たす間行う処理、つまり行動が「あいさつ」になります。

もう少し、プログラミングでよくあるパターンで考えてみましょう。「変数aには0が入っている。変数aが10になるまで1を足し続ける」場合、「変数aが10になる」が条件であり、その条件を満たすまで繰り返す処理が「1を足す」になります。

繰り返し処理（for文）

▶特定の条件を満たすまで繰り返し処理を行う場合に使用する

例1

あいさつ（こんにちは、○○さん）を5回繰り返す

‖

条件

5回まで

繰り返す処理

あいさつする

例2

変数aには0が入っており、変数aが10になるまで1を足し続ける

‖

条件

変数aが10になる

繰り返す処理

1を足す

変数a **0**

↓ 10になるまで **1** を足し続ける

変数a **0** **+1** **+1** **+1** **+1** **+1** **+1** **+1** **+1** **+1** **+1** =10

> for文は重要な機能ですが、初心者がつまずきやすいポイントでもあります。実際に手を動かして動作を確認したほうが理解が深まりやすいので、さっそくコードを書いていきましょう！

✓ 同じ処理を繰り返してみる

あいさつを5回繰り返し実行するとしたら、みなさんはどのようなコードを書きますか？　繰り返し処理を使わない方法では、次のようになります。

セル79 ▶ あいさつを5回繰り返し実行する

```
print('みなさん、こんにちは')
print('みなさん、こんにちは')
print('みなさん、こんにちは')
print('みなさん、こんにちは')
print('みなさん、こんにちは')
```

出力結果

```
みなさん、こんにちは
みなさん、こんにちは
みなさん、こんにちは
みなさん、こんにちは
みなさん、こんにちは
```

たしかにこれで実現できますが、同じコードを繰り返し書くのは面倒ですし、なんだかカッコ悪いですよね。コードを書く量が増えると、誤入力が発生する可能性も高くなってしまいます。

一方、**for文**を使えばこの処理をたった**2行**にまとめることができます。新しいセルを作成し、次のコードを実行してみましょう。

セル80 ▶ あいさつを5回繰り返し実行する（for文を使った書き方）

```
for i in range(5):
    print('みなさん、こんにちは')
```

出力結果

```
みなさん、こんにちは
みなさん、こんにちは
みなさん、こんにちは
```

```
みなさん、こんにちは
みなさん、こんにちは
```

結果は同じですがコードを書く量は半分以下になっていますよね。繰り返すことがあらかじめわかっている処理は、このようにfor文を使うとシンプルに書けます。これなら仮に繰り返す処理の回数が10回、100回あったとしてもこの2行で対応することができますね。

ちなみに、**range()は連番のリストを作る関数です。**引数に数値を1つだけ指定すると、「0」から「引数-1」まで数値が1つずつ増えるリストが作成されます。今回のように引数が5の場合は、[0, 1, 2, 3, 4]となり、5回、処理が繰り返されるわけですね。

∨ for文の書き方

あらためてfor文の書き方を整理しましょう。forの後ろに繰り返しの条件を書いて：で区切りをつけ、次の行から繰り返しの処理を書いていきます。繰り返しの条件は、**for 変数 in 繰り返したいもの**と記述します。繰り返したいものにリスト型のデータなどを指定すると、そこから要素を1つずつ取り出して変数に代入して処理を繰り返します。

繰り返しの処理は、if文と同じように半角スペース4つ分のインデントを下げて記述します。インデントを下げて記述する行が、for文の効力が及ぶ範囲となります。

for文の基本的な書き方

```
for 変数 in 繰り返したいもの:
    処理
```

先ほどのfor文を例に、もう少し詳しく見ていきましょう。

セル81 for文であいさつを5回繰り返す

```
for i in range(5):
    print('みなさん、こんにちは')
```

このfor文で条件となる部分は、`for i in range(5):`です。0から4（5の1つ前）まで1つずつ変数iに代入し、後続の処理`print('みなさん、こんにちは')`を繰り返します。

変数iが変化している部分も確認してみましょう。ちなみにこの変数iは、**for文の**

中の処理でのみ使われる変数です。

セル82 ▷ for文で変数iの変化を確認する

```
for i in range(5):
    print(i)
    print('みなさん、こんにちは')
```

出力結果

```
0
みなさん、こんにちは
1
みなさん、こんにちは
2
みなさん、こんにちは
3
みなさん、こんにちは
4
みなさん、こんにちは
```

　変数iが4となったところでループ処理が終わっていますね。また変数iは数値型の値なので、リスト型のデータから要素を取り出すことも可能です。

✓ リストの要素を繰り返し取り出す

　先ほどのfor文のコードにもう少し手を加えて、複数の要素を持つデータ型のリスト型の変数から1つずつ要素を取り出してみましょう。次のように、リスト型の変数namesに複数人の名前が入っているとします。

セル83 ▷ 変数namesにリストを代入する

```
names = ['いまにゅ', '池田', '井上']
names
```

出力結果

```
['いまにゅ', '池田', '井上']
```

こちらの人全員に「こんにちは、〇〇さん」というあいさつ文を出力してみましょう。リストの要素にアクセスするには、[]にインデックス番号を指定するのでしたよね。たとえば先頭の要素を取り出す場合は、次のようになります。

セル84 変数namesの0番目の要素にアクセスする

```
names[0]
```

出力結果

```
'いまにゅ'
```

　f-stringsで文字列内に名前を取り出す変数を埋め込むと、f'こんにちは、{names[0]}さん'となります。あとはこの文字列をprint()関数で出力すると、次のようになります。

セル85 f-stringsと組み合わせてあいさつ文を出力する

```
print(f'こんにちは、{names[0]}さん')
```

出力結果

```
こんにちは、いまにゅさん
```

　同じ要領で3人分のあいさつを出力してみましょう。次のようになります。

セル86 f-stringsと組み合わせて3人分のあいさつ文を出力する

```
print(f'こんにちは、{names[0]}さん')
print(f'こんにちは、{names[1]}さん')
print(f'こんにちは、{names[2]}さん')
```

> コードのコピーは「Ctrl」+「C」キー。
> Wordやメールと同じです

出力結果

```
こんにちは、いまにゅさん
こんにちは、池田さん
こんにちは、井上さん
```

　f-stringsの名前の部分（names[インデックス]）は変わっていますが、それ以外

の文章を表示する部分は共通していますよね。先ほどの`for i in range(x):`を最初に書き、リストのインデックス部分に変数iを使うことで、繰り返し処理の中でリストからデータを取り出すことができます。

JupyterLabで新しいセルを作成し、次のコードを実行して確かめてみましょう。

セル87 for文とf-stringsを組み合わせて3人分のあいさつ文を出力する

```
for i in range(3):
    print(f'こんにちは、{names[i]}さん')
```

出力結果

```
こんにちは、いまにゅさん
こんにちは、池田さん
こんにちは、井上さん
```

リストから直接要素を取り出す

for文では、リストの要素自体を取り出す方法もあります。次のように**for xxx in の後にリスト変数**を置きます。今回は次のようにリスト変数namesを置きます。

セル88 for文でリストから直接要素を取り出して出力する

```
for name in names:
    print(f'こんにちは、{name}さん')
```

出力結果

```
こんにちは、いまにゅさん
こんにちは、池田さん
こんにちは、井上さん
```

このようにすることで、変数namesの中の要素を1つずつ順番に取り出して、それを変数としてfor文の中で扱うことができるのです。こうすることで、`for i in range()`とまとめる例よりも、すっきりと書くことができます。

9

作った処理の組み合わせを
関数として定義しよう

⌄ 関数は入力に対して変換を加えるツール

関数（function）は、ある入力データに対し何かしらの処理（変換）を行い、その処理結果を出力する機能のことです。

たとえば、三角形の面積を返す関数calc_triangle()に、底辺4、高さ10という入力データを渡すとどうなるでしょうか？　三角形の面積を求める式は底辺×高さ÷2ですから、20という処理結果が返ってきます。

このように、何かしらの処理をあらかじめまとめた関数を作成しておくことで、目的に応じた処理を簡単に実装できます。

プログラミングにおける「関数」とは?

データ	処理を書いたコード（関数）	処理結果
底辺4、高さ10 →	三角形の面積を返す関数 **calc_triangle()** →	20

⌄ 初めての関数の作成

実際に関数を自分で作ってみて、そのメリットを実感してみましょう。

まずは、次のようにあいさつ文を表示するsay_hello()関数を作ります。

say_hello()関数

```
say_hello()
```

出力結果

```
みなさん、こんにちは。
```

ただし、みなさんがJupyterLabで同じようにsay_hello()を実行するとエラーが返ってきます。これは、みなさんの環境ではまだ関数を作成（定義）していないためです。

セル89 定義前にsay_hello()関数を実行すると……

```
say_hello()
```

出力結果

```
NameError                                  Traceback (most recent
call last)

<ipython-input-284-faa5fc24272a> in <module>
----> 1 say_hello()


NameError: name 'say_hello' is not defined
```

　それでは、一緒に関数を作成していきましょう。
　関数を作るときはまず先頭に**def**と記述し、半角スペースを空けて関数名を書きます。その後ろに()と:を記述したら、改行して次の行から実行したい処理を書いていきます。if文やfor文と同じように、処理の部分は半角スペース4つ分のインデントを入れておきましょう。

関数の基本的な書き方

```
def 関数名():
    関数で行う処理
```

　この書き方に従って、say_hello()関数を定義してみましょう。

セル90 say_hello()関数を定義する

```
def say_hello():
    print('みなさん、こんにちは。')
```

何も出力されませんが、きちんと関数が定義されています。作成したsay_hello()関数を実行してみましょう。関数名の後ろに()を書くことで関数を呼び出せます。新しいセルを作成し、次のコードを入力・実行してください。

セル91 ▶ say_hello()関数を実行する

```
say_hello()
```

出力結果

```
みなさん、こんにちは。
```

⌄ 入力のある関数

　今度は、先ほどのsay_hello()関数を変更し、あいさつ文に相手の名前を追加して表示するsay_hello2()関数を定義してみましょう。

セル92 ▶ say_hello2()関数を定義する

```
def say_hello2(name):
    print(f'{name}さん、こんにちは。')
```

　今回は、関数名の後ろの()内にnameという変数を置きました。また2行目のprint()関数の中で「みなさん」としていた部分を変数nameに置き換えています。こうすることで、say_hello2()関数を使うときに、あいさつする相手の名前の部分を柔軟に変えられるようになります。

　新しいセルを作って、say_hello2()関数を実行してみましょう。

セル93 ▶ say_hello2()関数を実行する

```
say_hello2()
```

出力結果

```
TypeError                                Traceback (most recent call last)

<ipython-input-294-4ac15d1fb9a8> in <module>
----> 1 say_hello2()
```

```
TypeError: say_hello2() missing 1 required positional argument: 'name'
```

　先ほどと同じようにただsay_hello2()と入力するだけではエラーが発生してしまいます。こちらのエラーの文には「変数nameという情報が渡されるはずなのに、ないですよ」といったことが書かれています。

　そこで今度は、say_hello2()関数の()の中に名前の情報を渡してみましょう。セル93のコードを次のように書き換えて実行してみてください。

セル94 say_hello2()関数を実行する1

```
say_hello2(name='加藤')
```

出力結果

```
加藤さん、こんにちは。
```

うまくプログラムが動きましたね。他の人の名前でも行ってみましょう。

セル95 say_hello2()関数を実行する2

```
say_hello2(name='山田')
```

出力結果

```
山田さん、こんにちは。
```

また、関数の()の中で名前の情報を渡すときにはname=を省いても動きます。

セル96 say_hello2()関数を実行する3

```
say_hello2('山田')
```

出力結果

```
山田さん、こんにちは。
```

こうした関数に渡す入力情報のことを引数（ひきすう）といいます。

✓ データを返す関数を定義する

　先ほど紹介したsay_hello()関数は、実行したときにただ文字列を表示するだけでした。実際にプログラムを作るときは、何らかのデータを加工して、またその結果を別の処理に渡すといったこともよくあります。

　そこで、ここからは関数が処理を実行した後にその結果となるデータ（情報）を受け取る方法について説明します。関数が呼び出し元にデータを返すことを「出力」、返すデータのことを「戻り値」や「返り値」といいます。関数がデータを出力するには、**return 戻り値**のように記述します。

データを出力する関数を定義する方法

```
def 関数名():
    関数で行う処理
    return 戻り値 ◀── 処理した結果のデータ
```

　先ほどのあいさつ文を文字列として受け取りたい場合は、次のように書きます。JupyterLabで新しいセルを作成し、say_hello3()関数を定義してみましょう。

セル97 データを出力するsay_hello3()関数を定義する

```
def say_hello3(name):
    message = f'{name}さん、こんにちは。'
    return message
```

　では、新しいセルを作成し、say_hello3()関数を実行してみましょう。次のコードのように、関数の戻り値は変数messageで受け取ります。

セル98 say_hello3()関数を実行し、戻り値を受け取る

```
message = say_hello3('井上')
message
```

'井上さん、こんにちは。'

引数の'井上'を反映したあいさつ文が返ってきていますね。type()関数で変数messageのデータ型を確認すると、次のように文字列型であることがわかります。これも、say_hello3()関数のreturn文で定義したとおりですね。

セル99 変数messageのデータ型を確認する

```
type(message)
```

出力結果

```
str
```

関数のおさらい

これまでの内容のおさらいも兼ねて、いくつかの要素を組み合わせて関数を作成してみましょう。if文やfor文と組み合わせてPythonのプログラムを組むことで、次のようなことができます。

数値を渡すと、偶数か奇数かを判断してその結果を表示してくれる関数judge()を作成してみます。JupyterLabで新しいセルを作成し、次のコードを入力・実行して関数judge()を定義しましょう。

セル100 関数judge()を定義する

```
def judge(num):
    if num % 2 == 0:
        print(f'{num}は偶数です')
    elif num % 2 == 1:
        print(f'{num}は奇数です')
    else:
        print(f'{num}は整数ではありません')
```

次に、新しいセルで10、17、4.5の数値を持つリスト変数numを定義しましょう。

```
nums = [10, 17, 4.5]
```

for文を活用して変数numから要素を1つずつ取り出し、繰り返し処理で関数judge()の引数に指定します。新しいセルで次のコードを実行すると、10、17、4.5の3つの数値に対して、関数judge()が偶数か奇数かあるいは整数でないかを判定してくれます。

セル102 for文と関数judge()を組み合わせる

```
for num in nums:
    judge(num)
```

出力結果

```
10 は偶数です
17 は奇数です
4.5 は整数ではありません
```

for文と関数を組み合わせると、複雑な処理を何度も繰り返すプログラムでも簡潔に記述できるようになります。実践的なプログラミングをする上で必須になるテクニックなので、ここできちんとマスターしておきましょう。

10 ライブラリを活用して Pythonをもっと便利に使おう

 ⇒動画もチェック

✓ ライブラリって何？

　本節では、Pythonを使っていく上で欠かせない**ライブラリ**について説明していきます。ライブラリとは、**目的に応じた便利な機能をまとめたプログラム群**のことです。多くの人が使う機能があらかじめ作り込まれているため、ライブラリを活用することで、利用者はプログラムの本質的な部分に注力できます。

　ライブラリは大きく分けると2つの種類があります。デフォルトでPythonに搭載されている**標準ライブラリ**、別途インストールする必要がある**外部ライブラリ**です。

ライブラリとは?

▶**目的に応じた便利な機能（クラスや関数など）をまとめたプログラム群**

ライブラリの種類	ライブラリの例
標準ライブラリ デフォルトで Python に搭載されているライブラリ	日付を扱いやすくするためのライブラリ
外部ライブラリ 別途インストールする必要があるライブラリ	数値計算を簡単に行うためのライブラリ 　データ操作に特化したライブラリ

　ここでは、日付を効率的に扱うdatetimeを例に、ライブラリの使い方を紹介していきます。

✔ datetimeの使い方

　まずは、日付データを扱う標準ライブラリdatetimeの使い方を解説します。

　日付のデータは、ここまで紹介してきた数値型のデータとは異なる性質を持っています。60秒で1分、60分で1時間など、十進数の数値と異なるルールで管理されますし、ここに日付も加わるとさらにルールがややこしくなります。整数や小数では厄介な時刻や日付の足し算・引き算も、datetimeを使えば手軽に計算できるようになります。

　ライブラリを使えるようにするには、**import文**でプログラム内にインポートする必要があります。import文は次のように記述します。

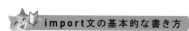

```
import ライブラリ名
```

　今回の場合はdatetimeを使うので、次のように記述します。新しいセルを作成し、インポートしてみましょう。

セル103 datetimeをインポートする

```
import datetime
```

　datetimeを使って、今日の日付のデータを生成してみましょう。新しいセルを作成し、次のコードを実行してください。

セル104 datetimeで今日の日付データを生成する

```
datetime.date.today()
```

出力結果

```
datetime.date(2022, 8, 27)
```

　結果を見てみると、この原稿を校正している今日の日付2022/08/27のデータが作成されています。みなさんの環境では当然、みなさんがこのコードを実行した日が表示されるはずです。

　リストのデータがpop()やappend()といった機能を持つように、Pythonで扱うデータの多くは自身を作成・変更したり、情報の一部を提供したりするための機能を

備えています。これらの機能は**データ.xxx**の形式で利用できるのですが、datetime
のような大きなライブラリの場合は、.xxxは階層構造を取ることもあります。先述
のコードの場合は、日付・時刻を扱うdatetimeから.dateで日付のライブラリにア
クセスし、その中に属するtoday()関数で今日の日付データを作成しているわけです
ね。

　続いて、日付だけでなく時刻も含む、現在の日時のデータを生成してみましょう。
先ほどと似ていますが、最後の部分をtoday()の代わりにnow()とします。新しいセ
ルを作成し、次のコードを実行してください。

セル105 datetimeで現在の日時データを生成する

```
datetime.datetime.now()
```

出力結果

```
datetime.datetime(2022, 8, 27, 22, 54, 42, 214783)
```

　階層構造としては、「datetime（日付に関わるもの全般）-datetime（時刻まで）
-now（現在時刻）」となっています。ちょっと遅い時間ですが、この原稿を校正して
いる今現在の日時2022/08/27　22時54分42秒のデータが作成されています。これも、
みなさんの環境ではコードを実行したタイミングの日時が表示されるはずです。

✓ 日付データで足し算・引き算する

　このdatetimeオブジェクトは日付同士の計算が可能です。
　実際にコードを書きながら試してみましょう。JupyterLabで新しいセルを作成し、
まずは本日の日付データを変数todayに代入します。

セル106 本日の日付データを変数todayに代入する

```
today = datetime.date.today()
```

　続いて日付の計算を行うために、時間の差分を扱う**datetime.timedelta**を使い
ます。この関数では、足し算・引き算する際の時間差を定義できます。1日であれば
datetime.timedelta(days=1)とすればOKです。新しいセルを作成し、次のよう
に変数deltaに時間差のデータを代入しておきましょう。

```
delta = datetime.timedelta(days=1)
```

type()関数で、変数todayと変数deltaのデータ型を確認しておきましょう。正しくデータを定義できていれば、次のようにそれぞれ異なるデータ型となっているはずです。

セル108 変数todayと変数deltaのデータ型を確認する

```
type(today), type(delta)
```

出力結果

```
(datetime.date, datetime.timedelta)
```

次は日付の引き算を行いましょう。これはシンプルに-演算子を使います。ちなみに1日後の日付を求めたい場合は、+演算子を使えば大丈夫です。新しいセルを作成し、次のコードを実行してみましょう。

セル109 昨日の日付を計算する

```
today - delta
```

出力結果

```
datetime.date(2022, 4, 26)
```

とても便利ですよね。整数と小数では煩雑な日付の計算も、ライブラリを使えば簡単にできてしまいます。

11 Pythonでよく起こるエラーと対処方法を把握しておこう

☑ Pythonでよく起こる10のエラー

プログラミング言語では、間違ったコードを書くと、プログラムが実行されずにエラーが表示されます。Pythonに慣れるまでは、エラーが表示されるとパニックになってしまうことがあるかもしれません。

でも、そのエラーがどのような内容なのかがわかっていれば、落ち着いて対応できますし、どこを修正すればうまくプログラムが実行されるのかもわかります。そこで、Pythonでよく起こる10個のエラーについて紹介しておきます。

①SyntaxError
シンタックスエラー

文法的に間違っているときに発生する

```
name =　'いまにゅ'
```

原因 =と'いまにゅ'の間のスペースが全角になっているため

③AttributeError
アトリビュートエラー

データが持っていない属性（オブジェクトにひもづいている機能や情報）を使用した際に発生する

```
name = 'いまにゅ'
name.append('航平')
```

原因 str型（文字列型）のオブジェクトには.append()属性がないため

②NameError
ネームエラー

定義していない変数や関数を使用した際に起こる

```
age = 10
print(agi)
```

原因 定義していない変数agiを使用しているため

④TypeError
タイプエラー

誤ったデータ型どうしの計算や処理等で発生する

```
100 + '200'
```

原因 数値型と文字列型を足しているため

⑤ValueError
バリューエラー

関数やクラスの引数が誤った値の場合に発生する

```
int('zero')
```

原因 文字列の 'zero' は int() で数値型に変換できないため

⑥IndentationError
インデンテーションエラー

インデント(空白の数)が正しくない場合に起こる

```
name = 'いまにゅ'
 print('こんにちは')
```

原因 2行目の行頭に半角スペースが1つ入っているため

⑦IndexError
インデックスエラー

リスト型データに対して範囲外のインデックスを指定した場合に起こる

```
names = ['いまにゅ', '山田']
names[5]
```

原因 存在しないインデックスを指定しているため

⑧KeyError
キーエラー

辞書型データに対して登録されていないキーを指定したときに発生する

```
scores = {
    '国語': 80,
    '数学': 90,
    '英語': 70
}
scores['理科']
```

原因 存在しない「理科」というキーにアクセスしているため

⑨ModuleNotFoundError
モジュールノットファウンドエラー

import文で指定したモジュールやライブラリが存在しない場合に起こる

```
import imanyu
```

原因 存在しないライブラリをインポートしようとしたため

⑩FileNotFoundError
ファイルノットファウンドエラー

プログラム内で指定したファイルが存在しない際に起こる

```
f = open('sample.csv', 'r')
```

原因 存在しないファイルを読み込もうとしたため

サンプルファイルのダウンロード方法と 動画視聴方法

　本書をご購入いただいた方への特典として、PART 1 のサンプルファイル（ソースコードファイル）や本文内で使われている Excel データなどの素材を無料でダウンロードいただけます。また、より学びやすいように、動画もご覧いただけます。記載されている注意事項をよくお読みになり、以下のページへお進みください。

以下の URL へアクセス後、ユーザー名とパスワードをご入力ください。

https://kdq.jp/python_skill

ユーザー名 python_biz　　パスワード materials_4_u

注意事項

- サンプルファイルのダウンロードはパソコンからのみとなります。携帯電話・スマートフォンからのダウンロードはできません。
- ダウンロードページへのアクセスがうまくいかない場合は、お使いのブラウザが最新であるかどうかご確認ください。また、ダウンロードする前に、パソコンに十分な空き容量があることをご確認ください。
- フォルダは圧縮されていますので、展開したうえでご利用ください。
- 本ダウンロードデータを私的使用範囲外で複製、または第三者に譲渡・販売・再配布する行為は固く禁止されております。
- なお、本サービスは予告なく終了する場合がございます。あらかじめご了承ください。

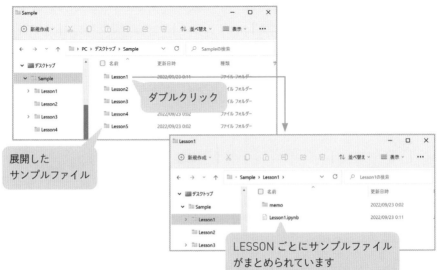

展開した
サンプルファイル

ダブルクリック

LESSON ごとにサンプルファイル
がまとめられています

• JupyterLabでサンプルファイルを開く •

展開したサンプルファイル（「○○ .ipynb」）は、JupyterLab で開くと動作を確かめることができます。JupyterLab のインストール方法や基本操作については、P.316 を参照してください。

1 サンプルコードを確認したい LESSON のフォルダを右クリック

※Windows10の場合は、「Shift」キーを押しながら右クリックします

2 「ターミナルで開く」をクリック

3 ターミナルにコマンド「jupyter-lab」を入力し、「Enter」キーを押して実行します

4 Web ブラウザで JupyterLab が表示されます。画面左のサイドバーでサンプルファイル（「○○ .ipynb」）をダブルクリック

5 画面の右側にサンプルファイルの内容が表示されます

いまにゅ（今西　航平／いまにし　こうへい）

プログラミング教育系 YouTube チャンネル「いまにゅのプログラミング塾」を運営。東京理科大学卒。東北大学大学院非常勤講師、株式会社キカガク取締役などを経て、現在は YouTube を中心に「プログラミングをビジネスに活かす」ための講座を展開。12 万人超が登録する人気コンテンツとなっている。オンライン動画学習サービス Udemy でもベストセラー講座を多数開講するなど、そのわかりやすい講義には定評がある。株式会社ミチガエル代表取締役。「仕事に直結するプログラミング」が学べるプログラミングスクール code4biz も運営している。

Twitter アカウント：@03Imanyu　　LINE アカウント：
code4biz：https://code4biz.jp/　　@ いまにゅの Python 業務効率化本

執筆・編集協力	澤田竹洋（浦辺制作所）
本文デザイン	高橋明香（おかっぱ製作所）
マンガ	こおにたびらこ
校閲	石田圭利　水崎栄一
校正	瓜谷眞理
DTP	関口 忠

今日からできる！　Python 業務効率化スキルが身につく本

2022 年 11 月 11 日　初版発行

著	いまにゅ
発行者	山下 直久
発行	株式会社 KADOKAWA
	〒 102-8177　東京都千代田区富士見 2-13-3
	電話 0570-002-301（ナビダイヤル）
印刷所	株式会社加藤文明社印刷所

© Kohei Imanishi 2022　Printed in Japan
ISBN 978-4-04-605725-9 C0004